KB137918

ALL OF THE SCENE

본사와 가맹점 일들을 생생하게 수록한 최초의 프랜차이즈 전문 서적

프랜차이즈
현장의 모든 것

── 이 책이 CEO이고 직장 상사다 ──

OF THE FRANCHISE

| 김진석 지음 |

★★★
프랜차이즈
실무에 필요한
현실적 조언

★★★
생생한 경험과
노하우로 짚어낸
경영 전략

★★★
CEO들의
고민을 해결해줄
필독서

휴앤스토리

현장에서 경영을 말하다

이 책이 CEO이고 직장 상사다.

이런 분들에게 이 책을 권한다.

1. 프랜차이즈 사업에 관심이 있다.
2. 프랜차이즈 회사에 입사하고 싶다.
3. 프랜차이즈 회사에 근무하고 있다.
4. 마이너급 프랜차이즈 CEO다.
5. 메이저급 프랜차이즈 CEO가 되고 싶다.
6. 자영업을 하고 있다.

프랜차이즈 본사와 가맹점에서 실질적으로 발생하고 있는 현장의 모든 것들을 그대로 사실적으로 정리하였다. CEO와 부서장이 바로 곁에서 업무 지시를 하며 교육을 시키고 있는 것 같은 생각이 들 정도로 회사 내에서 일어나고 있으며 실천하고 있는 내용들 위주로 집필하였다.

시중에 나와 있는 프랜차이즈 관련 서적과는 판이하게 다른 실질적이고 현실적인 내용을 위주로 다루었다. 교과서적인 내용에서 완전히 탈피하였다. 필자가 메이저급 프랜차이즈 본사에서 촉탁 사원으로 입사해 임원이 되기까지 여러 직책을 직접 수행하면서 겪은 현장 사례와 중견 프랜차이즈 본사에서 전문 경영인으로 종사하면서 겪은 CEO 수칙 사항을 정리했으며, 변화된 프랜차이즈 시장 상황에 부합하는 본사와 가맹점의 미션 및 역할, 구성원의 직무에 대해 열거하였다.

학문적으로 배운 지식을 현장에서 적용하여 원하는 성과를 이루려면 전문적인 지식을 요하는 것이 현실이지만 이 점을 극복하고자 오래전부터 지금까지 프랜차이즈 현장에서 직접 경험한 사실들만 수록하는데 집중하였다.

신규 브랜드 사업에 동참해서 메이저 프랜차이즈 회사로 진입시킨 경험 및 노하우 등 일선에서 몸소 체험하고 터득한 생생한 경험들을 기반으로 기록하였으며 지금도 현장에서 생생하게 벌어지고 있고 앞으로도 나타날 수 있는 일들에 대해서 학문적 용어를 벗어나 이해하기 쉬운 단어로 표현하였다.

현장은 직접 발로 움직여 맞닥뜨려야 비로소 알게 되는 곳이다. 이러한 특수한 곳을 경험하지 않고 교과서적인 지식으로 옆에서 훈수를 둔다는 것은 어처구니없는 일이다. 그러므로 필자는 현장과 동떨어져 뜬구름 잡는 원론적이고 학술적인 내용을 배제하는데 주력하였다. 시행착오를 최소화하고 생산적이고 효율적인 업무 추진으로 성과를 내어 개인과 회사의 비전을 달성하는데 도움이 되었으면 하는 바람뿐이다.

실무에서 뛰어났던 사람이 조직의 장이 되어서도 잘하리란 보장은 없다. 선수 시절에 잘했다고 해서 감독을 잘한다고 볼 수 없는 것과 같은 원리이다. 선수 때 특출 났던 사람은 리더가 되어서 "너는 왜 못하냐" 하고 다그치는 일이 많다. 내가 해온 것처럼 무조건 따라서 해주길 바라는 마음이 강하다.

조직의 장은 부하 직원의 잠재력을 끄집어내서 능력을 발휘할 수 있도록 하는 사람이다. 자갈길을 아스팔트로 만들 수 있는 환경과 여건을 조성시켜 주는 일을 우선으로 실천해야 한다.

명강사는 지식을 남에게 전달하는 것에 그치지 않고 수강생이 알기 쉽게 강의를 한다. 이 책을 읽어 내려가는 순간 "아! 그렇구나" 하는 깨달음이 와서 실무에 직접 적용하여 좋은 성과를 내도록 생생한 현장감을 위주로 내용을 정리했다.

본사마다 여건과 환경 및 시스템이 다소 다르기는 하겠지만, 본사와 가맹점에서 발생하고 있는 사실적이고 현실적인 내용들을 바탕으로 표현하였기에 어떤 직책과 어느 분야에서 근무하더라도 주어진 미션 수행에 도움이 되리라 확신한다. 이 책을 읽으신 모든 분의 행운과 축복을 기원한다.

김진석

Contents

PART 01 | 프랜차이즈 사업이란 무엇인가

PART 03 | 가맹점 확산 프로세스와 교육 과정

PART 04 | 메이저 프랜차이즈 기업으로 가는 길

PART 05 | 인재 양성과 효율적인 조직 체계

PART 01

프랜차이즈 사업이란
무엇인가

Chapter 1

개념부터 정립하라

정의

프랜차이즈를 한마디로 표현하면 본사와 가맹점이 상호 신뢰를 밑바탕으로 함께 투자하여 업무 분담의 협력 관계를 계약에 의해 체결하고, 목표와 비전을 위해 사업 동반자 역할을 수행하는 과정이라 말할 수 있다.

본사는 표본이 되는 모델 매장을 개발 운영하여 검증한 결과를 가맹점과 원원할 수 있도록 영업 지원 시스템을 확립하며 최상의 품질과 서비스를 제공하려는 자세로 가맹점을 모집한다. 가맹점은 이러한 본사의 경쟁력을 전수받아 사업가로서 기회를 얻고, 일정한 비용을 본사에 지불한다. 이러한 사업 형태를 프랜차이즈 시스템이라고 한다.

프랜차이즈 사업에서 가맹 본사와 가맹점은 부모와 자식의 관계라고 할 수 있다. 누가 부모이고 자식이 아니라 서로 부모도 되고 자식도 되는 상생의 관계, 즉 가족의 관계라고 인식하고 가맹사업을 추진하는 것이 프랜차이즈 사업을 성공시키는 지름길이다.

본사는 과일나무에 과일이 주렁주렁 달리게 해주고 가맹점은 본인의 노력으로 과일을 직접 따서 먹게 하는 구조이다. 고객과 1차 접점에 있는 가맹점에서 얼마만큼 매장 운영을 매뉴얼대로 잘하고 어떻게 고객 서비스를 하느냐에 따라 잠재 고객이 신규 고객으로 이어지고 나아가 단골 고객이 되어서 최종에 충성 고객이 된다. 이러한 과정은 가맹점 수익과 직결되게 되어 있다.

프랜차이즈 본사는 이러한 매장의 운영 속성을 잘 알기에 운영 매뉴얼을 수립해 교육시키고 관리 감독해서 가맹점 수익이 발생하도록 도와주는 기능을 한다. 본사와 가맹점이 상생할 수 있도록 물심양면으로 지원을 아끼지 않는 시스템이 이 사업의 기본 이념이라 할 수 있다. 여기에 본사와 가맹점이 서로 원원하려는 정신이 깃들 때 상호 시너지가 나서 함께 발전할 수 있게 된다.

프랜차이즈의 뜻을 원론적인 의미로 살펴보면 가맹점의 사업 성공을 위해 본사가 사업 아이템, 노하우, 사업 시스템, 브랜드 사용권을 제공하고 가맹점은 그에 대한 대가를 본사에 지불하는 형태를 말한다.

본사   상호, 상표, Know How 등을 소유하고 있는 자

가맹점   본사에서 상호사용권, 제품 판매권, 기술, 상권 분석, 매장 운영 관련 교육지도를 받는 자

장사의 경험이 없는 사람이 손쉽게 매장을 운영해서 이익이 날 수 있

도록 모든 부문에서 지원 사격을 해주어 원하는 기대 수익을 이루도록 만들어주는 것이 필수적인 본사의 책무이고 의무이다.

본사와 가맹점은 동반 사업자이기에 누가 위에서 군림하는 체제가 아니라 항상 함께 가야 한다. 상대를 무시하고 양해를 구하지 않거나 일방적으로 추진하는 프랜차이즈 본사가 있을 시 현장 저항이 점점 커져 긍정보다는 불리한 면으로 더 크게 작용하게 되니 본사에서는 주의해야 한다. 앞으로 프랜차이즈 시스템은 본사와 가맹점이 아닌 함께하는 본사의 개념으로 사업 형태가 변하게 될 것이다.

✎ 형태

프랜차이즈 사업은 생산된 제품을 가맹 본사가 도매상 역할을 하고, 가맹점이 소매 기능을 해서 고객인 소비자에게 제공하는 일련의 과정을 거치는 사업 시스템이다.

프랜차이즈 형태에는 프랜차이즈 체인, 레귤러 체인, 자유연쇄점 3가지 유형이 있다. 작금에 총칭하는 프랜차이즈는 가맹 본사를 설립하고 본부에서 체인점, 즉 가맹점을 모집하는 형태이다.

(1) **프랜차이즈 체인 :** 창업자가 사업할 수 있도록 지원해주는 가맹사업 형태이다.

프랜차이즈 하면 일반적으로 프랜차이즈 체인 형태를 말한다. 본사 브랜드 사용권을 일정한 비용을 받고 제공해주며 본사의 노하우와 지식을 전파하고 학습시켜 장사에서 사업가로 변화시켜주는 가맹 형태로서 현재 주를 이루고 있는 가맹 방법이다. 가맹점을 체인점이라고도 불리는 이유이다.

(2) **레귤러 체인** : 본사에서 직영으로 운영하는 형태이다.

본사에서 자사 브랜드로 가맹사업을 하는 것이 아니라 직접 점포를 얻고 인력을 투입하여 매장을 운영하는 형태로서 직영점이라고 불리는 가맹사업 유형이다. 현실적으로 국내 프랜차이즈 본사는 가맹점 위주로 확산 전략을 펴며 가맹사업을 운영하는 것이 일반화되어 있고, 직영점은 안테나 매장의 성질로 활용하고 있는 것이 대다수이다.

(3) **자유연쇄점** : 연쇄점과 유사한 형태이다.

공동으로 경영하고 설비를 함께 장치하고 투자해서 운영하는 방식인데, 회사형 연쇄점, 가맹점형 연쇄점이 있다. 회사형 연쇄점 방식에는 소매점이 주체가 되어 체인 본부를 설립하는 경우와 본부를 설립하고 체인점을 모집하는 방식이 있는데 후자가 우리가 흔히 말하는 프랜차이즈라고 보면 된다.

특징

(1) 장점

① 성공 확률이 높다.

② 큰 자금이 없이 사업할 수 있다.

③ 원자재 공급을 일괄적으로 받을 수 있다.

④ 브랜드 인지도에 의한 권리를 형성할 수 있다.

⑤ 운영 기법을 배울 수 있다.

⑥ 본사로부터 지원을 받기가 용이하다.

⑦ 표준화된 매뉴얼에 의한 운영을 할 수 있다.

(2) 단점

① 본사의 정책에 따라야 한다.

② 선의의 피해를 볼 수 있다.

③ 로열티 비용이 지출된다.

④ 본사 거래처와 업무를 추진해야 한다.

⑤ 계약 사항을 준수해야 한다.

⑥ 상권이 한정되어 있다.

⑦ 본사 브랜드 가치에 따라 매출에 영향을 미친다.

(3) 일반적 특성

본사와 가맹점과의 관계는 공존공영의 관계이다.

① 본사

· 사업의 지원자이고 사업 성과의 환경 제공자이며 과실나무에 과일을 주렁주렁 달리게 해준다.

② 가맹점

· 사업의 주체이고 가맹점 본인이 과일을 따서 고객에게 제공하는 역할을 해야 하고, 가맹점의 열의와 성실함에 따라 결과의 산물이 달라진다.

(4) 구조적 특성

공동 물류, 공동 구매, 공동 마케팅을 통해 브랜드 경쟁력을 강화해서 고부가가치를 창출하는 특성이 있다. 본사와 가맹점은 고객을 대상으로 사업을 전개하는 공동 사업자이고 미래를 함께하는 동반자이다. 본사와 가맹점이 상호 협업하고 분업하는 원칙에 입각해 공동의 이익을 창출하고 공유하는 네트워크 시스템이라 할 수 있다.

(5) 본사 역할

① 경영 활동을 지원해주는 사업의 지원자

② 아이템, 노하우, 운영 시스템 전수, 사업 확대 재생산 역할

③ 마케팅 전략을 수립해 제공하고 능력을 배양

④ 운영 시스템 공유

⑤ 계속적인 신상품 개발

⑥ 경영 지도 및 안정적 물류 공급

⑦ 교육을 통한 사업 기반 구축

(6) 가맹점 역할

① 계약서에 의한 영업 방침 및 운영 매뉴얼 준수

② 본사 교육 철저히 이수

③ 마케팅 및 판촉 활동 적극적 참여

④ 식품 위생 관리 철저하게 실천

⑤ 매뉴얼에 의한 품질, 청결, 서비

✎ 시스템 정립

프랜차이즈 사업은 시스템 사업이라 할 수 있다. 분야별로 안정화된 시스템 정립으로 전문화된 인력이 적재적소에 배치되어 톱니바퀴처럼 상호 움직여질 때, 본사 정책을 현장의 가맹점에서 그대로 수행하여 전국 가맹점이 통일성을 기해서 경영 목표를 달성할 때, 본사와 가맹점이 상호 상생해서 발전할 수 있다.

가맹점 발전 속도에 맞게 제반 부분의 시스템을 수립하고 그에 맞는 인력을 확보해서 계속적인 연구와 노력을 아끼지 않아야 메이저급 프랜차이즈 본사로 발돋움하게 된다. 아무리 좋은 시스템을 정립하였어도 결국 사람에 의해 움직이고 실행해야 하므로 능력 있고 역량 있는 인력 확보에 과감한 투자를 하는 것이 선행되어야 효과를 거둘 수 있다.

필수적인 시스템 정립 항목은 다음과 같다.

① 가맹점 운영 시스템

② 마케팅 시스템

③ 구매 및 물류 시스템

④ 교육 시스템

⑤ 점포 개발 시스템

⑥ 제품 개발 시스템

✎ 성공 3요소

(1) 아이템

프랜차이즈 아이템으로 성공하기 위해서는 대중성과 확장성을 이룰 수 있는 잠재력과 가능성을 지닌 아이템이 유리하다.

가맹점 확산을 위해서는 아파트 단지 인근에서 고객 창출을 할 수 있는 아이템이 좋다. 기본 바탕으로 상주인구가 어느 정도 확보되어야 안정적인 매출을 이루고 가맹점 수익과도 연결되기 때문이다. 브랜드 콘셉트를 만들 때 이 점을 유의할 필요가 있다. 안테나 매장을 유동인구와 상주인구가 있는 곳에 오픈해서 수익이 나는지를 확인한 후 가맹사업으로 전개하면 빠르게 점포 확산이 가능해진다.

역세권과 먹자상권도 아이템별로 성공 가능성이 있지만, 높은 점포 비용으로 초기 투자비가 상대적으로 비싸기 때문에 전국적으로 매장 수를 늘리려면 시일이 걸리고, 예비 창업자가 한정될 수밖에 없어서 가맹점 확대에는 불리하다.

아파트 상권에 입지가 가능하면 일단 고정비가 적게 들어 예비 창업자 확보가 용이해지기 때문에 가맹사업 전개가 수월하다.

프랜차이즈 사업은 어차피 가맹점 수가 많아야 본사 수익이 나는 시스템이다. 점포 수가 어느 정도에 도달하면 자체적인 양도양수로 인한 자연적인 수익을 비롯해서 물류 수익과 로열티 수익이 확보되어 메이저급 프랜차이즈로 가는 기반을 마련하게 된다.

대중성과 점포 확산이 용이한 아이템을 선정해 차별화시켜 선두 업종으로 나아가야 시장 선점을 통한 성공 브랜드로 갈 수 있다.

예를 들어 프랜차이즈 사업의 대표적인 업종인 치킨 브랜드는 배달과 내점을 병행하되 배달 포지션이 7할 이상을 차지해야 수익 창출 가능성이 높다. 내점 고객을 주종으로 사업 콘셉트를 잡았을 시 성공 확률이 낮은 편이다. 치킨 속성상 배가 불러서 술을 많이 마실 수 없고 타 메뉴를 곁들이기가 쉽지 않기에 매출 증대로 직결되지 않는다. 대형 평수로 내점 고객 위주로 매장을 운영할 시 예상보다 큰 매출을 보이지 않는 것을 주변에서 흔하게 볼 수 있을 것이다.

치킨은 여럿이 모여 편안하게 먹는 음식에 가깝기에 그렇다. 식사 대용으로 하기에는 부족하고 간식으로 하기에는 배가 불러 배달 음식으로 더 각광을 받고 있기 때문에 배달은 필수이다.

주류 업종은 상권의 영향이 매출에 지대한 영향을 미치고 병맥주가 아닌 생맥주는 보관 방법과 숙성도에 따라 고객이 느끼는 맥주 맛이 완연하게 달라지므로 각별히 유의해야 한다.

이처럼 업종마다 가지고 있는 고유의 속성과 특징 등을 잘 간파해서 콘셉트와 사업 방향을 정해야 성공을 거둘 수 있다.

(2) 전략

특정된 목표를 달성하기 위한 행동 계획을 전략이라 일컫는다. 기업의 전략은 비전을 달성하기 위해 제반 인프라를 활용해 전 구성원이 공통된 사고를 지니게 하여 현장에서 설정된 목표를 달성하도록 추진안을 수립하는 것을 말한다. 사업 방향 설정을 세운 기획안에 따라 전 구성원이 실천하게 되므로 가맹 본사가 전략적인 사고를 지니느냐 아니냐는 사업의 성패가 달려 있는 핵심적인 요인이라 할 수 있다.

전략은 결국 CEO의 의중이 담기게 되는 것이기에 CEO의 경영 전략이 프랜차이즈 사업의 안정화와 비전 달성의 기초 자료가 된다. CEO는 자신에게 충언하고 직언할 수 있는 여건과 환경을 조성해 주어 목표 달성을 위해 최선의 전략을 수립할 수 있도록 환경을 조성해주고, 인재를 곁에 둘 수 있는 노력을 해야 한다.

(3) 실행력

현장에서의 올바른 실행력은 목표를 달성하는데 가장 중요한 요소이다. 페이퍼를 아무리 잘해도 일선에서 실천을 하지 않으면 휴지 조각에 불과하기 때문이다. 실행력이 강한 본사가 외식업에서 살아남는 것은 자명한 사실이다.

남의 마음을 움직여서 나의 뜻대로 관철시키기 위해서는 고도의 지략과 실력이 요구되는 일이다. 강압적으로 상대방을 이해시켜 실천하게 하는 데는 한계가 따르게 되어 있다.

실행력은 사람마다 개인차가 매우 크기에 슈퍼바이저의 교육 훈련이 필요하고, 기본적인 자질이 부족할 경우 전환배치를 하는 것이 합리적인 처사이다. 외식 사업은 실행에서 시작해서 실행으로 끝난다고 해도 지나치지 않는데, 현실적으로 실행력이 좋은 본사가 번창하고 있다.

✎ 사회 기여

프랜차이즈 산업은 사회에 기여하는 바가 큰 사업 시스템이다. 많은 일자리를 만들어주고 소비자한테 맛있고 저렴한 음식을 최상의 질 높은 서비스로 제공해 만족감을 주며, 사업과 관련된 협력 업체에도 이익을 보장하여 사업을 지속적으로 유지하게 하는 기능을 해주고 있다고 볼 수 있다.

(1) 창업 기회

소자본으로 창업이 가능하며 무경험 창업자에 대한 위험과 불안을 감소시켜주어 직간접으로 고용 시장을 넓혀 고용 창출에 크게 이바지하고 있다. 혼자서는 엄두도 내지 못할 사업거리를 찾게 해서 여건에 맞는 적합한 업종을 선택하여 원하는 장소와 투자비에 맞게 매장을 운영토록 지원해주는 프랜차이즈 산업은 창업 기회를 제공해주는 효자 노릇을 독특히 하고 있다. 창업자의 선택의 폭을 넓혀줄 수 있도록 많은 아이템이 성행하고 있어 이 또한 창업의 문을 활짝 열어주는 역할을 하고 있다.

(2) 고객 만족

전 가맹점이 동일한 가격과 서비스, 만남의 공간을 제공하고 좋은 재료를 사용하여 좋은 음식을 제공해주기 때문에 프랜차이즈 본사와 가맹점은 고객의 니즈를 충족시켜주는 역할을 다하고 있는 수호천사라고 할 수 있다. 고객들은 프랜차이즈 매장을 방문했을 때 왠지 맛있고 청결하다는 선입견을 갖게 되어 기대심리가 작동하는 경우가 일반화되어 있다. 또한 친절하고 음식 가격이 비싸다는 인식보다는 당연하다는 인식을 싹트게 하는 것이 프랜차이즈 산업의 특징이다.

(3) 신유통

경기 불황 시 불황을 잘 대처해 가는 해법을 가지고 있는 산업이 프랜차이즈 산업이다. 고객 욕구에 부응하도록 공동 대응이 가능한 것이 장점이며 본사와 가맹점이 상호 좋은 아이디어 창출로 창의력을 발휘할 수 있다. 공동 대처가 가능하며 유리한 환경을 조성할 수 있는 시스템을 구축하고 있어 성공 확률이 높은 산업이라고 할 수 있다.

기존의 유통 채널에서 벗어나 새로운 유통 방식을 활용하고 있어 프랜차이즈만의 독창적인 경쟁력을 갖게 한다고 할 수 있다. 혼자만의 유통 시스템이 아닌 함께하는 유통 방식이라 할 수 있으며 공동 물류 시스템이 프랜차이즈 산업의 고유한 강점이다.

(4) 수출 증대

제조 산업과 유통 서비스 산업의 연계가 가능하고 여건만 갖추면 언제든지 프랜차이즈 시스템을 해외로 수출도 가능하다. 국내는 물론이고 해외 진출까지 무궁무진한 확장 가능성이 있는 산업이다. 국내에서 성공적인 시스템을 구축하고 있는 브랜드는 해외 진출이 가능하게 되어 있다. 물론 해외 진출이 수익으로 이어지는 것은 결코 아니나 해외 수출 자체는 그리 힘든 일이 아님을 입증해준 산업이 프랜차이즈 산업이기도 하다.

✎ 국내 및 해외 가맹점 비교

(1) 국내 가맹점

① 지적재산권

국내 가맹점은 지적재산권 자체에 별 관심과 흥미가 없고 특별한 개념이 없는 것이 일반적이다.

지적재산권은 통상적으로 특허권, 상표권, 디자인권, 실용신안권, 저작권 등을 들 수 있다. 프랜차이즈 산업에서는 대체로 상표권과 특허권 및 디자인권을 중시한다. 당연히 본사 브랜드를 사용하는 대가로 로열티를 지불하고 있기에 큰 의미를 부여하지 않는 것이 현실이다. 지적재산권 사용에 대한 중요도를 부각해서 인식시키는 교육이 요구된다.

② 권리 주장

가맹점에 불리하다고 판단될 때는 계약서 내용을 바탕으로 본사의 계약 위반 사항을 집중적으로 파헤치며 정과 연민에 의지하려는 속성을 지니고 있는 것이 보편적이다. 이는 본사가 가맹점 입장에 놓여도 마찬가지여서 본사는 가맹점 입장을 당연히 받아들이고 해결책을 모색하는 것이 현명한 행동이다. 계약서를 여러 번 생각하고 신중하게 만들어야 하는 이유이다.

③ 책임 소재

가맹점은 현장에서 발생되는 제반 일이 본사의 정책과 연관이 있고 본사의 운영 방침에 따른 것이어서 본사가 책임지고 해결해야 한다는 인식을 갖고 있다. 본사가 잘되는 것은 가맹점에서 잘해서 그렇고 가맹점이 잘 안 되는 것은 본사가 못해서 그렇다는 인식을 심어줄 수 있는 환경이 구조적으로 만들어지는 사업 시스템이다. 그러니 본사에서는 업무 프로세스 정립을 잘해서 사전에 책임 소재를 명확하게 구별할 수 있도록 해놓아야 한다. 끊임없이 상대에게 책임 전가를 할 수 없도록 제도적으로 장치를 마련해야 상호 믿음을 주어 한배를 타고 갈 수 있다.

(2) **해외 가맹점**

① 계약서 이행

해외 프랜차이즈는 계약서에 적힌 내용대로 본사와 가맹점의 관계를 설정하고 계약서에 의해서만 가맹점 관리를 한다. 계약서대로 움직이므로 본사와의 사소한 마찰을 피할 수 있고, 계약한 내용대로 수긍하고 인정하면 되기에 서로 얼굴을 붉힐 필요가 없으며, 자신의 역할에 최선을 다하려고 노력한다.

국내의 대표적인 해외 브랜드 유사 형태가 국내 편의점이다. 국내의 편의점 본사는 다수의 가맹점을 확보하고 있는 이유도 있지만 정에 치우치기보다는 계약서에 적힌 내용에 입각해 매장 관리를 하는 것으로 유명하다.

② 검증된 본사

국내와는 달리 해외 가맹점은 지적재산권에 민감한 반응을 보인다. 본사의 지적재산권이 곧 가맹점을 하는 전부라고 봐도 무방할 정도이다. 그만큼 본사의 차별화된 경쟁력을 중시하고 특화된 시스템에 의해 본사를 선택한다. 주변의 권유와 기대심리가 작동해 판단하고 결정해서 브랜드를 선정하는 국내 가맹점과는 차이가 난다고 볼 수 있다.

딱딱한 조항을 합리적이라고 생각하고, 본사와 분쟁의 소지가 생겨도 계약서에 의해 원리원칙대로 상호 처리하면 된다는 관념을 지니고 있어 일의 해결 과정은 더 효율적이라 할 수 있다. 여러 채널로 미리 확인하고 조사해서 검증받은 본사를 선택하기에 당연한 수순으로 받아들인다.

③ 성공 및 실패

해외 가맹점은 매출이 예상보다 안 나올 경우 본사 탓으로 돌리기보다는 현지 환경상 문제로 돌리는 문화가 팽배한 편이다. 남의 탓을 하지 않고 자신이 판단하고 결정해서 선택하였기에 후회를 할 필요도 없고, 누구를 원망할 가치도 없다고 보는 것이다. 매장을 운영해서 나온 결과에 대한 수치는 순전히 본인 스스로에게 있다고 판단하여 매장 운영에 정성을 쏟는 편이다. 국내 매장과는 달리 본사 권유보다는 브랜드 경쟁력을 듣고 본인이 선택해서 결정하여 오픈했기 때문이다.

해외 가맹점은, 본사와 가맹점 간에는 서류에 의한 철저한 계약 관계를 유지하고 있어서 약간은 삭막한 관계처럼 보일 수 있지만 길게 보면 남의 탓으로 돌리는 경우가 적고, 본사와 분쟁 소지가 발생할 확률이 적은 장점을 가지고 있다.

Chapter 2

경영 전략 없이
사업을 진행해서는 안 된다

✎ 경영 계획

프랜차이즈 사업에 대한 비전을 세우고, 경영 확장 전략을 수립해 창업자를 모집하여 가맹점을 늘리고, 매장 운영을 잘해서 수익 목표 달성을 하기 위한 단계별 계획을 수립하고 평가하는 단계를 말한다.

(1) 경영 비전

미래 함께해야 할 방향을 설정하고 임직원이 해야 할 임무 및 핵심 역량을 정립한다. 비전을 제시하고 공유하는 일은 임직원의 잠재력을 발휘하게 하는데 있어서 좋은 효과가 있다. 향후 미래에 달성 가능한 사항에 대해 실질적인 비전을 세워서 실천하도록 여건을 마련해 놓는 것이 필요하다.

기업 경영에서 회사와 개인이 향후 누릴 희망찬 현실이 가시적으로 보이게 중장기적인 비전을 제시하느냐 안 하느냐는 구성원의 직무 성과와도 직간접적으로 영향을 미치므로 경영자는 비전을 발표하고 임직원과 함께 공유해야 한다.

(2) 경영 목표

목표를 설정해서 실현 가능하도록 경영 시스템과 인프라를 재정비하여 단계별로 도달하도록 하는 것이 중요하다. 경영자는 기업의 정량적, 정성적 목표를 세워서 그것을 달성할 수 있도록 하며, 조직원이 한마음으로 역량과 소질을 주어진 미션에 쏟아부을 수 있는 환경 조성에 전력을 다해야 한다.

경영자는 회사를 어떻게 어떠한 방향으로 이끌어서 목표를 달성한다는 구체적인 마스터플랜을 수립하여 실질적인 직무를 부여해주어야 목표 달성이 수월해질 수 있다. 목표를 설정하지 않고 하루의 미션만 구성원이 수행했을 때 미래가 보이질 않아 매너리즘에 빠지게 되는 일이 흔하다. 그러한 점을 인식하고 월, 분기, 반기, 연간, 중장기 목표를 수립하고 미션 수행을 잘해서 원하는 목적을 이룰 수 있는 시스템을 구축해야 경영 목표 달성이 용이해진다.

(3) 가맹점 확산 목표

기간별 가맹점 오픈 매장과 운영 매장 수를 현실적으로 수립하여 조직 구성원에게 목표 의식을 심어주고 도전 의욕을 불어 넣어주며 직무에 대한 경각심을 줄 수 있도록 목표를 정한다.

팀별 목표와 개인별 목표를 함께 정해서 담당과 팀에 부여한다. 매월 목표 달성 부문에 대해 진척 상황과 실적을 분석하여 원인과 대책 마련을 하며 평가를 하여 보상을 해주는 것이 효율적이다.

월 마감 영업 실적 회의를 매월 실시하는 본사가 대다수이지만 간혹 형식적으로 영업 실적 보고를 받고 지나쳐 버리는 본사도 있는데 지양해야 할 부분이다. 당월에 실적 평가를 해서 원인과 개선책을 찾아야 가맹점 개설 목표를 달성하여 가맹점 운영 목표까지 도달할 수 있게 된다.

⑷ 매출 및 수익 목표

본사 매출 목표와 수익 목표를 기간 및 분야별로 수립한다.

일부 본사에서는 슈퍼바이저별로 담당 구역 가맹점에 대한 월 매출 목표를 부여해서 이를 달성하도록 지도하고 관리하며 달성 가맹점에게는 특별 시책을 지급하는 사례도 있다.

가맹점 개설에 따른 개설 수익과 운영 수익 및 가맹점 투자 수익률을 수립하여 자금계획을 세우고, 생산적인 투자를 할 수 있는 기반을 마련하도록 본사는 매출 및 수익 목표를 설정해야 한다. 가맹점 평균 손익분기점 및 창업비 투자 예상 회수 기간을 산정하여 가맹점에 알리고 지도 교육하는 것도 필요하다.

⑸ 목표 실행 방안

타임 스케줄을 만들고 세부 추진 사항과 핵심 추진 사항을 정립하여 강력한 실행력을 지니도록 시스템화한다.

기획자의 의도대로 움직이는 것이 실행안인데 세부 실천 사항은 기획자가 스스로 현장에서 실천할 수 있는 내용으로 작성하고 보고해서 만들어야 하고, 상사는 이 점을 깊게 분석해서 기획안을 현장 여건에 적합하게 코치해주어야 한다. 아무리 그럴싸한 실천안이라도 현실성이 없으면 무의미하다.

목표를 실행해서 성공을 거두려면 실천할 수 있는 환경 조성을 하는 것이 필요한데 사전에 동기 부여와 보상 제도에 의한 혜택이 있음을 공유시키고 추진하면 목표 달성이 수월해진다.

(6) 실천 후 평가

실행력을 강화하고 목표 달성 여부에 대한 평가를 해야 한다.

결과에 대한 평가가 없으면 목표를 달성하려는 의지가 부족해지고 목표를 달성했을 시 메리트를 못 느껴서 생산성이 없어지게 되므로 평가 제도는 제도화해야 한다.

본사의 정책이 아무리 우수해도 현장에서 실행을 하지 않으면 아무런 소용이 없기에 직원의 현장 실행력은 사업의 전부나 마찬가지이다. 평가에 의한 보상제도가 있어야만 실효를 거둘 수 있기에 객관적인 평가 제도를 만들어서 정기적으로 실시하는 것이 좋다.

(7) 중점 실행 전략

안정적이고 체계적인 업무 프로세스를 정립하고 브랜드 경쟁력을 높일 수 있는 중요 부분의 실행안을 만들어 실천에 옮기는 세부적인 전략이 요구된다.

브랜드 경쟁력을 높이기 위한 계속적 마케팅 활동 및 홍보 활동을 하고 고객 감동을 주는 상품을 제공하며 비즈니스 파트너와 관계 시스템을 정립해서 실행력을 높일 수 있는 전략이 필요하다.

사업 목표와 비전 달성의 핵심적인 추진 사항을 수립하여 우선적으로 구성원 모두가 합심하여 실천할 때 경영 목표를 달성하기가 용이하니 핵심 전략안과 강력한 실행력을 병행하여 추진할 수 있도록 시스템적으로 보완하고 완비해 놓는 것이 좋다.

✎ 디자인

브랜드를 고품격으로 상품화하는 데는 디자인의 영향이 크다. 현대 프랜차이즈 사업은 포장 싸움이다. 보이는 것이 실제보다 브랜드 이미지 평가에 많이 작용하는 것이 프랜차이즈 사업이다.

영업 브로슈어, 카탈로그, 회사소개서 등 가맹점 모집을 위해 사용되고 있는 제작물은 한눈에 브랜드의 특장점을 나타낼 수 있도록 만들어야 한다. 이러한 것들은 CEO의 미적 감각에 따라 디자인이 결정되는 경우가 많다. 높은 직책을 이용해 강압적으로 디자인을 결정하기보다는 구성원의 의견을 듣고 결정해야 효과적이다. 주관적인 성격이 강한 것이 디자인이기에 객관화시키는 것이 좋다.

사업 초기에 디자이너를 외주에 맡겨 추진하는 본사도 있는데 실시간으로 보고받고 피드백해 주어야 하는 업무 특성상 가급적 외주보다는 채용을 하여 업무를 추진하는 것이 생산적이고 효과를 거두기가 좋다.

디자이너는 동종 분야에 경력이 풍부한 직원으로 채용하여 상시적으로 직접 대면해 업무를 처리하는 것이 브랜드를 격상시키는 데 훨씬 유리하다.

외식업은 디자인에 따라서 본사의 브랜드 가치가 올라가고 브랜드 품격과 파워가 달라지기에 퀄리티를 높이기 위해 투자를 아끼지 말고 유능한 디자인 전문가 도입에 정성을 쏟아야 한다. 일반 기업에서도 제품 디자인을 누가 어떻게 했느냐에 따라 시장 진입 속도가 다르거나 브랜드 인지도가 올라서 매출 상승으로 직결되는 것을 쉽게 보게 되는 것과 같은 맥락이다. 브랜드 인지도와 디자인은 함께한다고 보는 것이 현명하다.

✎ 인테리어

가맹점 사장들로부터 본사 만족도 여부가 처음으로 판명되는 시점은 인테리어 공사가 시작되는 시점이다. 인테리어의 외형적인 것보다 도면 협의대로 공사가 진척되느냐와 공사하는 곳이 디테일하게 마감이 잘되고 본사에서 얼마나 관심을 갖고 소통하고 방문 관리해 주느냐가 본사에 대한 믿음과 불신을 결정하게 하는 잣대가 된다.

특히 중요한 부분은 공사 완료 후 오픈한 다음 실시하는 사후 서비스이다. 공사를 마친 인테리어 업체는 아무래도 다음 있을 신규 공사에 매진을 하게 되어 공사를 마친 곳은 소홀히 하기 쉽다. 이런 사례가 실제로 현장에서 빈번하게 발생하고 있어 본사에 대한 불만의 씨앗이 되고 있으므로 이 점을 본사는 유의해서 공사 업무 프로세스를 정립해둘 필요가 있다.

본사는 공사 완료 후 10일 내 공사가 끝난 가맹점을 공사 업체에서 반드시 정기적으로 방문해서 미비한 점이 있는지 사후 서비스를 실시하도록 제도적으로 장치를 마련해두는 것이 좋다.

오픈 후 의무적인 공사 업체의 현장 방문은 가맹점의 본사 신뢰도를 높이는 방법이므로 제도적으로 실행했을 때 가맹점 반응이 좋다. 그러므로 인테리어 공사 업체를 가급적 본사 직영 체제로 운영하는 것이 업체를 통제하기 수월하다.

자체 공사를 할 때는 본래의 디자인 및 도면대로 공사가 완료되지 않을 수도 있다. 공사 시스템이 정립된 본사는 직영 공사 업체에 의한 인테리어 공사를 주로 하지만 그렇지 못한 곳은 자체 공사도 활성화되어 있는 편이다. 창업자가 여건과 상황에 따라 공사비 절약을 이유로 자체 공사를 실시하는 경우가 있다. 본사 공사와 자체 공사는 본사 여건과 지역 사정에 따라 판단해서 추진하는 것이 합리적이다.

본사 공사팀 담당의 업무 역량이 클수록 공사 초기부터 마무리까지 매끄럽게 진행되기에 신중을 기해 채용하고 배치해야 한다.

공사 자체에서 돌발 상황 발생이 많아 창업자 성향에 따라서 공사 업체와 상충하는 일이 자주 발생되고, 도면 외의 추가 공사를 창업자가 요청하는 경우 추가 비용 때문에 상호 마찰이 생기게 되는 등 예기치 못한 상황이 빈번히 일어날 수 있다. 이때 본사 공사팀이 중재 역할을 잘해서 원만히 공사가 마무리되도록 해야 본사에 대한 신뢰가 싹트게 되고 믿음을 주어 매장 관리가 수월해진다. 창업자는 공사 업체는 곧 본사라고 생각하기 때문이다.

인테리어 업체와 본사의 정기 및 수시 미팅을 통해 인테리어 업그레이드 및 효율적인 공사비 등 제반 부분에 대한 논의를 하여 시대 변화에 따른 대응을 해야 브랜드 경쟁력을 높일 수 있다.

대도시와 소도시를 차별화한 인테리어를 적용하는 본사가 있는데 지역별로 이원화시켜서 추진했을 시 기대치에 못 미치는 사례가 많이 나타나고 있는 실정이다. 전국 어디를 가나 규격화되고 똑같은 인테리어 공사를 해서 완성된 브랜드가 될 때 프랜차이즈 본사의 위엄과 강력한 경쟁력을 보여줄 수 있다. 매장 운영 시 매뉴얼을 준수해야 한다는 의식을 가맹점에 심어주는 데도 일관성 있는 공사가 한몫하게 됨을 주지할 필요가 있다.

아늑하고 편안한 분위기가 고객의 발걸음을 재촉하기에 인테리어의 중요성은 날로 증대되고 있다. 그러므로 가맹 본사는 열과 성을 다해 추진해서 가맹점 만족도를 높여야 한다. 시대 변화에 맞는 디자인으로 신모델을 수립하고 환경 변화를 선점하여 맞춰나가야 한다. 또한 유사 브랜드가 흉내낼 수 없도록 브랜드 경쟁력을 계속적으로 유지해 나가기 위해 인테리어 디자인 업그레이드는 지속적으로 실시해야 한다.

상품

상품기획안 수립에 따라서 히트 상품이 나오느냐 아니냐가 결정되고 판명된다. 기획안 입안자의 전문성과 사물을 바라보는 혜안이 최고의 상품을 개발하는데 큰 비중을 차지한다.

기획된 안은 프레젠테이션을 통해 발표하고 여럿의 견해를 들어 최종 결정해서 출시 상품으로 선정하게 된다. 레시피를 정해서 맛을 시연하고 조리 매뉴얼을 만들어 맛에 대한 품평회를 시행하여 미비점을 보완 개선하고, 판매 가격을 결정해서 예상 이익을 산출하게 된다. 직영점 우선 판매를 통해 고객 반응과 상품 가치를 분석해서 보완하는 과정을 거쳐 가맹점에 출시하게 되는 일련의 과정을 거치게 되는 프로세스가 일반화된 상품 개발 프로그램이다.

신메뉴를 출시할 때의 가맹점 교육 방법은 다양하게 이루어지고 있는데 일단 참석률을 최대한 높이는 전략을 수립해서 실천해야 한다. 본사 행사에 대한 적극적인 참여가 곧 브랜드의 앞날을 결정짓게 되는 것은 자명한 사실이다. 이 점은 어느 누구도 부인할 수 없는 현실이기에 각별히 노력해야 한다.

1차 미참석 가맹점은 반드시 2차 재소집해서 교육을 실시해야 한다. 이 부분에서 본사가 그냥 스쳐 가면 향후 타 정책 이행도 쉽지 않게 되므로 물러나지 말고 원칙대로 실행하는 것이 무엇보다도 중요하다. 레시피 동영상을 만들어서 보내주는 방법도 있지만 실제로 참석해서 교육시켜야 신메뉴의 이해도를 높일 수 있다.

가맹점 참석 대상은 가맹점 사장이 직접 오도록 해야 한다. 본사에 대한 신뢰도가 부족하고 관심이 크지 않을 경우 가맹점 직원을 보내는 일이 많다. 슈퍼바이저를 통해 가능한 한 가맹점 사장이 참석하도록 설득하고 전달하는 것이 필요하다. 평소 강력한 슈퍼바이저 체제를 구축하고 있는 본사만이 할 수 있는 비책이다.

✎ SNS 마케팅

마케팅 활동은 가맹점 매출을 증대시키기 위한 것이 주된 목적이나 현재 매출을 유지하기 위한 것도 크다. 현대는 SNS 마케팅이 대세이다. SNS 마케팅이란 고객의 니즈를 만족시킬 수 있도록 여러 부분의 Social Network Service를 활용하여 추진하는 방식이다.

현 시대의 마케팅 방법은 오프라인 마케팅에서 인터넷 마케팅으로 변하고 있는 추세이다. SNS를 활용한 마케팅이 고객한테 신속하게 파고들어 브랜드 이미지를 전파시키는데 좋은 효과를 보이고 있다. 프랜차이즈 외식업종 CEO 대다수가 젊은 편이기에 페이스북과 인스타그램 및 유튜브 등 인터넷 마케팅이 활성화되고 있다. TV 및 언론매체 광고는 본인 및 지인과 직접 관련이 있는 광고가 나올 때나 관심이 있지 그외 광고는 그냥 무심코 지나치게 되기에 투자 대비 별 효과를 보이지 못하고 있다.

SNS 마케팅 활동의 주목적은 다음과 같다.

① SNS를 이용한 상품 및 서비스에 대한 혜택 부여

② 프로모션 및 이벤트 파급 효과

③ 여럿이 인정할 수 있고 호응도가 좋은 내용물을 통해 고객과 공감할 수 있는 소통 기대

④ 계속적인 쌍방향 소통으로 브랜드 가치 증대

⑤ 새로운 고객 창출을 통한 매출 증대

SNS 대표적인 채널은 다음의 4가지 유형이다.

① 네이버 블로그

② 트위터

③ 페이스북

④ 유튜브

본사가 가맹점을 대상으로 판촉할 때는 가맹점에 사전에 동의를 구하고 추진하는 것을 원칙으로 해야 한다. 가맹점 동의 없이 실행하면 본사와 가맹점 간 분쟁이 반드시 생기게 되어 있으므로 유념해야 한다.

가맹점 판촉 행사 방법으로는 본사에서 1년에 한 번에서 두 번 정기적으로 시행하는 내셔널 판촉과 지역에서 실시하는 로컬 판촉 방법이 있다. 내셔널 판촉 시 가맹점에 판촉비 일부를 부담시키게 될 경우는 합리적인 금액을 산정해서 미리 대표성 있는 가맹점과 협의를 한 후 추진하는 것이 분쟁 소지를 막는 데 효과적이다.

메이저급 프랜차이즈에서 내셔널 판촉 행사를 시행할 경우 상품 선정에 어려움을 겪는 일이 많다. 전국 가맹점을 대상으로 동시에 판촉 행사를 추진할 때는 고객한테 제공할 다량의 상품이 준비되어야 하나 비용 측면과 공급할 수량의 문제로 인해 국내산 대신 수입산으로 대체하는 경우가 많은데, 품질 면에서 고객 클레임이 발생할 수 있다. 그렇게 되면 판촉 활동이 본연의 취지와 어긋나게 되므로 유의해야 한다. 지역 판촉은 담당 슈퍼바이저와 상의해서 본사에 보고하고 실시하는 것을 원칙으로 해야 한다.

인터넷 마케팅은 예비 창업자와 소비자를 대상으로 이원화해서 구분하고 브랜드 성장속도와 가치 및 인지도에 따라 변화하는 환경에 맞추어 전략을 세워 실행하도록 해야 한다.

창업 광고, 브랜드 홍보, 프로모션으로 나누어서 마케팅 활동을 전개해서 시행하면 효과적이다. 창업 광고로는 키워드 광고, 창업 바이럴, 온라인 기사를 활용하면 되고, 브랜드 홍보는 바이럴 마케팅을 비롯해 유튜브, 미디어를 통해서 전파하고, 프로모션은 정기 프로모션 및 맵버십 포인트, SNS 고객 이벤트를 활용하면 좋다.

포털 영역에서 주력 키워드 검색 시 검색 광고, 파워 콘텐츠, 블로그, 카페, 지식인, 기사 영역에서 브랜드 및 창업 정보가 노출되도록 수립한다. 창업 키워드와 연동하여 온라인 기사를 주기적으로 송출하고 배너 광고를 통해 계속해서 노출시키며 네이버에서 창업 키워드 검색 시 자동완성 및 연관 검색어를 통해 유입되도록 하는 것이 좋다.

홍보 및 고지

브랜드나 자사 상품을 널리 알리는 행위를 홍보 활동이라 한다.

브랜드를 대중에게 쉽게 인지시키고 가슴속 깊이 새겨들게 하는 홍보 활동이 기업에 미치는 영향력은 지대하다. 메이저급 프랜차이즈 CEO 는 홍보팀에 가장 힘을 실어 주는데 이런 이유 때문이다.

본사에서 가맹점을 최소 300개 이상 운영하고 있을 경우 언론 기관과 유대 관계를 수시로 갖고 상시채널을 가동시킬 수 있도록 하는 것이 좋은데, 홍보 업무를 관장하는 부서의 수장 역량이 큰 영향을 미친다고 할 수 있다. 경영자는 사교성과 겸손함 및 전문성을 가진 홍보 전문가 배치를 염두에 두어야 한다.

고지 활동은 브랜드 경쟁력이나 상품의 우수성을 책자나 홍보물을 통해 불특정 다수에게 일괄적으로 알리는 활동이다.

여기서 홍보 활동과 고지 활동은 엄연히 다르다고 할 수 있다. 고지 활동을 잘해야 브랜드 스토리를 이해시키고 상품의 우수성을 상세히 알릴 수 있다. 브랜드가 탄생한 배경과 주력 상품의 강점 등 타사 제품과 차별되는 특이 사항을 알려서 브랜드의 우월성을 널리 전파해야 고객들이 진정성 있게 받아들일 수 있다. 브랜드의 내적 특장점과 경쟁력을 상세하게 모든 이에게 알리는 일이 고지 활동인데 강력한 시스템을 구축하고 있는 프랜차이즈 본사만이 실천할 수 있는 마케팅 방법이다.

✎ 신규 브랜드

제1 브랜드와 상반된 종류의 아이템보다는 1브랜드의 강점과 경쟁력을 최대한 살릴 수 있는 제2 브랜드를 탄생시키는 것이 성공할 확률이 높게 나타나고 있다. 1브랜드와 동떨어진 아이템으로 새로운 브랜드를 론칭해서 추진할 시는 성공 확률이 낮다.

제1 브랜드가 수익성이 나서 안정기에 접어들면 대다수 CEO는 새로운 브랜드를 만들려는 생각을 갖는다. 주변의 권유에 의해서 추진하는 경우도 있는데 영화도 1보다 좋은 2가 드물듯이 1브랜드보다 더 좋은 2브랜드 탄생이 결코 쉽지 않다.

사업이 안정화되고 정착되면 될수록 CEO는 신규 사업에 관심을 갖게 되어 있다. 사업에 자신감이 붙은 이유도 한몫하지만 여러 브랜드를 소유해 타인에게 우쭐대고 자랑하고 싶은 욕망도 신규 브랜드를 만들려는 무시하지 못하는 동기이다.

현실 외식 업계 상황을 볼 때 보유한 브랜드가 제1 브랜드처럼 성장하는 일을 찾아보기 쉽지 않다. 1브랜드의 인력과 경영 전략을 유사하게 신규 브랜드에 적용하고 새로운 브랜드에 걸맞은 인력 및 제반 부분의 투자에 소홀히 하여, 일의 선택과 집중이 잘 안 되어 신규 브랜드 론칭에 대한 기대에 부응하지 못하고 안착을 못 하는 경우가 빈번하게 발생되고 있는 현실이다.

신규 브랜드의 출시는 사전에 프로젝트팀을 구성해서 콩나물 볶듯이 빠르게 시중에 내놓으려 하지 말고, 여유를 가지고 체계적으로 단계별로 준비해서 검증을 통해 내놓아야 한다. 매장 운영을 했을 시 가맹점에서 수익이 나겠다고 확신이 섰을 때 브랜드를 출시하고 가맹사업을 해야 성공 확률이 높다. 일부 CEO는 몇 개월 만에 타 회사 브랜드를 카피하여 시중에 내놓고는 자신이 능력이 있어 짧은 시일에 신규 브랜드를 론칭했다고 자랑하고 다니는 경우가 있다. 이럴 경우 잠시 왔다가 사라지는 브랜드로 전락하기 십상이다. 즉흥적인 타 업종의 카피만 가지고는 롱런이 힘들다.

본사는 새로운 브랜드를 출시하고 난후에 기존 브랜드 가맹점에게 혜택을 준다고 하면서 신규 브랜드도 하도록 권장하는 경우가 있다. 기존 가맹점의 신규 브랜드 병행은 권장할 만한 방법이 아니다. 본사에서 일부 소수의 본사 우호도가 좋은 가맹점에게 적극적으로 매장 운영을 추가로 하라고 권유하는 것이 일반적이다. 다 그렇지는 않겠지만 두 브랜드가 어중간하게 관리되어서 매장 운영이 원활하지 않게 되고 매장 활성화가 잘 안 되는 편이 많으므로 가급적 피하는 것이 본사와 가맹점 양측에 좋다.

국내 프랜차이즈 업계는 일반적으로 1브랜드가 안정화되었다고 판단될 시나 아니면 1브랜드가 실패라고 생각될 경우에 새로운 브랜드를 탄생시키는 것이 보편화되어 있는 실정이다. 국내의 인구 동향과 지역적 특성 때문에 불가피하게 하나의 브랜드로 사업 확장을 시키는데 한계에 봉착하여 2브랜드, 3브랜드를 론칭하게 되는 것이 국내 시장 환경이다. 예외적으로 하나의 브랜드로 1,000개 이상의 가맹점을 확보해 운영하는 본사도 있지만 극히 드문 케이스다. 반면에 브랜드를 여럿 론칭해서 브랜드의 경쟁력이 분산되어 낭패를 보는 본사가 생각보다 많은 것이 외식업계 실태이다.

브랜드 확산은 시기와 아이템 선정에 많은 심혈을 기울여야 하고, 되도록 1브랜드와 엉뚱한 성질의 업종에는 손을 안 대는 것이 좋다. 1브랜드 성공으로 자금력이 풍부해질 때 CEO는 제2, 제3의 사업에 눈을 돌리게 되고 주위의 좋은 사업거리가 있다는 말에 현혹되어 신규 브랜드를 론칭하게 되는 것이 보편적이다.

✒ 브랜드 이미지

프랜차이즈 사업의 성패는 브랜드 이미지에 달려 있다고 확언을 해도 지나친 말이 아니다. 어떤 브랜드가 머릿속에 떠올려질 때 그 브랜드 하면 무엇이라고 가슴에 와 닿을 정도의 임팩트 있는 이미지가 각인되어야 경쟁력이 있는 브랜드라고 할 수 있다.

그만큼 브랜드 하면 연상되는 문구는 가히 가맹사업의 전부라고 해도 과언이 아니다. 그래서 프랜차이즈 본사는 좋은 브랜드 이미지를 구축하려고 각종 시스템과 경쟁력을 구축해 가는 것이다. 사람들은 어떤 물건을 구매하기 전에 어떤 브랜드를 사야겠다고 마음을 정하고 쇼핑을 하는 것이 대부분이므로 가맹 본사는 평소에 브랜드 이미지를 고객에게 좋은 쪽으로 심어주고 뇌리에 박히게 만들어 놓는 것이 중요하다.

브랜드 이미지를 좋게 하기 위해서는 모든 것을 규정과 원칙대로 가맹점을 개설하고 운영하는 지혜가 필요하다. 원칙을 벗어나 변칙적으로 행동하면 반드시 가맹점과 분쟁이 일어나게 되고 때로는 언론을 타게 되어 하루아침에 브랜드 이미지가 실추되는 경우가 흔하게 일어날 수 있기에 주의를 요한다.

특별히 상권 분쟁이 발생하지 않도록 가맹점 개설 시 인근 가맹점의 위치를 명확히 파악하고 철저히 준비해서 오픈시켜야 한다. 사소한 본사와 가맹점 간의 분쟁이 불씨가 되어 한순간에 브랜드 이미지가 나락으로 떨어져서 낭패를 보는 가맹 본사가 많다. 또한 오너 리스크에 해당되는 사유가 발생하면 브랜드 이미지는 걷잡을 수 없이 추락하게 되므로 항상 CEO는 각별히 유의해야 한다.

사람도 그 사람 하면 먼저 떠오르는 것이 있어서 미리 예견하고 판단하여 대처하는 것처럼 고객도 브랜드를 선택할 때 평소 머릿속에 각인된 브랜드에 발걸음이 가게 되므로 본사는 브랜드 이미지 제고에 각별하게 신경을 써야 한다. 브랜드 이미지를 높이기 위해서는 고객이 수긍하고 인정할 수 있는 브랜드 경쟁력을 키워야 하고, 가맹점에서 실행할 수 있도록 지도하고 교육할 수 있는 제반 시스템을 정립하는 것이 선행되어야 가능하다는 것을 염두에 두어야 한다.

✎ 수익 구조

현대 프랜차이즈 수익 구조는 식자재 수익과 물류 수익에서 벗어나 매월 로열티를 받는 수익 구조로 전환되는 추세이다.

가맹점에 공급하는 원부재료 공급가에 대한 이해관계가 지속적으로 속출하고 있어서 상호 신뢰에 금이 가는 단초를 만드는 경우가 많고, 자칫 잘못 생각하면 본사를 유통 회사로 오인할 수 있는 소지가 생길 수 있다. 이를 미연에 차단하는 방법으로 가맹점 매출에 따른 로열티를 본사에서 받아서 브랜드 가치를 증대시키고 브랜드를 운영하는데 사용하는 것이 합리적인 본사의 수익 구조라고 할 수 있다. 인테리어 및 주방 기기, 집기 등이 부수적인 수입의 원천이 될 수도 있지만 상황이 그리 넉넉지 않은 편이다. 프랜차이즈 사업을 하면서 수익 발생 요인을 유통 마진보다는 로열티 수입에 포커스를 두고 추진하는 것이 멀리 보면 효율적이다.

가맹비를 비롯해 창업 당시 본사 수익으로 발생하는 고정비는 별도로 개설 수익에 포함시키면 되고, 가급적 창업비는 원칙적으로 모두 받되 면제해주는 것은 삼가는 것이 브랜드를 강하게 만드는 데 도움이 된다. 가맹비를 비롯해 초기 창업비를 면제해주는 브랜드는 창업자 입장에서 순간적으로는 혹해서 좋아할지 모르지만, 본사 입장에서는 굳이 면제해주지 않아도 창업할 사람은 다하게 되어 있기에 순간적으로 생색만 내는 것에 그칠 경우가 흔하다.

가맹점 매출에 비례하여 로열티를 차등으로 적용해서 받는 것이 현명한 처사이다. 가맹점 매출과 상관없이 일정액을 정액제로 로열티를 받는 본사는 로열티를 징수하는 근본 목적에 부합하지 않게 될 수도 있음을 유념해야 한다.

가맹점 매출이 좋아야 본사 로열티 수입이 많아지기에 본사는 가맹점 매출에 큰 관심을 갖고 지원을 아끼지 않으며 노력을 경주하게 된다.

로열티는 이니셜 로열티와 러닝 로열티로 구분된다. 이니셜 로열티는 사업을 알려주고 상호, 상표, 노하우 등의 사용 대가로서 최초로 지불하는 형태를 말한다. 러닝 로열티는 경영 지도 즉 가맹점 관리, 점검, 교육, 유지에 따른 대가로 지불하는 것을 말한다.

🖋 특허 등록

프랜차이즈 사업을 시작하고 안테나 매장을 오픈해서 수익 구조가 안정화되고 가맹사업을 추진해도 승산이 있다고 판단되면 상표 등록을 하는 것이 일반적인 본사의 관례이다. 여기서 간과하지 말아야 할 점이 인테리어 디자인에 대한 특허 등록이다. 쉽게 지나치는 일이 많으니 유의해야 한다.

사업이 번창하게 되면 반드시 일정 시점이 경과되면 유사 브랜드가 만연하게 될 수밖에 없다. 일부 몰지각한 곳에서 인테리어 디자인 부분까지 흡사하게 도용해서 짝퉁 브랜드를 만드는 사례가 많기에 인테리어 디자인 특허 등록을 해두어야 향후 분쟁 시 법정 다툼에서 승소할 수 있다.

인테리어 디자인이 등록이 안 되면 상대방이 유사하게 외부 및 내부를 꾸며서 사업을 전개해도 제재할 만한 사유가 법적으로 없다는 것이 법조계의 기본 주장이니 이 점을 유념하고 인테리어 디자인 등록도 관심을 가져야 한다.

프랜차이즈 시장의 원조 브랜드 특장점을 그대로 모방해서 사업을 추진하는 사례가 점점 빈번하게 진행되고 있으므로 사전 방어 장치를 완벽하게 해두고 가맹사업을 확산시키는 것이 현명한 처사이다. 브랜드명을 정할 때 순수 우리말은 일반 명사가 대다수라 타인이 도용해서 사용해도 어쩔 수 없는 경우가 많다.

로고는 일단 특허 등록을 해두면 타인이 사용할 수 없어서 안전장치로 해두는 무기가 될 수 있다. 요즈음은 로고도 비슷하게 사용해서 모방하는 일도 있다. 특히 원조 브랜드가 시장 반응이 뜨겁고 수익성이 좋은 경우는 브랜드 벤치마킹을 당할 수밖에 없어서 제반 부분의 특허 등록을 사전에 해두어야 상황 발생 시 상대방에게 대항 능력이 생기게 된다.

✎ ERP

ERP는 전사적 자원 관리라고 하며 회사 내 업무를 전산화하여 업무 스피드를 높이고 어느 장소에서나 실행력을 높일 수 있도록 통합적으로 정보 시스템을 구축하는 것을 뜻한다. 사업이 안정적으로 정착이 되어 제반 시스템이 정립되어 있는 본사가 ERP를 구축하여 사용하고 있는 경우가 많다. 예상보다 비용이 많이 들고 부서별로 적절한 인력이 배치되어 있을 때 효용성이 있는 시스템이기에 이러한 조건 구비가 미흡한 본사는 ERP를 사용할 마음은 있는데 실제로 섣불리 추진하지 못하는 실정이다. ERP를 성공적으로 정착시키려면 인력과 교육이 선행되어 구성원의 마인드와 인식이 갖추어져 있어야 한다.

요즈음은 업종과 브랜드에 최적화해 맞춤 제작된 간소화 ERP 전산 시스템이 개발되어 활용되고 있는 상태이다. 월에 일정액을 지불하면 사용 가능토록 비용 측면에서도 편리성을 추구하고 있고, 핵심 부분만 활용해서 집중력을 높일 수 있다. 규모가 작은 프랜차이즈 본사도 유용하게 사용할 수 있도록 제작되어 생산성과 효율성이 좋다고 입소문을 타고 있다.

기본적인 프랜차이즈 본사에서 사용 가능한 핵심 부분 ERP 프로그램 주요 기능은 다음과 같다.

(1) 점포개발

① 신규 창업자 관리

② 입점 가능 지역 관리

③ 창업 설명회 관리

④ 가맹 상담 현상 관리

⑤ 가맹 계약 체결 관리

⑥ 재계약 관리

⑦ 모객(DB) 관리

⑵ 공사 및 오픈

① 시설 공사 관리

② 감리 활동 관리

③ 오픈 전후 교육 관리

④ 오픈 일정 관리

⑤ 가맹점 서류 관리

⑥ 활동 보고서 관리

⑦ 공사 하자 관리

⑶ 운영

① 가맹점 실태 관리

② 가맹점 손익 관리

③ 부진 가맹점 관리

④ 가맹점 매출 분석

⑤ 가맹점 방문 관리

⑥ 가맹점 활동 계획

⑦ 가맹점 클레임 관리

⑷ 주문 및 거래

① 가맹점 주문

② 매입 관리

③ 매출 관리

④ 품질 관리

⑤ 협력 업체 관리

⑥ 거래 내역 관리

⑦ 반품 관리

(5) 상품 및 물류

① 상품 내용 관리

② 재고 관리

③ 재고 과정 관리

④ 원부재료 관리

⑤ 매뉴얼 관리

⑥ 상품 이전 관리

⑦ 배송 관리

(6) 그룹웨어

① 전자 결재

② 메일 관리

③ 일정 관리

④ 게시판 관리

⑤ 조직 관리

⑥ 근태 관리

⑦ 서식 관리

Chapter 3

운영 노하우

✎ 슈퍼바이저

(1) 정의

슈퍼바이저란 본사의 경영 정책을 가맹점에 정확하고 명확히 전달해서 전 가맹점이 통일성 있게 실행할 수 있도록 가맹점을 지도 교육하면서 감독 관리하는 임무를 수행하는, CEO를 대신하는 현장의 소사장이라 할 수 있다.

사전적 의미로는 관리자, 감독자, 지도자라는 뜻이다. 실제로는 교육과 소통을 진행하는 주체이며 본사 정책을 집행하는 실행자이고, 본사를 대신해 가맹점과의 약속을 지켜나가는 최일선의 전사이며, 정책 전달자이자 해결사이다. 가맹점과 가맹 본사를 대신해서 1차로 소통하여 본사와 가맹점 간 교량적 역할을 수행하는 임무를 지닌다. 강력한 슈퍼바이저 제도를 운용하는 가맹 본사만이 메이저 프랜차이즈 회사로 발돋움할 수 있다.

슈퍼바이저의 중요성을 그다지 느끼지 못하는 가맹 본사의 CEO는 점포 확산이 되어도 한계에 봉착할 수밖에 없음을 인지해야 한다. 슈퍼바이저 역할이 가맹사업에서 큰 비중을 차지함을 알면서도 대수롭지 않게 생각하고 있는 CEO는 마이너급에서 머무를 수밖에 없다는 것을 어느 시점에 가면 반드시 느끼게 된다. 가맹점 200호점을 달성하고 그 이상 가맹점 확산이 순조롭게 이루어지지 않는 본사는 대체로 슈퍼바이저 제도가 미흡하다.

가맹사업은 슈퍼바이저로부터 시작해서 슈퍼바이저에 의해 끝날 수밖에 없는 구조적인 시스템이라는 것을 명심해서 유능한 슈퍼바이저 육성에 심혈을 기울여야 한다. 슈퍼바이저는 가맹점에서 실시간으로 발생되는 일들을 파악하고 보고해서 해결하는 미션 수행자이다. 프랜차이즈 사업의 근간이 되는 임무를 지닌 핵심 중의 핵심 인력이라고 할 수 있다. 얼마나 많은 유능한 슈퍼바이저를 본사가 보유하느냐가 가맹사업의 성공 열쇠가 되므로 유능한 슈퍼바이저 육성에 전력을 다해야 한다.

(2) 자격

CEO의 경영 철학과 정책 방향을 명확히 숙지하고 있어야 하며, 현장에서 본사를 대신해서 정책을 전달하고 설득해서 실행할 수 있는 기본적인 자질이 있어야 한다. 이러한 자질과 더불어 현장의 일꾼으로 활동할 수 있는지 파악하여 기본적인 능력을 구비했다고 검증이 되었을 때 가맹점을 맡겨야 본연의 임무 수행이 가능해진다.

최소 1년 이상은 본사에서 업무를 수행하여 경영 이념과 철학을 이해했을 때 현장으로 침투시키는 것이 좋다. 프랜차이즈 관련 이론 교육 및 조리 교육을 철저히 장기간 숙련시켜서 슈퍼바이저로 임명할 필요가 있다.

슈퍼바이저가 지녀야 할 기본 자격은, 진실성이 있어야 하고, 문제해결 능력과 상대 의중을 파악하는 능력이 필요하며, 경청하는 자세를 갖추고 의사 표시를 명확히 해서 타인에게 전달할 수 있는 표현력도 요구된다. 기본적인 슈퍼바이저 자질을 지녔으면 다행이지만 대부분은 교육을 통해 육성시키고 있는 것이 실상이다.

이직이 많은 것이 외식 시장이기에 경력 사원 스카웃을 통해 사업 초기에 자리를 채우는 것이 현재 가맹 본사의 행태이다. 태생적으로 지닌 끼가 있으면 연장자가 다수 포진된 가맹점과 소통을 하고 대응하는 데 유리한 면이 있을 수 있다.

별도의 슈퍼바이저 자격이 정해졌다고 할 수 없기에 교육을 통해 유능한 슈퍼바이저로 양성시키는 것이 효과적이지만, 근본적으로 슈퍼바이저 업무를 수행하는데 적성과 자질이 안 되는 결격 사유가 있는 자원도 있으므로 사전에 분별을 잘해서 적재적소에 배치하는 지혜가 필요하다. 어떤 업무를 혼자서 잘하는 인력이 있다 해도 상대를 움직여서 주어진 미션 수행을 잘해야 하는 슈퍼바이저 업무와는 판이하게 다르기에 기본적인 소양을 못 갖춘 자원에게 슈퍼바이저 임무를 주는 것을 지양할 필요가 있다.

(3) 직무

가맹점에서   Q – 메뉴얼 준수 및 양질의 메뉴 제공

              C – 용모 단정한 자세로 대응하고 깨끗하고 청결한 매장 유지

              S – 친절하고 인사 잘하며 고객에게 다가가는 서비스 제공

상기 사항에 대해 운영 매뉴얼을 준수하고 운영하고 있는지 관리 감독하는 임무가 첫 번째로 중요한 임무이다.

시장 현상 및 실시간 변화하는 동종 업종의 동태를 파악하여 보고하는 임무를 수행해야 한다. 가맹점 방문 시 주변 외식 시장을 파악하고 분석해서 매장에 맞는 운영 지도를 해주고 손익 분석 및 매출 증대와 관련해서 효율적이고 생산적으로 운영해서 수익이 날 수 있도록 도와주는 가맹점의 조력자 임무도 병행해야 한다. 타 가맹점의 성공적인 판촉 사례를 전파해주어 매출 증대를 이룰 수 있도록 도와주는 미션을 이행할 책임도 있다.

슈퍼바이저는 가맹점에서 일어나는 클레임과 관련하여 현장에서 해결할 일과 관련 부서의 협조를 통해 해결할 일을 구분해야 한다. 타 부서의 도움을 받아 해결할 일은 타 부서 협조를 구하고, 본인이 해결할 수 있는 일은 본인이 해결해서 신속 정확하게 처리하여 반드시 직접 가맹점에 피드백을 해주어야 한다.

가맹점 입장에서는 클레임 처리를 잘해주는 슈퍼바이저를 신뢰하고 믿고 따르게 되어있다. 평소 슈퍼바이저가 가맹점과 소통을 잘하고 믿

음을 주며 가맹점 운영에 도움을 많이 주는 경우에는 가맹점 입장에서는 슈퍼바이저가 불이익을 당하지 않도록 본사의 제반 정책을 이행하려 하기 때문에 슈퍼바이저의 임무는 가히 크다고 할 수 있다. 슈퍼바이저를 프랜차이즈 사업의 꽃이라고 부르는 이유이다.

(4) 역할

가맹점에서 매뉴얼을 잘 지키고 고객 관리를 잘해야 브랜드 경쟁력이 발생해서 타인에게 파급되고, 고객 간의 입소문을 통한 예비 창업자 발굴이 용이해지기 때문에 가맹점의 매뉴얼 준수는 중요하다. 이런 미션을 수행하도록 지도하고 교육시키며 도와주는 슈퍼바이저의 역할은 가맹 본사 입장에서는 큰 위치를 차지한다고 할 수 있다. 본사와 가맹점이 상생의 길로 접어들 수 있게 하는 데 슈퍼바이저의 역할은 지대하다.

슈퍼바이저는 전사가 되어야 한다. 매장에서 일어나는 일은 본인이 해결해야 한다는 각오로 관리해야 한다. 현장에서 발생하는 일들을 혼자 삼켜서는 안 된다. 현장에서 혼자 해결할 수 없을 때는 본사에 보고해서 빠른 시일 안에 피드백을 해주겠다는 사고를 지니고 업무를 추진해야 한다. 또한 가맹점과의 약속은 꼭 지켜야 하고 지키지 못할 약속은 안 하는 것이 좋다. 슈퍼바이저는 보고하는 기능보다 해결자 임무의 비중이 높다.

슈퍼바이저의 역할은 가맹점 현안 문제를 상사에게 보고하는 기능도 있지만 보고에 그치는 것이 아니라 현장에서 해결해주는 중책을 지니고 있다. 현장에서 발생되고 있는 모든 사실을 여과 없이 보고받아 해결책을 찾아서 피드백을 해주는, 본사와 가맹점 간의 교량적 역할을 해야 한다. 한 사람의 직원이라는 점을 떠나 회사 대표를 대신해서 현장과 소통해야 하므로 그 역할은 생각보다도 매우 중차대하다고 할 수 있다. 담당하고 있는 가맹점의 본사 우호도를 긍정과 부정으로 변화시킬 수 있을 정도로 슈퍼바이저의 역할은 크기에, 기본에 충실하며 능력을 배양할 수 있도록 교육을 게을리 하지 않는 것이 본사가 추진해야 할 과제이다.

⑸ 기능

슈퍼바이저의 3대 기능으로 감독 관리 기능, 교육 지도 기능, 운영 개선 기능이 있다.

① 감독 관리 기능

가맹점이 본사 정책을 올바르게 숙지하고 실천하고 있는지 점검하는 기능이다. 가맹점 운영 상태를 평가해서 매뉴얼대로 이행하지 않을 경우 지적하고 교육시켜야 한다. 본사 운영 규정을 준수해서 매장을 운영하도록 관리 지도하는 감독을 소홀히 해서는 안 된다. 슈퍼바이저의 규정을 준수한 관리 감독은 결국 가맹점을 이롭게 하는 기능이므로 확실하게 추진해야 한다.

② 교육 지도 기능

장사에서 사업가로 변신해서 매장을 운영할 수 있도록 가맹점을 지도

하고 교육시켜 주는 기능이다. 빠른 시일에 사업가로 변신하도록 사업 마인드를 심어주어야 하는데 이를 이루려면 슈퍼바이저 스스로가 교육 능력을 지녀야 한다. 남을 지도하기 위해서는 본인이 지식과 지혜로 무장해야 가능하다는 점을 인지해야 한다. 교육은 새로운 것을 알려주는 기능도 있지만 알고 있는 사실을 상기시켜주는 기능도 있으니 반복적인 교육이 요구된다.

③ 운영 개선 기능

가맹점 요구 사항을 관련 부서에 전달해서 해결해 주는 기능이다. 가맹점이 당면하고 있는 현상을 정확히 파악하여 여과 없이 상부에 보고해 관련 부서와의 유기적 업무 진행으로 상사의 최종 재가를 받아 가맹점에 피드백해 주어야 한다. 가맹점은 항시 본사에 불만을 갖고 있고 개선책을 바라고 있기에 슈퍼바이저의 중재 역할은 중요하다. 가맹점 운영이 개선되면 가맹점 수익은 자연적으로 나타나게 되어 있으며 본사 우호도가 긍정으로 변신하는 효과도 함께 나타난다.

④ 추가 기능
(ㄱ) 커뮤니케이션 기능
(ㄴ) 코디네이션 기능
(ㄷ) 컨설팅 기능
(ㄹ) 카운슬러 기능
(ㅁ) 컨트롤 기능

(6) 기본자세

상대를 배려하고 상대의 말에 경청하는 자세가 우선적으로 있고, 원칙을 강조하고 변칙을 용납하지 않는 강한 신념을 가지고 있어야 한다.

회사에 대한 높은 충성심도 요구된다. 어떤 일을 수행하든지 충성심이 없이는 열정을 쏟아 부을 수 없다. 슈퍼바이저는 현장에서 임무를 수행하는 역할이 주어지기에 가맹점을 진정성 있게 대할 줄 아는 자세를 지니고 있어야 하며 회사에 대한 애사심이 누구보다도 커야 한다.

가맹점을 위해 몸과 마음으로 봉사할 줄 아는 태도가 있어야 하고, 본사를 대신하는 현장 CEO라는 인식을 하면서 주어진 업무를 하는 태도가 절실하게 요청된다. 항시 진정성 있게 가맹점을 대해야 하는데, 형식적으로 대하는 것은 시일이 지나면 금방 상대가 알아차릴 수 있으므로 더욱 주의를 요구한다.

가맹점이 가족 또는 친인척이라는 마음으로 소통하고 가까이 갈 줄 아는 자세를 지녀야 한다. 가맹점을 대하듯 고객한테도 늘 고객 입장에서 바라보고 대하는 자세를 갖추도록 노력해야 한다. 고객과 1차 접점에서 대화할 계기가 주어지는 일이 많으므로 항시 염두에 두고 일해야 하며, 고객이 있기에 가맹점이 있고 가맹점이 있어서 본사가 존재한다는 사실을 알아야 한다. 아울러 본사가 있어서 자신이 명함을 가지고 다닐 수 있고 가족을 부양할 수 있다는 마음 자세를 가져야 한다.

슈퍼바이저의 일거수일투족이 본사를 대신하기에 가맹점과 소통하는 말과 행동이 프랜차이즈 사업 발전에 기여하는 영향력이 매우 큼을 인지하고 주어진 임무를 잘해내는 기본자세가 절실히 요구된다. 슈퍼바이저 스스로가 프랜차이즈 사업에서 중추적인 핵심 인력이라는 자긍심을 갖고 역할을 다하는 태도를 갖는 것이 중요하다.

(7) 덕목

슈퍼바이저는 판단력, 설득력, 추진력을 필수적으로 갖추고 있어야 주어진 업무를 잘해낼 수 있다. 담당하고 있는 가맹점의 실태를 파악해서 매출 증대 방안을 강구할 능력이 있어야 하고, 가맹점에서 발생하는 문제를 진단하고 해결할 수 있는 판단력이 필요하다. 가맹점이 매장을 운영함에 있어서 기본에 충실할 수 있게 올바른 판단을 하도록 도울 수 있는 능력도 있어야 한다. 그전에 슈퍼바이저 업무를 잘 수행하기 위해서는 본사 정책을 이해하고 숙지하는 것은 기본이다.

설득력을 갖고 있는 슈퍼바이저가 프랜차이즈 본사에서 최적화된 슈퍼바이저라 할 수 있다. 업무를 하면서 터득한 지식과 상사로부터 배운 업무 능력을 가맹점에서 활용하여 도움을 줄 수 있어야 한다.

상대를 설득시키려면 경청하는 자세부터 배워야 한다. 상대의 말에 경청을 하지 않는 것은 상대에 대한 배려심이 부족하게 되어 상대를 무시하는 것처럼 보이게 되는데 그로 인해 상대도 마음의 문을 열지 않으므로 경청하는 자세는 매우 중요하다.

본사에서 결정된 정책을 현장에서 실천하도록 추진시키는 추진력 또한 슈퍼바이저가 갖추고 있어야 할 덕목이다. 아무리 우수한 정책이라도 가맹점에서 실행을 하지 않으면 아무런 소용이 없게 되기에 슈퍼바이저가 가맹점을 움직이도록 하는 추진력은 몇 번을 강조해도 지나치지 않는 덕목이다. 추진력을 실행력이라고 표현할 수 있는데 아무리 훌륭한 정책을 본사에서 내놓아도 현장에서 일사불란하고 통일성 있게 실행하지 못하면 아무런 의미가 없다. 그러므로 슈퍼바이저가 지녀야 할 덕목과 인품 및 품격은 가맹사업을 함에 있어서 중요하다.

(8) 적정 매장 수

브랜드 아이템마다 다소 차이가 날 수 있지만 슈퍼바이저가 담당할 가맹점 수는 30개가 적당하다. 사람이 30호점까지는 자기 전에 눈을 감고 매장을 그려보면 각기 매장의 특성이 그려지게 되어 있다.

가맹점 수가 30개 이상이 되어도 슈퍼바이저가 매장을 관리하는 데 큰 문제는 없지만, 본사가 원하는 효과를 거두기는 쉽지 않다. 30개 이상 가맹점을 맡을 경우 가맹점에서 일어나고 있는 일들을 속속들이 안다는 것이 결코 수월하지 않다. 많은 가맹점을 담당하면 짧게는 본사 차원에서 비용 감소가 되겠지만 길게는 효율성과 생산성이 하락하는 결과를 초래할 수 있다.

시테크를 잘하고 효율적인 표준 활동을 위해 슈퍼바이저가 맡고 있는 가맹점 구역을 지역별로 정해서 실시하는 것이 주로 본사에서 하는 방식이다.

지역적으로 안배하는 방법도 좋으나 지역의 특성과 가맹점 매출 및 본사 우호도 편승에 따라 우수한 슈퍼바이저를 전진 배치하는 것도 담당 구역을 정할 경우 고려해볼 필요가 있다. 물론 아이템 특성에 따라 30개라는 기준이 부합하지 않을 수도 있으나 이것은 어디까지나 일반적이고 보편적인 브랜드로 가정했을 때 해당된다는 점을 강조하니 참조했으면 한다. 매장 규모가 크고, 역세권 등 주요 상권을 중점으로 오픈하는 점포와 요리 개념이 조리보다 큰 브랜드의 적정 담당 매장 수는 상이할 것이다.

필자의 경험으로 비추어 볼 때 가맹 본사 여건에 맞게 담당 구역을 정하면 되나, 가맹점을 관리할 때 최대한 성과를 낼 수 있는 한계가 1인당 30개가 적절했다. 다년간 경험으로 입증된 수치이니 현장에서 적용해 볼 것을 권장해본다. 감독 폭 한계의 원칙과 상응하는 원리이다.

(9) 가맹점 방문 횟수

슈퍼바이저의 가맹점 방문의 적절한 횟수는 주 1회를 원칙으로 정하는 것이 본사 정책을 실행시키는 데 유리하다. 현실적으로 주 1회 가맹점을 방문하는 가맹 본사는 극히 드물다. 가맹점과 현장에서 소통을 자주 할수록 본사와 믿음과 신뢰가 쌓이며 향후 메이저 프랜차이즈로 갈 수 있는 디딤돌을 놓게 된다. 주 1회가 본사 여건상 어려우면 최소 월 2회는 필수적으로 가맹점 방문을 해야 한다. 대다수 가맹점이 슈퍼바이저의 가맹점 방문 수가 부족할 때 사업이 무너지기 시작한다. 이런 현상이 확정적으로 일어난다고 단정을 해도 과장이 아니라는 것을 많이 경험하였다.

간혹 과다한 경비 지출을 이유로 현장 방문보다는 전화 상담을 지향하는 가맹 본사 CEO가 있는데 이는 사업의 방향을 길게 못 보는 그릇된 본사 정책이다. 사람은 만나서 이야기할 때와 전화로 말할 경우 신뢰도 면에서 엄청난 차이를 보이게 된다. 전화로 소통할 때는 가맹점이 아닌데도 가맹점에 있다고 할 수 있는 것처럼 말의 신빙성이 떨어지게 되기 때문이다.

현장에서 슈퍼바이저가 가맹점에서 운영하고 있는 사항들을 확인 체크하고 정리해서 문제 해결을 해주어야 가맹점들이 매뉴얼을 지키게 되며, 가맹점 지도와 관리가 가능하고 감독하는 기능을 수행할 수 있다. 또한 가맹점 만족도가 높아져서 예비 창업자에게 파급되어 점포 확산이 용이해지게 된다.

이 같은 현상이 프랜차이즈 사업의 특성임을 인지하고 되도록 유선 활동보다는 현장 방문을 적극적으로 실시하는 것이 앞으로 사업의 향배를 결정짓게 된다는 것을 인지해야 한다. 가맹점 방문과 TM 활동은 별개로 이루어지는 것이 프랜차이즈 사업이 지닌 속성이다. 요약해보면 가맹점 방문은 잦으면 잦을수록 본사와 가맹점의 소통이 원활해지고 현장의 소리를 들을 수 있게 된다.

⑽ 표준 활동

① 활동 계획 수립

방문 대상 가맹점을 선정하고 방문 시간 계획을 수립하며 방문 목적을 정한다. 구체적이고 명료하게 실행 가능하도록 정해야 한다. 담당 가맹점 전체를 일률적으로 정기 방문하는 계획과 상황에 맞게 개별 방문할 때의 계획 수립을 구분해서 할 필요가 있다. 본사 정책을 잘 이행하지 않고 부정적 성향이 강한 가맹점을 방문하지 않으려는 것이 사람의 마음이나 그럴수록 더 자주 방문 일정을 잡고 실천에 옮겨야 한다.

② 활동 준비

방문 가맹점에 방문 일정을 통보하고 방문 가맹점에 대한 관련 자료를 준비해서 방문하는 습관을 지녀야 한다. 가맹점 방문 시는 즉흥적으로 방문해서 말로 관리하려고 하지 말고 방문 가맹점에 관련된 자료를 제시하면서 방문할 수 있도록 준비하는 습관을 갖는 것이 중요하다.

③ 활동

가맹점 방문 시 우선 반갑게 인사를 하고 QCS 점검을 먼저 실시하며 본사 정책을 전달하는 것이 좋다. 전화로 접수된 불량 제품의 반품물을 인수하거나 새로운 클레임도 접수받고, 본사에 대한 건의 사항과 개선 사항을 들으며 매출 관련한 내용이나 성공 사례를 전파해준다.

가맹점을 방문해서 본의 아니게 안 좋은 쪽으로 상호 목소리가 커졌을 경우 반드시 그 자리에서 오해를 풀어야 하며, 사과할 것은 해서 가맹점을 나올 때는 웃으면서 나와야 한다. 가맹점 방문 시 있었던 일로 인해 감정이 좀처럼 풀리지 않았다고 판단되면 당일에 가맹점과 재통화해서 이해시키고 상대의 기분을 풀어주는 아량이 필요하다.

④ 분석

가맹점 활동이 계획한 대로 실천이 되었는지 분석하고, 실천이 안 된 부분을 점검해 무엇이 문제였는지 파악해서 재차 반복되지 않도록 해야 한다. 활동한 것에 대한 자기 평가가 없으면 시일이 지나도 발전할 수 없다. 가맹점을 방문해서 행한 말투라든지 응대 및 행동에 결례가 있었는지, 통보식으로 대하지는 않았는지 등 여러 부분을 되짚어 볼 줄 알아야 한다.

슈퍼바이저는 가맹점을 방문할 때 방문을 위한 방문을 해서는 안 된다. 방문 시 일어난 사실에 대해 다음번 방문했을 시 반드시 피드백을 해주고, 지난번 방문 시 시정해야 할 내용이 고쳐졌는지 확인해야 하며, 지도할 것은 지도를 해주는 것이 중요하다.

운영 매뉴얼 준수에 대해 지적했던 내용들을 재방문하기 전에 정리해서 활동을 나가며 가맹점 표준 활동 관리가 몸에 배도록 습관화시킬 필요가 있다.

⑤ 출근 형태

현장으로 직접 출근하는 요일과 사무실로 출근하는 요일을 정해 활동할 수 있도록 한다. 주 3회는 현장 출근을, 주 2회는 사무실 출근이 효율적이다. 현장 출근 시 첫 방문 가맹점에서 팀장에게 문자 및 유선 보고하는 방법과 가맹점 POS를 활용해서 출근 체크를 하는 방법, 태그하는 시스템을 활용해서 활동 관리를 하는 방법이 있으니 여건에 맞게 선택해서 본사에서 출근 체크 관리를 하면 된다. 가맹사업 초기는 매일 사무실에 출근해서 업무를 보는 것이 일반적인 현상이나 가맹점 수가 200개 이상 되었을 시는 현장 강화를 중시해야 하기에 현장 출근과 병행해서 운영하는 것이 좋다. 중견 기업의 본사 슈퍼바이저는 현장 활동 업무 외에도 페이퍼 작업이 많아 사무실 출근이 잦은 편이다.

⑥ 활동 일지 작성

가맹점 방문 내용에 대해 묻는 것을 기록으로 남겨서 반드시 다음 방문 시와 연계되도록 해야 한다. 가맹점은 슈퍼바이저가 방문해서 이전에 있었던 일을 짚고 넘어가거나 되물어주며 해결해줄 때 믿음을 주게 되어있다. 전산으로 일목요연하게 정리해야 한다.

방문 내용을 정리해놓지 않는 슈퍼바이저는 즉흥적으로 일처리를 하는 안 좋은 습관을 갖고 매사 진행하므로 그러한 자세는 지양해야 한다. 보여 주기 위한 일지가 아니라 업무 연속성과 효율을 높이기 위한 방안으로 활용한다는 인식을 갖는 자세가 우선시 되어야 효과적으로 현업에 적용할 수 있다.

⑾ 필수 지식
① 가맹 계약서 및 운영 매뉴얼 정통 숙지
② 가맹점 운영 인력 파악 및 분석
③ 본사 방침 및 업무 내용 이해
④ 업무 절차와 각종 데이터 분석 능력 겸비
⑤ 불평 문제 초기 대응하여 재발 방지
⑥ 신뢰를 주고 열정으로 상대를 설득

⑿ 10대 강령
① 사전 계획에 의한 가맹점 방문 지도
② 슈퍼바이저의 밝은 표정 및 단정한 용모
③ 가맹점 관련 자료 지참 방문

④ 방문 점검 및 지도 일관성 있게 표준 유지

⑤ 방문 목적 필요 사항 점검하고 현장 실천

⑥ 방문 중점 사항 구체적이고 이해하기 쉽게 정리 후 방문

⑦ 평가 지도 내용 기록 유지 및 개선 사항 수립

⑧ 문제점 및 주요 지도 내용 공유 및 상사 보고

⑨ 개선 사항 개선 후 피드백

⑩ 매장마다 동일한 조건과 시스템에 의해 관리 및 지도

⑬ 평가

슈퍼바이저는 분기 평가 및 연간 평가를 통해 성과를 차별화해서 보상 제도를 운영해야 사기 진작을 시킬 수 있어서 책임감 있게 매장 관리를 하는 데 도움이 된다. 주어진 업무를 효과적으로 수행해서 능률을 올리기 위해서는 동기 부여가 되어야 하는데 성과급을 지급하는 제도가 효과가 크다. 가맹점 운영을 잘 수행하는 슈퍼바이저가 창업 컨설턴트로 보직이 변경되어도 맡은 업무를 잘 수행한다. 가맹점의 일상을 잘 알면 창업자와 대화를 할 경우 피부에 닿을 수 있는 내용을 전달하면서 상담을 할 수 있기 때문에 유리한 점이 많다.

가맹점에서 문제 발생 시 슈퍼바이저를 나무라고 지적만 하면 사기가 저하되어 중도 포기할 수 있는 여지가 농후해지기 때문에 상사는 이 점을 유의해야 한다. 현장에서 가맹점으로부터 받는 고충이 생각보다 크기 때문이다. 스스로 혼자 업무를 기획하고 추진하는 것이 아니라 가맹점에 의해 자신의 업무를 평가받기에 적성이 맞지 않는 자원은 의

외로 스트레스를 생각보다 심하게 받을 수 있다. 이런 고충 처리를 해주기 위해 성과급제가 필요하다.

슈퍼바이저에게 성과급을 미지급할 시 해당 지역 매장이 출점하는 것을 반기지 않게 되고, 오히려 목표만 올라간다고 볼멘소리를 하는 경우가 많은 것이 현실이다. 본사 정책을 잘 전달해서 실행하게 하고 매뉴얼 준수를 지켜 브랜드 가치를 증대시키는 담당 가맹점을 다수 확보하고 있는 슈퍼바이저에 대한 보상은 필요하다. 이러한 보상 제도는 동료에게 파급되어 도전 의욕을 심어주어 전체의 긍정 에너지를 발산시키는 반사 이익을 불러오게 하여 본사 우호도가 좋은 가맹점을 다수 확보하는데 유리하게 작용하고, 브랜드 이미지 제고에도 지대한 영향을 미친다.

⒁ 유능한 슈퍼바이저

가맹점을 방문하면 반드시 다녀간 후에는 가맹점에 슈퍼바이저의 흔적을 남길 줄 아는 사람이 유능한 슈퍼바이저다. 가맹점에 슈퍼바이저가 안 오면 보고 싶고, 방문이 기다려지고, 방문하면 긴장하도록 만들 줄 알아야 능력 있다고 말할 수 있다. 가맹점에서 일어나는 문제점을 빠르게 직접 해결해주고, 옆에서 해결하는 방법을 모색해주며 함께 도와주는 슈퍼바이저가 가맹점에서 바라는 최고의 슈퍼바이저다.

능력 있는 슈퍼바이저는 가맹점에서 인사 발령이 안 나도록 본사 임원에게 부탁하는 일도 있다. 반면에 업무 능력이 부족하고 소통이 잘 안 되며 가맹점 운영에 도움을 제대로 못주는 슈퍼바이저는 담당을 교체해달라고 요청하는 일도 흔하다.

가맹점은 본인 페이스대로 끌고 오든지 아니면 "형님, 누님" 하면서 동정심을 불러일으키도록 관리하는 것이 좋다. 조직 관리는 끌려가는 것보다 끌고 오는 것이 효율적이다. 조직을 끌고 오려면 가맹점에게 책을 잡히지 말고 정도를 지키며 원칙대로 매사 업무를 진행하고 가맹점의 협조자라는 인식을 주도록 평상시 언행과 운영에 도움을 주어야 한다.

가맹점주는 가맹점주일 수밖에 없다는 말이 있다. 가맹점주는 본인의 요구 사항을 본사가 수렴하지 않으면 소통이 안 된다고 하면서 불만을 표출하게 되어 있다. 가맹점에서 일어나는 제반 사항을 첫 번째로 알아야 할 사람이 슈퍼바이저이고, 본사 정책을 처음으로 가맹점주에게 전달할 사람도 슈퍼바이저다. 본사에서 가맹점을 상대로 추진하는 모든 사항을 슈퍼바이저가 최초로 사전에 알리고 설득해야 한다.

본사 스탭 부서에서도 정책 추진 사항에 대해 1차적으로 슈퍼바이저가 알 수 있게 업무 프로세스를 정립해 놓아야 한다. 슈퍼바이저가 모르는 본사 정책을 가맹점에 공지해서는 안 된다. 슈퍼바이저는 일선 현장에서 일어나는 일들을 혼자 먹어서는 안 된다. 반드시 해결할 문제들을 유관 부서와 소통하여 가맹점에 해결책을 피드백해 주어야 한다. 자신이 해결 못할 사항도 윗사람은 해결이 가능하기 때문이다. 이는 상사가 잘나서가 아니라 권한을 많이 가지고 있어서이다.

가맹점에서 일어나고 있는 일들의 모두를 1차적으로 슈퍼바이저와 소통하게 만들 줄 아는 사람이 능력 있는 슈퍼바이저다. 본사 입장에서도 담당 슈퍼바이저가 가맹점 관리를 먼저 알지 못할 때에는 슈퍼바이저의 영향력이 줄어 본사 정책 수행에 큰 차질을 보게 될 수밖에 없음을 참고해야 한다.

주 1회는 의도적으로 매장 다운작업을 늦게까지 해주며 24시간 항시 전화 대기한다는 각오로 현장 관리를 하는 슈퍼바이저가 돼야 한다. 이처럼 열정적이고 유능한 슈퍼바이저 확보가 프랜차이즈 사업의 가능성과 비전을 달성하는 지름길이다.

능력 있는 슈퍼바이저는 표준 활동을 잘 지키며 매장을 관리한다. 가맹점 사장의 성향을 파악하고 맞춤 형식의 응대와 현안 문제를 풀어가는 자질을 갖추고 있다. 유능한 슈퍼바이저는 상당히 생산적이며 효율적으로 가맹점에게 접근하고 가맹점에게 이익을 주는 말과 행동을 한다. 슈퍼바이저의 능력 차이가 생각보다 크게 나타나고 있다.

기본적인 소양을 갖고 있는 인력을 도입하는 것도 우선시 되나 능력 있는 자원은 이미 현업에서 정착하여 근무를 하고 있는 경우가 많으므로 기존 자원의 교육을 위해 육성 시스템을 수립하고 실천하는 것이 길게 보아 현명한 처사라고 할 수 있다. 슈퍼바이저 육성이 절실히 요구되는 사업이 프랜차이즈 사업이므로 CEO의 관심과 배려가 요구된다고 강조하고 싶다.

✎ 오픈바이저

대다수 본사는 슈퍼바이저와 오픈바이저를 겸직해서 운영하고 있다. 사업 초기는 슈퍼바이저가 오픈바이저를 겸직하는 것이 기본이나 100호점에서 300호점까지는 오픈바이저 제도를 별도로 운영하는 것이 상당히 효율적이다. 본사에서 가장 많이 가맹점 확산을 하는 시기인데 이때가 기존 가맹점 관리가 중요하기 때문이다. 물론 미래 발전이 보이는 본사가 적용하는 내용이다. 200호점 안에서 정체를 보이는 브랜드는 굳이 슈퍼바이저와 오픈바이저를 분리 운영할 필요가 없다.

그러나 300호점 이상 운영 시에도 구분하지 않고 겸직시키는 것이 더 생산적일 수도 있다. 아이템에 따라 다르겠지만, 가맹 개설 로케이션이 한정적일 때 부합하는 규정이다. 산발적으로 오픈이 예상되고 실제 이루어지고 있는 브랜드의 경우는 겸직시키는 것이 좋으나 지속적으로 500개 이상 개설이 확실시 되는 곳은 슈퍼바이저와 오픈바이저를 분리해서 운영하는 것이 길게 볼 때 더 효율적이다. 슈퍼바이저와 오픈바이저가 겸직을 하게 되면 가맹점 관리가 제대로 이루어지지 않고 업무의 연속성이 결여되는 경우가 많이 발생할 수밖에 없다. 구조적인 현상이다.

슈퍼바이저 담당 지역을 해당 슈퍼바이저가 오픈바이저 역할을 해주는 것이 이상적인 제도인데 이는 슈퍼바이저가 담당한 매장 수가 현실적으로 구분되어서 지역 담당제가 활성화되고 있을 때 적합하다. 오픈바이저의 주요 임무는 가맹점 오픈 행사 시 매장에서 직접 일을 해주는 것보다 가맹점 사장과 직원들이 본사에서 교육받은 대로 운영할 수 있게 지도해주는 역할이 더 큰 비중을 차지한다.

슈퍼바이저 기능을 잘 수행하기 위해서는 머리와 몸이 함께 움직여야 하는데 머리가 다소 부족한 슈퍼바이저를 오픈바이저로 활용했을 때 효과적이다. 경험을 통해 증명된 사실이다.

가맹점 수와 조직의 규모에 따라 탄력적으로 적용하면 유익하다. 오픈 매장을 다녀온 오픈바이저는 오픈 보고서를 작성해야 한다.

✎ 가맹점 운영 프로세스

가맹점 운영은 체계적이고 구체적으로 매뉴얼을 지키며 실행해야 하므로 본사에서 주먹구구식의 즉흥적이고 의례적인 관리에서 벗어나 정형화된 원칙에 입각해서 가맹점을 관리하는 기준안을 수립하고 운영시스템을 완성 후 실천해야 성과를 거둘 수 있다.

다음 사항을 유념하고 가맹점 관리를 하면 효과를 거둘 수 있다.
① 강력한 슈퍼바이저 운영
② 명확한 담당 지역 설정으로 책임 관리 체제
③ 슈퍼바이저 역할과 임무 교육 및 육성
④ 가맹점 월 1회 반드시 방문
⑤ 주1회 정기적 유선 통화 및 상시 소통
⑥ 가맹점 실태 파악 및 우호도 조사

⑦ 소그룹 간담회 실시

⑧ 우수 가맹점 표창

⑨ 1인 다수 가맹점 별도 관리

⑩ 온라인 마케팅 활성화

⑪ 매출 부진 점포 집중 관리

⑫ 가맹점 방문 일지 기록 및 연쇄적으로 기재

⑬ 직영점 성과급제 운영

⑭ 보수 교육 실시

⑮ 가맹점 추천 제도 활성화

⑯ 가맹점 참여 신메뉴 개발 프로그램 정립

⑰ 가맹점 현장 소리 여과 없이 상향 보고 체계 확립

⑱ 신속한 클레임 처리 및 재발 방지 대책 강구

⑲ 가맹점 성공 사례집 작성 및 전파

⑳ 가맹점 상권 명확화

가맹점 운영 매뉴얼

(1) 오픈 체크리스트

① 출근 및 사전 준비

· 고객을 매장에서 맞이하기 전에 사전 준비와 점검이 필수적이다.

· 유니폼 착용과 시재를 점검하며 오픈 관련해서 제반 사항을 체크
한다.

② 주방 기기 작동

· 주방 기기가 정상적으로 작동이 되는지 점검한다.

· POS에 오작동이 없는지도 확인한다.

③ 매장 앞 청소

· 매장 앞을 깨끗하게 청소한다.

· 유리를 닦고 간판 불을 켜본다.

④ 주방 정리

· 싱크대 및 조리 도구가 정위치에 있는지 확인한다.

⑤ 원부재료 점검

· 원재료 및 부재료가 당일 소진될 분량이 선입선출에 의해 준비되었
  는지 확인한다.

· 매출 증대 시 여유분의 원부재료 준비 사항도 체크한다.

⑥ 홀 청소

· 홀 내부 정리 및 바닥 청소를 한다.

· 화장실 청소를 청결히 한다.

(2) 마감 체크리스트

① 주방 마감

· 작업대 청소를 한다.

· 주방 바닥 물청소를 한다.

· 원부재료 남은 분량 정리하고 버릴 건 버린다.

② 홀 마감

· 조리용구 전원 소등한다.

· 카운터를 정리정돈한다.

· 바닥을 청소한다.

· 쓰레기를 분리수거한다.

③ 마감 점검

· 주방 기기 전원 꺼져 있는지 확인한다.

· 냉장고 및 냉동고 온도 확인한다.

④ 정산 및 퇴근

· 마감 정산 서류를 작성한다.

· 간판 및 조명 소등한다.

· 잠금장치 및 안전장치 확인한다.

(3) 고객 서비스 대응 방법

① 입점 응대

· 좋은 첫인상을 심어준다.

(안녕하세요. ○○○입니다. 몇 분이신가요? 이쪽으로 안내하겠습니다.)

② 주문 응대

· 메뉴 설명을 상세히 한다.

(주문하신 메뉴 이외에 필요하신 메뉴는 없으신가요? 저희 ○○○메뉴가

인기 메뉴입니다. 이번에 신메뉴 ○○○가 출시되었습니다.)

③ 추가 판매

· 추가 구매를 유도한다.

(○○○와 같이 드시면 ○○○를 더 맛있게 드실 수 있습니다. 이번에 신

메뉴로 나온 ○○○이 고객 반응이 아주 좋은데 어떠신가요?)

④ 계산 시 응대

· 고객 주문 확인한다.

(결제 도와드리겠습니다. 총 ○○○원입니다. 영수증 필요하신가요? 현금

영수증 해드릴까요?)

⑤ 매장 나갈 시 인사

· 좋은 이미지를 마지막까지 준다.

(맛있게 드셨는지요? 또 방문해주세요. 감사합니다.)

(4) 단계별 고객 응대 방법

① 고객 환대

· 매장과 브랜드 이미지를 만드는 단계이다.

· 몸을 정중히 숙이고 등을 구부리며 인사한다.

· 손은 내리고 시선은 고객의 발을 향한다.

· 고객의 눈을 상냥하게 응시한다.

· 온화한 미소로 활기차게 인사한다.

② 순서 대기

· 좌석이 없거나 정리가 안 되었을 시 번호표 제공하고 대기 장소를
  안내한다.

· 매장 상황을 수시로 파악한다.

· 대기 시간을 공지해서 고객이 대기 시간을 판단하도록 한다.

· 웨이팅 진행 시 고객에게 안내 멘트를 해준다.

(고객님 죄송합니다. 몇 분만 기다리시면 좌석이 나올 거 같습니다.)

③ 고객 안내

· 밝은 표정으로 고객 인원수에 맞추어 고객 테이블로 안내한다.

(안내해드리겠습니다. 이쪽으로 오십시오.)

④ 메뉴판 제공

· 고객이 착석하면 메뉴판을 제공한다.

· 메뉴판은 정중하게 제공하고 서비스 진정성을 느끼게 한다.

(메뉴판 드리겠습니다. 보시고 주문해주시면 감사하겠습니다.)

⑤ 주문 받기

· 신속하고 정확하게 주문을 받는다.

· 고객이 메뉴판을 보다 주위를 두리번거리면 다가가서 "주문하시겠습니까?" 말한다.

· 메뉴 선정에서 고객 선택이 잘됐다는 반응을 보여준다. 주문 후 주문 내용을 반복해서 확인해준다.

(고객님이 주문하신 내용은 ㅇㅇㅇ입니다.)

⑥ 권유 판매

· 매출을 올릴 수 있는 방법으로 베스트 메뉴를 알아둔다.

· 신속한 메뉴를 파악해두어야 한다.

· 고객에게 강요하는 느낌을 주어서는 안 된다.

⑦ POS 입력

· 주문받은 메뉴를 정확히 POS에 입력한다.

· 빌지를 고객 테이블에 전달하고 주문 확인 부탁한다.

· 기본적인 물 등 제품을 제공한다.

⑧ 테이블 세팅

· 고객 방문 전에 필수적인 물품을 세팅하고 확인한다.

· 청결 상태 점검한다.

⑨ 요리 제공 방법

· 음식은 소리 나지 않게 식탁에 놓는다.

· 고객에게 내미는 방법을 하지 않는다.

· 추가 주문한 음식을 메뉴 빈자리에 아무렇게 놓지 않는다.

· 고객과 눈을 마주치며 놓는다.

⑩ 중간 서비스

· 방문 고객에게 친절도 및 청결 상태를 보여줄 수 있는 기회이다.

· 고객 눈앞에서 남은 음식을 정리하지 않는다.

· 무리하게 치우려 하지 말고 안전을 중시한다.

· 빈 그릇을 치울 때 고객의 의사를 물어본다.

· 음식물이 남아있을 시 고객의 의사를 확인한다.

⑪ 계산 요령

· POS 안의 시재금 점검하고 잔돈은 미리 준비한다.

· 테이블 고객과 주문 내역 확인한다.

· 계산 시 고객에게 주문 내역이 맞는지 확인한 후 인사를 한다.

· 고객이 내준 카드 또는 현금을 확인한다.

· 거스름돈 있으면 내어주고 카드 결제 시 사인을 부탁한다.

⑫ 고객 배웅

· 밝은 표정으로 출입구까지 동행한다.

· 매장을 떠날 때까지 진정성 있게 대한다.

· 매장 문을 열고 밖에서 인사하면 금상첨화다.

✎ 가맹점 간담회

간담회는 가맹점 현장의 소리를 듣고 본사 정책을 전달하며 의견을 청취해서 반영하는 데 도움이 되고, 본사와 가맹점 간 상호 소통하는 만남의 장으로 짧은 기간 안에 효과를 볼 수 있는 생산적인 방법이다. 간담회 형식은 소그룹 가맹점 간담회, 지역대표 가맹점 간담회, 전국 가맹점 간담회, 오픈 6차월 가맹점 간담회, 번개 가맹점 간담회 등이 있다.

(1) 소그룹 간담회

지역별로 10개 점 이내로 실시하는 것이 집중력 있고 효율적이다. 본사보다는 가맹점이 있는 지역의 조용한 음식점에서 진행하는 것이 좋다. 소그룹 간담회의 장점은 많은 인원이 모였을 때 말하기를 꺼리는 사람들도 쉽게 자기표현을 할 수 있다는 것이다. 좁은 공간에서 대화식으로 진행하기에 속을 터놓고 대할 수 있어 현안을 진정성 있게 들을 수 있는 시간이 된다.

가맹점 입장에서 선호하는 간담회 형태이다. 소그룹 간담회를 하다 보면 처음에는 서로 서먹서먹하지만 이른 시간 안에 모임 분위기에 동화되고 상대와 친숙해져서 허물없이 대하게 되며, 속에 간직한 말들을 기탄없이 발산하는 장점을 지녀서 효과적인 간담회 방법이라 할 수 있다.

(2) 지역 대표 간담회

본사의 중요 정책을 결정해야 할 사유가 있을 시 지역의 대표성 있는 가맹점 사장을 한자리에 모아서 안건에 회부하여 허심탄회한 대화를 통해 함께 실천할 수 있는 방책을 만드는 데 효과적인 방식으로 메이저급 프랜차이즈 본사에서 주로 활용하는 형태이다.

슈퍼바이저를 통해 담당 지역 가맹점에 모임의 취지를 설명하고 자체적으로 대표성 있는 가맹점을 선출할 수 있도록 해서 선출된 가맹점 사장이 동료 가맹점의 견해를 청취한 다음 본사 간담회에 참석하는 것이 효과적이다. 이때 유의해야 할 사항은 회의 안건에 대해 사전에 선출된 대표 가맹점 사장에게 공지해서 충분히 동료 가맹점과 소통한 후 참석할 수 있도록 해야 한다.

본사에서 구성한 가맹점주 협의회를 활용해도 된다. 가맹점 수가 많을수록 지역 대표 간담회를 활성화시켜야만 메이저급으로 진입하는데 용이해진다.

(3) 전국 간담회

메이저 프랜차이즈 본사에서 매년 1회 전국 가맹점을 모아서 본사 정책과 비전을 발표하는 간담회 방식이다. 가맹점이 많을 시는 광역시별로, 지역으로 본사 임원진이 순회하면서 호텔에서 실행하는 것이 유용하다. 본사에서 전체를 모아도 가능하다고 판단이 되면 한 번에 전국 가맹점을 초대해서 실시하면 된다.

본사 정책을 강력히 실행시켜야 되겠다고 판단될 때 실시하면 효과를 배가시킬 수 있다. 실제적으로 프랜차이즈 본사에서 전국 가맹점을 한 곳에 모아 정책을 펼치고 질의응답을 받는다는 것이 그리 쉬운 일만은 아니다. 본사가 경쟁력 있고 시스템화되어 있으며 투명하고 정도 경영을 펼칠 때 자신 있게 전국 가맹점을 모을 수 있기 때문이다. 한 장소에 전국 가맹점을 모으는 것을 꺼리는 본사가 의외로 많다

(4) 번개 간담회

특별한 이슈가 없이 가맹점과 소통할 수 있는 방법으로 즉흥적으로 갑자기 가맹점과 미팅을 주선하는 방식이다. 음식점에서 가볍게 자리를 마련하면 부담 없이 대화를 하면서 우애를 돈독히 할 수 있는 장점이 있고, 본사와 가맹점이 친숙해지는 데 효과적이다. 본사 CEO 성향에 따라 활성화되는 간담회 형태이다.

자율적인 모임 성격이 강하고 예고 없이 이루어지기에 참석률이 저조할 수 있으며, 매출이 좋고 본사 우호도가 좋은 가맹점 위주로 참석하는 경우가 많은 간담회이다. 순수하게 친목 도모 성격이 강한 모임이다.

✎ 가맹점 게시판

(1) 의의

본사에 대한 건의 사항과 본사의 정책에 대한 의견을 서로 개진하고 공유하는, 본사와 가맹점의 소통의 장소이다. 가맹점 게시판의 활용은 본사 경영진이 가맹점 관련 부서의 업무 추진 능력을 견제하고 감독 및 평가하는 기능도 있다고 할 수 있다.

(2) 형태

본사와 전체 가맹점주가 함께 열람할 수 있는 경우와 게시판에 글을 작성한 가맹점과 본사만 열람할 수 있는 형태가 있으며, 가맹점이 작성한 글에 대해 본사만이 볼 수 있는 형태도 있다.

방법은 본사 실정에 맞게 현재의 운영 시스템을 보고 결정해서 실행하면 된다. 여기서 한 가지 주의할 점은 사전에 가맹점에 남들을 비방하거나 선동하는 글을 남기지 못하게 하고 이런 글이 올라왔을 시는 본사에서 일방적으로 삭제 기능을 두고 삭제한다는 것을 주지시켜야 한다. 때로는 음주 상태에서 글을 올리는 가맹점도 있고, 글을 올린 가맹점 입장에서는 현실적인 내용이라고 생각되는 내용도 상대방이 읽으면 크게 부정적으로 확산되는 내용도 있다. 대면해서 말하지 않고 문자나 글로서 표기할 경우 글을 읽는 입장에서 유리하게 해석하는 것이 일반적이기 때문이다.

(3) 효과

가맹점 수가 많은 메이저급 본사에서 주로 실행하고 있으며 본사의 정책에 대한 현장의 소리를 경영층에서 한눈에 실시간으로 파악해 경영에 반영하여 가맹점과 하나가 되는 장점을 지니고 있다. 또한 일선에서 일어나고 있는 가맹점 현장의 소리를 여과 없이 들을 수 있어서 상급자로 미보고되는 사항을 알 수 있고, 해당 가맹점에서 언제 어떤 글이 올라올지 모르기에 슈퍼바이저도 항상 긴장하며 주어진 일에 매진할 수 있다. 반면에 간혹 선동하고 비방하는 글을 올려 부정적으로 작용하는 경우도 있어서 사전에 교육과 제도적 잠금장치를 잘할 필요가 있다.

같은 말이라도 면전에서 들으면 상대의 진의와 의중을 쉽게 이해하게 되지만 글로서 보게 되면 글쓴이의 본래 의도를 벗어나 오해하면서 읽고 뜻을 일방적으로 해석해서 왜곡된 방향으로 갈 수 있다.

출근하자마자 첫 번째로 가맹점 게시판을 보면서 시시각각으로 변화하는 현장의 소리를 직접 들으며 하루 일과를 시작하는 CEO가 유능한 경영자이다. 마이너급에서 메이저급으로 이전되고 있다고 판단되는 본사에서 활용하면 기대 이상으로 가맹점과 원활한 소통이 이루어져 좋은 효과를 거둘 수 있다.

✎ 가맹점 호칭

가맹점주를 본사 임직원이 부를 경우 점주님이 아닌 사장님으로 호칭하는 것이 본사와 가맹점 간의 신뢰도를 쌓는 데 유리하다. 임직원 간 가맹점주를 호칭할 때는 가맹점 사장으로 일원화시키고 부르는 것이 좋다. 가맹점주끼리 호칭도 서로 사장님으로 부르는 경우가 대부분이다.

일선에서 매장을 운영하는 사람 대다수는 40대 이상이 주를 이루기에 외식업 속성상 타 업종보다 젊은 직원으로 구성되어 있는 슈퍼바이저가 '점주님'이라고 부르면 별로 달갑지 않게 들릴 수 있고, 왠지 상대를 격하하거나 무시하는 쪽으로 비칠 수 있다. 본사와 가맹점은 동반사업자이기에 점주보다는 사장으로 예우를 갖추고 관계를 유지하는 것이 사업을 전개하는데 유리하다. 상대를 호칭하는 말에서부터 상대에 대한 경의와 존경이 우러나기 때문이다. 부장님이나 사장님이라 부를 때와 회장님이라 부를 때, 듣는 사람에 대한 예우는 천지 차이가 된다.

상대를 부르는 호칭이 별거 아닌 것 같지만 생각보다 받아들이는 사람의 입장에서는 생각 이상으로 관계에 영향을 미친다. 첫인상을 좋게 하고 상대와 돈독해지는데 크게 영향을 미치기에 가맹점 호칭은 그만큼 중요하다고 할 수 있다. 가맹점 사업자를 점주라고 부를 때와 사장님이라고 부를 때의 슈퍼바이저의 언행과 태도가 180도 달라지기에 가맹점 사장님으로 호칭하도록 본사에서 교육시키는 것이 필요하다. 그러나 본사에서 임직원끼리 소통하고 호칭해야 할 경우는 다르다. 이때는 점주라고 호칭하는 것이 업무상 편리하기에 점주라고 부르는 것이 좋을 수 있다.

이처럼 사소한 호칭이지만 본사와 가맹점 간의 상호 신뢰도에서 차지하는 비중이 크기에 주의할 필요가 있다. 상대를 존칭해주어 손해 볼 이유가 없는 것이 조직 사회의 보편적인 사실이기에 그렇다

🖊 가맹점 손익

(1) 손익 관련 용어
① 매출액 : 매장 내에서 고객을 대상으로 제품을 판매해서 발생하는 금전 총액

② 매출 원가 : 매출액을 발생시키기 위해 제품을 제조하는데 소요되는 원재료, 부재료, 포장재 구입의 총액

③ 매출 이익 : 매출 총액에서 순수한 제품 제조비용을 차감한 단순한 제품 판매 이익

④ 판매 관리비 : 제품 제조 외에 판매 활동을 하기 위해 발생되는 비용 총액

⑤ 인건비 : 매장에서 일하는 종업원, 아르바이트생의 인건비 금액으로 본인 및 부부 인건비 제외

⑥ 복리후생비 : 매장에서 근무하는 종업원, 아르바이트생 복리 증진을 위해 지출되는 비용

⑦ 수도광열비 : 매장에서 제조하거나 주방 기기를 작동시키기 위해 사용되는 전기, 수도, 가스 요금

⑧ 임차료 : 매장 임대 사용료

⑨ 통신비 : 매장을 유지하기 위해 사용되는 전화 요금 및 인터넷 요금

⑩ 관리비 : 매장을 유지하기 위해 건물에서 부과하는 청소 용역비

⑪ 소모품비 : 매장 운영에 필요한 사무용품, 휴지 등 일회용품 구입 비용

⑫ 기타 : 상기 항목에 소요되는 비용에 지출되는 비용

⑬ 영업 이익 : 매장 운영으로 발생되는 실질적인 소득

(2) 손익 계산서 작성법

① 매출액에서 매출 원가를 차감하면 매출 총이익이 된다.
② 매출 총이익에서 판매 관리비를 차감하면 영업 이익이 된다.

③ 판매관리비 : 월임차료, 인건비, 수도광열비, 소모품비, 판매촉진
비, 통신비 등

(3) 손익 분기점

일정 기간의 매출액과 총비용이 같은 점을 손익 분기점이라고 한다. 매출액이 총비용보다 감소하면 손실이 발생했다고 하며 매출액이 총비용보다 크면 이익이 났다고 한다. 손익 분기점은 수입과 지출의 내용을 상세하게 파악하여 대처하게 해주며 하루에 얼마의 매출을 올려야 수익이 발생하는지 지표를 말해주는 기초 자료가 된다. 불필요한 지출을 최소화하여 생산적으로 매장을 운영할 수 있도록 제시해주고 매출 증대안을 마련하도록 근거를 주는 지표다.

가맹점주협의회

반드시 가맹점 단체를 본사에서 구성할 의무는 없다. 프랜차이즈 본사에서 가맹점주협의회란 명칭으로 단체를 만들어 운영하고 있는 사례가 있으나 본사의 시스템이 정립되지 않고 경쟁력이 미약할 경우 부정적인 면이 더 크게 작용해서 본사 경영 정책 실행에 저해 요인으로 남을 소지가 대두될 수 있다. 본사의 기본 취지와 어긋난 방향으로 가는 협의회가 될 수 있고, 본사 정책마다 가맹점으로부터 발목을 잡힐 수 있으므로 심사숙고해서 단체를 구성할 필요가 있다.

각종 부문에서 우수 가맹점으로 선정된 가맹점을 대상으로 비공식적으로 본사가 주관해서 모임을 갖고 소통하는 본사도 있다. 가맹점주협의회라는 명칭보다는 가맹점 마케팅위원회라는 이름으로 지칭해서 추진하는 것이 더 효율적일 수 있다. 중요한 것은 가맹점에서 자발적으로 참여하게 해야 한다는 것이다. 본사에서 일방적으로 가맹점 대표를 선정해서 실시하는 것은 효율성이 결여될 수 있다.

　우수 가맹점으로 구성을 하려는 의도가 있을 시는 마케팅위원회 기준을 강화해서 공개 모집을 하는 방법도 있다. 본사의 중요한 정책을 결정하거나 신메뉴 선정, 가격 결정 등을 할 경우 사전에 모임을 갖고 논의하는 방식으로 진행하면 가맹점 대표성을 갖기에 본사의 일방통행이되는 것을 미연에 막아서 신뢰도를 높이는데 도움이 된다.

　본사가 지향하는 방향과 가맹점 대표성을 갖는 모임의 견해가 다르더라도 본사의 뜻을 굳이 굽힐 필요는 없다. 정치는 다수결의 논리가 적용되지만, 기업은 다수결의 논리가 적용되지 않기 때문이다. 가맹점에서 다수가 어떤 본사 정책에 반대하더라도 경영자가 결정하면 따라야하는 것이 기업이기 때문이다. 굳이 가맹점 마케팅위원회라는 명칭을사용할 필요는 없고, 본사에서 사용하기 좋은 말로 정하면 된다.

　가맹점주협의회는 풍기는 뉘앙스가 별로 좋지 않기에, 신선하고 여건에 부합한 단체명을 표기하는 것이 좋을 수 있다. 가맹점주협의회는본사 주관으로 구성해서 실행하는 경우는 본래의 기능을 하는데 한계가 있고, 가맹점 사장들이 자발적으로 구성해서 운영할 때 실효성이 크며 본사에 대한 영향력을 행사하는데 도움이 된다.

✎ 가맹점 매뉴얼 미준수

가맹점에서 자체적으로 메뉴를 만들어 판매하고 가격을 마음대로 흔들 때 프랜차이즈 본사는 무너질 징조를 보이는 시발점이 된다. 프랜차이즈 사업의 본질인 전국 통일성이 없어지기 때문에 그렇다. 본사의 경쟁력이 없어지기 시작하는 시점이다.

본사 매뉴얼을 위반한 일부 가맹점의 운영은 타 가맹점으로 급속도로 이전이 되어 본사 정책의 중요성을 인지 못하게 한다. 본사 방침을 미실시해도 되나 보다 생각하며 프랜차이즈 가맹점이 아닌 자영업자 매장 운영 방식으로 점점 변해가기 쉽다.

가맹점을 교육시키고 관리 감독하는 슈퍼바이저의 역량에 따라 매뉴얼 준수 여부가 판가름이 나는 경향이 많기에 본사는 강력한 슈퍼바이저 제도를 구축하고 실행에 옮겨야 한다. 어느 정도 가맹점을 보유하는 본사가 슈퍼바이저 체제를 소홀히 하고 전국적인 가맹점 방문을 간과할 때 반드시 가맹점은 독단으로 매장을 운영하게 되어 있어 가맹점으로서의 본연의 자세를 상실할 수 있다. 끊임없이 시대에 맞는 제반 부문을 업그레이드시켜 가맹점 수익에 만전을 기해야 본사와 가맹점 간에 신뢰가 쌓여 안정적인 사업을 영위할 수 있다.

특정 가맹점에서 매뉴얼 준수를 하지 않으면 타 가맹점에서 피해를 보게 됨을 주지시키고 교육시켜야 한다. 방문 고객이 저 가맹점은 이렇게 파는데 여기는 왜 이러냐고 항의를 할 수 있기 때문이다. 이런 현상이 많아지면 프랜차이즈 본사로서 경쟁력은 미미해지기 시작하여 향후에는 존재 가치가 희석되기 쉽다. 평소 가맹점의 현장 지도 및 관리가 매뉴얼 규정 미준수 방지의 최선책이다. 장수하는 브랜드가 제일 주안점을 두고 집중적으로 관리하고 있는 항목이다.

매뉴얼을 안 지키는 가맹점에 대해 본사의 강력한 대응이 필요하다. 1차 구두 경고 이후 시정이 되지 않을 시 내용증명을 보내되 가급적 용어를 부드럽게 표현하다가 그래도 시정이 안 되면 점점 강도를 높여 문구를 강하게 적어서 보내는 것이 효과적이다.

✎ 점포 리뉴얼

매장을 오픈하고 일정 기간 경과 시 간혹 의무적으로 매장을 리뉴얼하라고 강제하는 본사가 있는데 이는 해서는 안 되는 사항이다. 본사에서 강제로 가맹점에 리뉴얼을 강요하는 행위는 가맹사업법에 저촉된다. 만약 가맹점에서 점포 리뉴얼을 한다고 할 시는 본사에서 일정 비율의 금액을 지원해주면서 리뉴얼을 추진해야 하는데 현장에서 이 방법으로 추진하는 본사는 극히 드물다. 가맹사업법에 의하면 본사는 자발적으로 리뉴얼 공사를 하거나 가맹점의 귀책사유가 있는 경우를 제외하고는 공사에 소요된 비용의 20%를 부담해야 된다고 명시하고 있다.

작금의 추세는 가맹 본사에서 일방적으로 가맹점에 점포 리뉴얼을 강제하는 경우가 거의 없다고 보는 것이 맞다. 갑질 문화를 버리지 못한 본사는 존립 자체가 위태롭기 때문에 가맹점에 대한 가맹 본사의 일방적 횡포는 이미 사라진 지 오래다.

가맹사업을 하다 보면 벤치마킹의 천국이 외식 프랜차이즈 시장이라 새로운 트렌드에 부합하는 인테리어로 유사 브랜드가 출현할 경우 기존 브랜드가 낙후되어 보이기도 한다. 낙후된 이미지로 고객에게 외면당할까 우려한 본사는 불가피하게 오래된 매장의 리뉴얼을 추진하는 경우가 있는데, 이때는 해당 가맹점과 사전에 비용 부담에 대해 협의한 후 실천해야 한다.

매장 리뉴얼은 가맹점에서 스스로 점포를 새단장할 수 있도록 본사는 분위기만 조성하는 것이 효과적이라 할 수 있다. 예전에는 본사의 횡포 중 우선순위를 달리는 것이 가맹점 강제 리뉴얼이었는데 지금은 가맹점 본인이 필요에 의해서 실시하는 것이 업계의 현상이다. 아이템에 따라 때론 점포 리뉴얼을 해야 할 경우가 발생할 수 있는데 본사는 가맹점과 원만히 협의하여 추진해야 한다.

Q.C.S 체크 리스트 (예시)

분류	NO.	체크 포인트	체크표		
		점 점검 담당 :			
	방문 일시 및 확인	점검일시 :			
메뉴 품질	Q1	제품 조리 시 표준 Recipe 규정 준수	5	2	1
	Q2	완성된 메뉴의 상태	5	2	1
	Q3	식재료의 선입선출 준수 및 유통기간 확인	5	2	1
	Q4	1일 1회 재고 파악	5	2	1
	Q5	적정 온도 유지(냉동고) 및 가스 배합 조절(호프기)	5	2	1
Quality 총 5항/25점					점
서비스 및 자세	S1	크고 밝은 환대 인사	5	2	1
	S2	접객 용어 사용 메뉴 설명 및 주문받는 법의 숙지	5	2	1
	S3	지속적인 테이블 고객의 흐름 관찰	5	2	1
	S4	직원들 간의 밝은 분위기(원활한 의사소통)	5	2	1
	S5	청결한 유니폼 착용	5	2	1
	S6	입퇴점 시 점주의 자세와 감동 인사			
Service 총 5항/25점					점
주방 청결 및 위생	CA1	청결한 유니폼 착용	4	3	1
	CA2	개인 위생의 준수(액세서리, 손톱, 상처 및 손 세척)	4	2	1
	CA3	조리기구의 청결과 위생 상태	4	2	1
	CA4	세척된 식기 분류 및 준비대의 청결 상태	4	2	1
	CA5	식자재의 신선도 및 보관 상태 등	4	2	1
홀의 청결 및 위생	CA6	전면 유리창, 매장 외부 청결	4	2	1
	CA7	조명조도, 기구 및 내부소품의 청결 상태	4	2	1
	CA8	전체적인 바닥의 청결(통로의 소통 원활함)	4	2	1
	CA9	테이블 및 의자의 청결 및 정리정돈	4	2	1
	CA10	카운터 주변 청결 및 정리정돈	4	2	1
Cleanliness 총 10항/40점					점
행정	AD1	본사 정책 준수 여부(브랜드 매뉴얼 관리)	5	2	1
	AD2	본사 물류 사용 준수 여부(사입 여부)	5	2	1
Administration 총 2항/10점					점
총 22항/100점					점

✎ 브랜드 슬로건

회사가 추구하는 내용과 상품의 특성을 간략히 표현해서 고객에게 각인시킬 수 있는 임팩트 강한 슬로건은 회사를 홍보하고 마케팅하는 데 큰 비중을 차지한다. 좋은 슬로건 때문에 매출이 증가하고 점포 확산이 신속하게 이루어지므로 각별히 숙고해서 본사를 대신할 수 있는 함축적인 슬로건을 만들 필요가 있다. 슬로건은 브랜드를 불특정 다수에게 단시일에 파급시키는데 큰 효력을 발휘하기 때문이다. 홈페이지, 매장 인테리어, 각종 pop 광고, 브로슈어 등에 노출시켜서 브랜드 이미지를 만인에게 널리 알리는 것이 효과적이다. 연예인 모델을 이용해 슬로건을 부각시키는 경우 기대하는 성과를 배가시킬 수 있는 장점이 있다.

브랜드 슬로건은 한 줄의 슬로건 내용으로 브랜드의 상징성을 그대로 노출시키는 작용을 하므로 브랜드만이 가지는 고유의 특장점을 표기할 수 있는 함축성을 내포하는 단어를 문구로 만드는 것이 중요하다. 누구나 공감할 수 있고 단순 명료한 뜻을 표출하여 쉽게 고객의 머리에 각인될 수 있게 하는 것이 브랜드 홍보에 좋으며, 이것은 매출하고도 직결되게 되어 있다.

본사 슬로건은 가맹 내부, 외부 및 각종 홍보, 고지 활동에 표현하여 세상에 널리 알리는 것이 중요하다. 브랜드를 생각하면 고객의 생각을 떠올리게 하는 강한 임팩트 있는 슬로건이야말로 브랜드 가치 증대에 지대한 효과를 거두게 함을 인식하고 만들 필요가 있다.

임직원의 참여도를 갖게 해서 동참시켜 슬로건 응모를 하게 하는 시책을 펴 좋은 의견을 모으는 것도 효과적인 방법이다. 사업 초기는 슬로건을 만들 여유가 없을 수도 있지만 CEO의 의지와 비전이 담긴 슬로건을 될 수 있는 한 빠른 시기에 정해서 프랜차이즈 사업의 모토로 삼는 것이 생산성에 큰 도움을 줄 수 있다.

✒ 부진 가맹점

부진 점포장은 있어도 부진 점포는 없다. 부진한 매장은 반드시 부진한 원인이 내부에 있다. 대부분 매출이 하락하면 외부 환경 요인 탓을 하게 되는데 속속들이 파헤쳐 보면 가맹점과 가까운 곳에 이유가 있다는 것을 알 수가 있다. 기본에 충실하지 않거나 초심을 잃고 운영하는 것이 첫 번째 이유라고 단정지어도 변명의 여지가 없다.

가맹점 사장이 매장 근무를 하지 않으면 직원들은 매뉴얼을 준수하지 않으며, 창업 초기 굳은 의지가 없어지고 초심을 잃고 고객 서비스가 안 좋아질 수 있다. 매장이 청결하지 못하며 오픈 시간이 일정하지 않는 등 여러 매출 하락 요인이 발생할 수 있어서 부진 매장으로 전락할 가능성이 농후해진다. 부진 매장을 양도양수했을 시 가맹점 사장이 바뀜에 따라서 우수 매장으로 변모하는 경우를 자주 볼 수 있는데 누가 매장을 운영하느냐가 얼마나 중요한지를 입증해주는 결과이다.

부진 매장의 첫 번째 요인은 창업할 당시의 마음 자세가 흐트러지는 요인이 제일 크다. 사람이기에 어느 정도 매장이 안정화되면 다른 마음이 들고 여유로운 생각과 행동을 하기 쉽게 되는데, 이를 극복하는 가맹점과 그렇지 못한 가맹점의 차이에서 우수 매장과 부진 매장이 극렬하게 갈라지게 되는 것이 현실의 실태이다. 한번 부진의 늪에 빠지면 헤어나기 힘든 것이 매장의 생리이다.

부진 매장을 탈출하려면 가맹 본사의 매뉴얼을 준수해야 한다. 프랜차이즈 본사의 혜택은 다 누리려고 하고 매장 운영은 편의대로 운영하며 가맹점을 자영업처럼 생각하는 프랜차이즈 가맹점이 많은데, 잘못된 생각이다. 이를 탈피해야 부진의 늪에서 벗어날 수 있다. 본사에서 성공 모델을 검증한 상태에서 전개하는 것이기에 정해진 각종 매뉴얼에서 벗어나면 수익 창출이 어려울 수밖에 없게 되기 때문이다.

슈퍼바이저의 역량에 따라 부진 매장을 탈바꿈시키는 사례가 많다. 담당 가맹점의 심층 지도 관리 감독을 소홀히 해서는 안 되는 대목이다. 사람이 일정 기간 매장의 틀 안에서 온종일 생활하다 보면 사고가 닫히고 시야가 좁아지게 되므로 누군가 지적해주고 도움을 주어야 하기 때문에 슈퍼바이저의 관리 역량이 중요하다.

본사로부터 지원을 받는 가맹점은 고객 만족도가 높게 나타나고, 자신의 문제점을 돌이켜보아 개선의 노력을 아끼지 않고 실천할 확률이 높은 것이 일반적인 현상이다. 본사한테 혜택을 받은 대로 고객에게 서비스 정신이 그대로 이어지게 되기에 본사는 부진 가맹점 활성화를 위해 가맹점에 여러 방법으로 지원을 아끼지 말고 대책을 강구해야 한다.

부진 가맹점에서 탈피했을 때 본사에게 돌아오는 수혜는 지원 금액에 비해 몇 배로 크게 되돌아오기 때문에 대폭적인 지원책을 강구하는 안목을 갖고 대상 가맹점을 심층 분석해서 차별 관리를 해야 한다. 부진 가맹점은 전략적 양도양수 자체가 힘들기에 가맹점 사장의 마인드 변화를 위한 지도 및 감독과 공동 판촉을 통한 활성화 방안을 수립해서 본사의 관심이 강하다는 것을 인식시킬 필요가 있다. 가맹 본사의 관심과 배려를 심어주는 것이 그 무엇보다도 부진의 늪에서 탈피하게끔 할 수 있는 비책임을 본사에서는 염두에 두고 중시할 필요가 있다.

　입지 여건이 불리한 환경에 있어서 어쩔 수 없이 매출 저하를 보이는 경우도 있지만, 프랜차이즈 업종은 본사에서 상권 분석을 통해 입점시키는 것이 관례로 되어있어 입지 탓으로 돌리기는 정당성이 부족한 것이 대세이다. 그러므로 가맹점 운영에서 문제를 찾는 것이 합당한 행동이며 부진 탈출은 마음먹기에 달려있다고 말할 수 있다.

　일반적인 매장 부진 요인은 다음과 같다.
　① 점포 입지 부적합
　② 매장 경영 능력 미흡
　③ 매장 근무 적성 안 맞음
　④ 독립 경영보다는 본사 의존도 높음
　⑤ 주변 상권의 예기치 못한 변화
　⑥ 동종 유사 업종 입점
　⑦ 가맹점 사업자 사기 저하 및 의욕 상실

⑧ 점포 노후화로 인한 시대 흐름에 뒤진 환경

⑨ 가맹점 사업자 개인 신상 변화

⑩ 본업에서 벗어나 타 사업에 눈을 돌림

🖊 직영점

직영점 관리 형태는 본사 여건에 따라 운영하는 측면이 매우 다양하다. 사업 초기에는 교육 매장으로서의 역할이 큰 반면 지역별 안테나 매장으로 활용되기도 한다. 직영점 운영이 가맹점 운영보다 힘들 수도 있고 용이할 수도 있는 양면성을 지니는 특성을 갖고 있다. 직영점은 점장의 능력에 따라 성과 차이가 크게 좌우된다. 점장한테 권한을 부여하고 책임경영제로 운영하는 것이 효율적이나 점장의 개인차에 따라 제반 부문 실적에서 큰 차이를 보이게 되므로 유능한 점장 도입이 최우선이다.

운영 형태는 다음과 같다.

첫 번째, 본사가 투자하고 본사가 직접 운영하는 형태이다. 창업비 및 인력을 본사가 투자 및 채용하고 일정 시점이 지난 후 점장에게 이전할 수도 있다.

두 번째, 본사가 투자하고 타인을 시켜서 간접 운영하는 형태이다. 본사에서 투자하고 운영할 사람을 모집하여 위탁시켜 운영하고 일정 시일 경과 시 운영주에게 매각할 수 있다.

세 번째, 본사와 일반인이 공동으로 투자하고 일반인이 운영한다. 본사와 운영주가 5:5 투자하고 공동으로 수익 배분하며 운영주가 희망할 시 운영주에게 매각해준다.

본사에 직영팀이 있는 경우 직영팀장의 잦은 인사이동이 생기는데, 직영점 근무 인원이 샐러리맨 사고를 지녔고 가맹점처럼 생계가 달린 것이 아니어서 아무래도 매장 운영이 소홀해질 수밖에 없어서다. 직영점은 수익 창출보다 안테나 매장과 교육 매장으로써 활용하는 것이 긍정적인 면이 많다.

직영점 적정 근무 인원을 인건비를 줄일 목적으로 줄여서 운영할 시 매장이 돌아가긴 하겠지만, 고객 서비스 측면에서 불리하다. 점장의 리더십과 운영 능력이 매출 상승의 전부라고 보면 된다.

점장과 매장 직원의 주요 역할과 책무는 다음과 같다.

(1) 점장 역할
① 매장 직원 교육
② 매장 목표 수립
③ 고객 서비스 만전을 기함
④ 고객 클레임 처리
⑤ 판매 촉진 활동 실천
⑥ 재고 관리
⑦ 매장 자산 관리

⑧ 매장 직원 채용 및 관리

⑨ 손익 분석

⑩ 경쟁사 동향 분석

(2) 매장 직원 실천 사항

① 밝은 표정 및 단정한 용모

② 상냥한 전화 응대

③ 예의 바른 고객 대응

④ 제품 지식 및 올바른 판매 기법 이해

⑤ 진정성 있는 인사 예절

⑥ 서비스 매뉴얼 준수

⑦ 정성 어린 고객 불만 처리

⑧ 매출 일보 작성

⑨ 능숙한 POS 조작

⑩ 청결 및 위생 준수

지인 가맹점

본사 입장에서 가장 관심 깊게 관리해야 할 매장이 CEO와 연줄이 있는 가맹점이다. CEO와 친분을 이유로 모든 것을 쉽게 생각하고 자신의 이익을 위해서 매뉴얼을 미준수하고 가맹점을 운영하는 일이 의외로 많다. 슈퍼바이저가 제일 관리하기 힘든 매장 범주에 속할 수 있다. 아무래도 직원 입장에서는 CEO와 개인적으로 친분이 있어서 정상적으로 지도하고 문제 제기를 하기가 생각처럼 쉽지 않은 상황이기에 그렇다.

지인 매장이 많으면 많을수록 통제가 힘들고 타 가맹점으로 나쁜 면이 빠르게 이전되는 경향을 초래하게 되어 근간이 흔들릴 수 있다. 특히 CEO의 친인척 매장은 관리하기가 더 용이하지 않은 편이니 초기부터 매뉴얼 준수를 강조해서 공사 구별을 뚜렷하게 하여 관리를 해야 한다.

가맹사업하는데 지인의 매장이 가맹점 확산에 도움을 주는 긍정적인 면도 많이 작용하고 있으므로 잘 관리해서 우군으로서 도움을 줄 수 있도록 초장부터 매뉴얼 준수에 관해 다짐을 받아두고 오픈시키는 것이 필요하다.

멀리 보면 지인 매장이 보편적으로 공사 구별이 제대로 되지 않아서 원칙에 어긋나는 매장 운영을 하는 경우가 많아 부정적 요인이 더 크다고 할 수 있지만, 의도적으로 오픈을 안 시켜줄 수 없기에 사전 교육을 시키고, 왜 매뉴얼을 준수해야 하는지를 이해시키는 것이 필수다.

매출이 커서 수익이 많이 발생하는 브랜드의 지인들은 매장을 투자 개념으로 보고 여러 매장을 운영하는 사례가 있을 수 있는데 대도시의 안테나 매장으로 활용하면 지역의 붐 조성에 도움이 크게 되기에 활용 가치가 커 장려할 만한 방법이다. 월 수익이 좋은 브랜드에 국한되는 내용이다.

역으로 수익이 저조한 브랜드는 지인들 때문에 오히려 골머리를 썩게 되어 진퇴양난에 빠지는 경우가 생길 수 있다. 사업 초기 가맹점을 해보라고 권유했는데 예상치에 못 미쳐 매출 하락으로 이어지게 되어 이러지도 저러지도 못하는 일이 나타날 수 있으므로 지인 매장 추천은 조심스럽게 접근해야 한다. 지인 가맹점은 남보다 더 혜택을 보려는 습성이 매우 강하다.

유사 브랜드

(1) 출현 및 대안

어느 브랜드이든지 동종 업종에서 선두권을 달리게 되면 카피 브랜드가 난립을 하게 되어있다. 학교생활에서 전교 1등은 2등을 내려보지 않고 오직 1등 자리를 지키려고 본인 공부에만 전력을 다한다. 프랜차이즈 사업에서 2등은 1등을 타깃으로 설정하고 브랜드 모방과 카피하기에 열을 올리지만, 기대만큼 성과를 거두지 못하는 것이 현실이다. 카피를 똑같이 하기는 남의 이목과 자존심 때문에 하지 못하고 비슷하게 흉내를 낸 후 자신의 것을 가미한 브랜드를 내놓기에 시장에서 검증받은 브랜드를 능가하지 못하게 되는 것이다.

1등 브랜드가 위치를 고수하기 위해서는 가맹점 사장이 초심을 잃지 않고 기본에 충실한 매장 운영을 하도록 본부에서 지도 교육하는 것이 급선무이다. 가맹점 입장에서는 주위에 비슷한 동종 브랜드가 생길 시 매출 저하를 걱정해서 밤잠을 설치는 경우가 많은 것이 현실이다. 브랜드 파워가 좋은 브랜드의 가맹점에서는 시장의 파이를 키워 주기에 매출 증대에 더 유리한 반면에 브랜드력이 없는 브랜드의 가맹점은 새로운 동종 업종의 입점은 고객 이탈을 가져올 수 있는 것이 사실이다.

영원한 것은 존재하지 않기에 누가 얼마나 지속 성장하느냐가 관건이다. 시대 변화가 요구하는 브랜드 경쟁력을 강화하기 위한 가맹 본사의 전략과 실행력이 절실하게 요청되는 이유 중에는 유사 브랜드의 탄생도 한몫한다고 말할 수 있다. 유사 브랜드는 어느 업종에서나 어쩔 수 없이 출현하게 된다고 생각하고 사업을 추진하는 것이 편하다.

유사 브랜드를 대상으로 브랜드 남용에 대한 소송을 제기하는 일이 있는데, 순작용보다 역작용이 나타나서 공연히 잘 나가고 있는 브랜드 가치를 손상시키는 치명상을 입는 일이 나타날 수 있으므로 송사 건은 신중을 기해야 한다. 언론에 브랜드가 노출되는 경우 긍정적인 면보다 부정적인 면을 보여주게 되는 일이 다반사라고 보면 된다.

(2) 법적 대응

냉정하게 말해서 유사 브랜드 출현 시 상대방을 제제하고 사업을 중단시킬 수 있는 행동을 취한다는 것이 쉽지 않고 성과를 거두기가 어려운 것이 현 실태이다. 송사 건으로 접근했을 시 외부의 따가운 시선과 오해를 낳을 수 있고 해석의 시각차로 인해 긍정보다는 부정적으로 브랜드가 노출될 수도 있다는 점을 감안해야 한다. 철저한 사전 준비와 확실한 승소를 자신할 때 추진하는 것이 현명한 처신이다.

일반적인 법적 준비 사항은 다음과 같다.

① 상표권

상표권은 정당한 권한 없는 제3자가 등록상표와 동일하거나 유사한 상표를 지정상품과 동일하게 사용하는 경우에 상표권을 침해하는 것으로 보고 민사상 손해배상 청구 및 형사 처벌한다는 규정을 두고 있다. 상표권 등록을 해두었다고 해도 상대방이 사용하고 있는 상표와 그 외관 및 호칭 등 관념이 동일하거나 유사하다고 보기 어려운 것이 사실이다. 흡사한 상표를 도용한다고 해도 제제할 근거가 현실적으로 부족한 것이 업계의 현상이다.

② 디자인 보호법

디자인 보호법은 정당한 권한이 없는 제3자가 등록 디자인과 동일 또는 유사한 디자인을 물품과 동일·유사한 물품에 디자인적으로 사용하는 경우에 디자인권을 침해하는 것으로 보고 민사상 손해배상 청구 및 형사상 처벌을 한다는 규정을 두고 있다.

디자인과 밀접한 부분은 인테리어와 익스테리어 부분이므로 디자인권을 등록해 두는 것이 향후 타 브랜드가 모방했을 때 대처해 나갈 수 있는 장치를 마련해두는 것이다. 디자인 등록은 차별성이 확연히 드러나야 디자인 등록이 가능하기에 이 점을 유의하고 출원해야 한다.

③ 특허법

특허법은 정당한 권한 없는 제3자가 등록된 특허와 동일한 발명을 사용하는 경우에 특허권을 침해하는 것으로 보고 민사상 손해배상 청구 및 형사상 처벌한다는 규정을 두고 있다. 상대방이 사용하는 기술이 특허 등록한 기술과 동일한지 확인해야 하고, 상대방이 똑같은 기술로 사용한다는 것을 입증한다는 것이 쉽지 않아 다툼의 소지가 충분히 있는 것이 일반적이다. 오랜 시간과 입증 자료 등이 필요하며 이를 위한 투자와 노력이 요구되는 사항이라 현실적으로 디자인으로 송사에 휘말리는 사례는 드물다고 할 수 있다.

④ 영업 비밀 보호 및 부정경쟁방지법
부정경쟁방지법은 정당한 권한 없는 제3자가 부정 경쟁을 목적으로 저명한 타인의 표장과 동일 유사한 표장을 동일 유사한 업종에 사용하는 경우 부정 경쟁 행위로 보아 민사상 손해배상 청구 및 형사상 처벌한다는 규정을 두고 있다.

상표가 시중에 이름이 나 있고 유명해야 한다는 규정을 두고 있다. 모든 국민이 그 상품 하면 떠올릴 정도의 네임 밸류가 있을 때 효력이 있다. 상표를 일반인이 단정적으로 인정해주고 그 회사만의 브랜드라는 것을 입증해준다는 것이 사실상 어려워서 시장에서 현실성이 떨어지는 사항이라 할 수 있다. 사람의 생각과 인식이 주관적이기 때문에 다툼의 소지가 많은 것이 유사 브랜드로 인한 송사 건이다. 승산을 확신할 수 없어도 시범 케이스로 소송하는 경우도 있다.

✎ 지사 제도

어느 업종에서나 대체로 본사와 지사의 종말은 처음 시작할 때와는 달리 좋지 않게 끝나게 될 확률이 높다. 본사와 지사는 구조적으로 그렇게 될 수밖에 없는 관계이다. 프랜차이즈 업계에서는 지사 도입을 부정적인 시각으로 보는 현상이 더욱 심하게 나타나고 있는 실정이다.

사업을 영위하다 보면 시대 흐름에 따라 본사는 원재료 상승 및 환경적인 요인에 따른 수익 감소를 지사에 떠넘기려고 하게 되어 있다. 애초에 정한 수수료를 인상해서 본사가 부담해야 할 일정 부분의 비용을 지사에게 이전시키려고 하여 지사는 이에 불만을 표출해 결국은 지사끼리 단합을 해서 본사를 상대로 단체행동으로 이어지고 소송까지 불사하는 일을 주변에서 흔하게 보게 된다.

본사에서 지사는 가급적 두지 않는 것이 장기적으로 보아서는 이상적이다. 본사의 자금력이나 인력 및 시스템이 열악한 상황에서 전국 브랜드화 하려고 할 때 지사를 두게 되는데, 본사와 지사의 관계는 서로 금전상 이유로 이해관계가 얽혀 있어서 처음의 관계를 지속적으로 유지하는데 외부 여건상 어렵다. 본사는 사업이 잘되든 그렇지 않든 지사에게 짐을 부가하려는 인식이 깔릴 수밖에 없다. 본사가 새로운 브랜드를 만들 경우 지역의 신규 브랜드 안테나 매장을 지사에게 전가시키는 일이 좋은 사례이다. 원치 않는 매장을 지사의 비용으로 오픈하고 '울며 겨자 먹기식'으로 본사에 하소연도 못하고 지사는 금전적으로 어려워지는 환경에 처하게 되는 것이다.

지사장의 자질과 능력에 따라 그 지역의 사업이 활성화되냐 안 되냐로 결정되는 것이 지사 체제의 강점이자 약점이다. 본사의 브랜드가 수익성이 좋다고 판단하고 자신이 하나의 지역을 맡아 본사처럼 지역에서 사업을 하면 큰돈을 벌 수 있을 거라는 착각을 하고 지사를 희망하는 것이 대다수이다. 검증이 안 된 지사 희망자의 말만 듣고 지사를 내주었다가 이러지도 저러지도 못하는 본사를 여럿 보아왔다.

지사장의 자질과 역량에 따라 성공 확률 편차가 크다. 예전에는 프랜차이즈 본사가 지사 체제를 두고 본사를 운영하는 경우가 많았는데 현대는 소수의 본사에 국한되어 운영하고 있다. 프랜차이즈 업종 중 외식업이 지사 체제가 성행하고 있는 편이다.

부득이 지사 체제를 운영하려는 본사는 서류상으로 지사의 역할과 미션을 비롯해 책임과 권한을 확실하게 구분하여 상호 계약 관계를 맺고 추진해야 향후 탈이 없다. 특히 수수료 관련된 사항을 현재와 향후 닥치게 될 시장 상황까지 고려해 책정해야 한다. 변화된 사업 환경이 왔을 때를 가정한 수수료율도 사전에 어떻게 한다는 내용을 지사와 합의해서 이행각서를 받고 추진해야 한다. 지사는 한 사무실에서 여러 본사의 브랜드 사업권을 따려 하기에 본사는 당사 브랜드만 취급해야 할 것도 약정해야 한다.

여러 브랜드를 취급하는 지사와는 물리적으로 오랫동안 사업 동반자가 될 수 없으므로 지양해야 한다. 지사 제도는 브랜드 특성과 본사 여건에 따라 다르겠지만 가급적 두지 않는 것이 본사 입장에서는 여러 면에서 유리하다. 심사숙고해서 결정해야 할 부분이 외식업의 지사 제도이다.

✎ 사업부 운영 방식

프랜차이즈 본사가 메이저급으로 발돋움하기 위해서는 사업부를 전국에 두고 운영하는 시스템이 지사 제도보다는 유리하다. 본사 소속으로 편제를 두고 운영하기에 지사처럼 이해관계가 엮일 이유가 없고 언제든지 사업 환경에 따라 제도 변경이 가능해서 실행력에도 좋은 결과를 낳게 하는 제도이다.

본사가 속한 지역에 브랜드가 안착되고 지역에 가맹 개설이 활성화되었을 시 점포개발 측면보다 매장 관리 측면에서 사업부 체제를 검토해 보는 것이 좋다. 가맹점과 원활한 소통을 위해 가맹점과 가까운 곳에 사업부 사무실을 둔다는 기본 정신을 갖고 추진해야 한다.

점포 개발을 우선시하고 사업부를 운영하는 본사도 있는데 이는 근시안적인 정책이다. 신속하고 정확하게 가맹점의 고충 처리를 해주는 본사를 보고 가맹점의 입김이 작용해 가맹점 확산이 용이하게 되기에, 신규 창업보다는 가맹점 우호도를 좋게 만들기 위해 사업부를 운영한다는 사고를 염두에 두는 것이 필요하다.

사업부장은 현지 채용보다는 본사에서 파견 근무를 명하는 것이 성과 창출에 도움이 된다. 본사 경영 이념과 정책을 잘 알고 지역에서 그대로 구성원에게 답습시키는 것이 격오지에서 단위 조직의 장으로 미션을 수행하는데 여러 장점을 갖기 때문이다.

사업부장을 본사 근무 경험이 없는 지역에서 영입하게 되는 경우도 있는데 반드시 일정 기간을 본사에서 근무토록 하여 기업 문화를 비롯해 경영 이념 등 제반 부분을 학습한 후 현지 임무를 수행하도록 할 필요가 있다. 동료들과도 친분을 쌓는 시간이 될 수 있다.

동떨어진 타 지역에서 본사의 경영 철학과 이념을 이해하는 것과 그렇지 않은 것은 업무 추진과 조직을 움직이는데 차이가 많기 때문이다. 성공적인 사업부 제도를 정착시키기 위해서는 본사와 사업부 간의 소통 채널 프로세스를 잘 만들어 놓고, 보고 및 관리 체계를 잘 만들어서 하나의 톱니바퀴처럼 본사와 사업부가 움직이게 하는 것이 중요하다. 본사에서 컨트롤타워 역할을 잘해서 마치 사업부가 본사에서 근무하는 것 같이 일사불란하게 움직여서 실행할 수 있도록 제도적인 장치를 마련해 놓아야 한다.

서울에 본사를 두었을 때 사업부는 부산 경남지역, 대구 경북지역, 충청지역, 전라지역, 강원지역, 경기지역으로 구분한다. 규모가 작은 본사에서는 영남지역, 호남지역, 충청 전라지역으로 나누고 경기지역과 강원지역은 본사 직할로 두는 경우가 많다. 사업부를 어느 지역에 두느냐는 브랜드 특성을 살려 선점할 지역 우선순위를 정하고 추진하는 것이 생산성을 높이기 위해 좋다.

사업부장은 운영과 영업 능력도 갖추고 있어야 하지만, 리더로서 책임감과 사명감을 갖추는 것이 선행되어야 한다. 한 지역의 수장이 된다는 것은 경험을 안 해본 사람은 많은 시행착오를 겪을 수밖에 없으므로 본사 리더십 교육이 필요하다.

사업부 조직은 대부분이 슬림화 조직이기에 사업부장은 점포 개발과 가맹점 관리를 병행할 수 있는 미션을 수행토록 하는 것이 생산적이다. 그러나 이런 능력을 지닌 사람을 찾고 교육해서 배치하는 것이 생각처럼 쉽지 않다.

메이저급 본사에서 사업부 제도를 운영하는 것이 일반적인데 사업 부장의 능력에 의해 각 사업부 간 실적은 판이하게 다르게 된다. 역량 있는 사업부장을 두느냐는 지역 번창에 크게 영향을 미친다. 가맹사업을 하면서 전국적인 브랜드로 만들기 위해서 본사를 둔 지역의 제반 인적·물적 시스템만으로는 한계에 봉착하게 되어있다. 사업부 제도를 운영하려고 할 때는 유능한 사업부장이 있을 때 성공적으로 미션 수행을 할 수 있다는 것을 명심하고 유능한 사업부장 영입과 육성 및 배치에 심혈을 기울여야 한다.

PART 02

가맹 본사 vs 가맹점

Chapter 1

프랜차이즈 가맹점을
어떻게 규정할 것인가

✏ 가맹점 양도양수

본사가 일정한 가맹점 수를 확보하게 되면 자연적으로 본사의 의지와 무관하게 가맹점의 양도양수가 이루어진다. 가맹점 양도양수는 본사가 앞장서서 양도양수해줄 의무는 없다.

본사 방침을 이행하지 않는 가맹점은 전략적으로 양도양수하는 것이 좋다. 대부분 가맹점 스스로 점주 지인이나 매장 직원에게 양도하는 경우가 많은 편이다. 가맹점 수익이 좋은 매장은 의도적으로 초기 투자비보다 이익을 더해 매각하고 타 지역으로 더 큰 매장을 오픈하려고 하는데, 의도적으로 하는 경우가 있기에 본사에서는 기준을 설정해서 입점시키는 것이 필요하다. 타 가맹점에 파급되어 떴다방으로 이어지는 여파가 발생할 우려가 있어서이다. 굳이 본사 입장에서는 양도양수를 마다할 이유는 없으며 장려할 필요도 없다.

가맹점 수가 어느 선을 넘어서 메이저급으로 되었을 시는 어떤 이유에서든지 가맹점에서 자체적으로 양도양수가 활발하게 이루어지게 되어 있다. 본사는 양도양수가 이루어질 때마다 일정 금액의 고정비가 유입되는데 프랜차이즈 본사가 누리는 시스템이고 장점이다.

본사에 대해 비우호적인 가맹점을 전략적으로 양도양수 시키는 것도 좋은 방법이다. 양도양수가 되어 새로운 가맹점이 오픈할 시는 신규 가맹점과 같이 교육을 시키는 것을 절대적으로 잊어서는 안 된다. 일부 가맹점은 자신의 매장에서 간단히 일을 시키고 양도하려는 경향이 있는데 이는 적극적으로 지양해야 할 사항이다. 교육이 안 된 양도양수 가맹점이 많을수록 본사의 교육 근간과 운영 매뉴얼 미준수 가맹점이 다량 발생할 여지를 갖게 되고, 프랜차이즈 시스템을 이해하지 못해 분쟁의 실마리를 제공하는 단초를 마련해주는 과오를 범하게 되는 일이 흔하기에 주의를 요하는 대목이다. 양도양수 가맹점 교육은 더 강화해야 한다.

✎ 가맹점 재계약

통상적으로 가맹 본사는 최초 가맹 계약 기간을 2년으로 정하고 계약 만료 시 2년마다 갱신하는 것을 원칙으로 하고 있다. 본사는 정당한 사유 없이 가맹점에서 재계약을 희망할 시 거절할 수 없으며, 최초 가맹 계약한 날로부터 10년 동안은 가맹점 동의 없이 일방적으로 가맹 재계약을 불허할 수 없다. 본사가 계약 내용을 변경하거나 종료하고자 하는 경우는 계약 종료 전 180일에서 90일 사이에 가맹점에 갱신을 요구하는 내용을 서면으로 보내야 한다. 일부 본사는 가맹 계약 기간이 만료가 도래했는데도 아무런 통보 없이 자동으로 기간을 연장해주는 경우가 있는데 가급적 재계약이 도래된 가맹점은 사전 통보를 하고 본사에서 재계약을 추진하는 것을 원칙으로 해야 기본을 강조하는 본사로 인지시킬 수 있고 가맹점 관리에도 도움이 된다.

브랜드 파워가 있고 가맹점 수익이 창출되는 브랜드는 재계약 기간이 다가오면 평소 비우호적인 가맹점도 본사 정책에 순응을 하게 되어있는데 이때 매뉴얼 준수 및 전반적인 매장 관리에 대해 지도 감독 및 개선을 강화하는 것이 좋다.

가맹점은 계약 만료 전 180일에서 90일 사이에 본사로부터 계약 내용 변경에 대한 안내가 없었을 시 기존 내용대로 자동 갱신되는 것으로 보고 재계약을 진행하면 된다. 재계약을 할 시 그동안 가맹점에서 본사 매뉴얼 등을 준수하지 않은 사항에 대해 강조하며 재발 방지 확약서를 받아두는 것이 좋다. 재계약서를 작성하기 전에 초심을 잃지 않고 매장을 운영하도록 가맹점을 교육하면 재계약 이후 본사 정책을 전달하고 실행시키는데 많은 도움이 된다.

가맹점 방문 시 슈퍼바이저가 간혹 가맹점에 매뉴얼 미준수를 빙자로 계약 종료 시 재계약을 하지 않을 수도 있다고 하는 말에 대해 가맹점은 매우 민감한 반응을 보이므로 조심스럽게 접근해야 한다. 여러 번 본사 경고에도 불구하고 본사 정책을 미실행할 경우 임원이 가맹점을 방문하든지 본사로 가맹점 사장을 소집해서 주의를 주고 경고성 메시지를 전달하는 것이 문제 발생이 덜 된다. 평소에 가맹점 관리를 하면서 매장에서 발생한 일에 대한 처리 내용 자료를 편철해서 모아두는 것이 재계약 시 유용하게 활용할 수 있으므로 참조할 필요가 있다.

✎ 가맹점 폐점

폐점 사유가 있더라도 가맹 본부가 가맹점을 일방적으로 폐점하기는 매우 어렵다. 실질적으로 강제 폐점시키는 사례가 드물다. 본사가 전략적으로 폐점을 유도하는 경우는 고도의 기술을 요한다.

교육 지도를 하거나 내용증명을 통해 자극을 주어 반성하게 해서 매뉴얼 준수를 하게 하여 본사와 함께 가는 것이 가맹점 관리의 최선책이다. 아무리 강한 프랜차이즈 본사라도 폐점 후 후폭풍을 무시할 수 없기에 가맹점과 합의가 없는 본사 일방의 폐점은 불가능하다. 폐점이라는 말을 본사 임직원 사이에서는 업무상 빈번히 사용하고 있지만 탁상공론에 불과하다. 실제로 행해지지 않기에 무의미한 말이다.

가맹사업에서 가맹점 폐점이란 말을 자주 사용하고 있지만 말뿐이고 현실성이 없기에 입 밖에 내지 않는 것이 사업상도 그렇고 임직원 교육상에도 좋을 수 있다. 결코 쉽지 않은 것이 가맹점 폐점이다. 가맹점이 부득이한 사정으로 정리했을 때는 폐점된 지역의 영업상권 내에서는 일정 기간 동종 업종을 오픈할 수 없음을 주지시켜야 한다. 본사는 영업팀을 활용해서 가능한 빠른 시일에 재개점을 할 수 있도록 총력을 기울여야 한다.

폐점된 가맹점에 대해 대부분의 예비 창업자가 폐점 이유를 묻는 일이 많은데 가맹점 사장의 건강상 이유를 드는 것이 예비 창업자에게 합리적 의심이 안 가게 하는 방책이다. 업종 전환으로 폐점된 가맹점의 경우 브랜드 사용 등 제반 사항에 대해 담당 슈퍼바이저를 방문시켜서 현지 확인을 하여 미비된 부분은 시정시키고 필요에 따라 내용증명을 송부해 본사 관련한 일체의 브랜드 남용 사용을 금지시키는 것을 잊어서는 안 된다.

가맹점을 본사가 의도한 바대로 폐점시킨다는 말 자체가 어불성설이다.

✒ 가맹 계약서

(1) 중요도

가맹 계약서는 가맹사업을 영위함에 있어 본사가 안정되게 프랜차이즈 사업을 추진할 수 있도록 해주며 가맹점의 분쟁을 미리 차단해주는 역할을 해준다.

가맹 분쟁이 심화되고 있는 가운데 본사와 가맹점이 상호 상생의 길로 접어들어야 가맹 본사도 성공적인 사업을 영위할 수 있다는 인식이 확산되고 있으며, 동반 사업자라는 개념이 날로 증대되고 있는 실정이다. 아직도 여러 가지 크고 작은 사항으로 인해 본사와 가맹점 간의 마찰과 이해관계가 얽혀 본사 브랜드 이미지를 실추시키고 있으며 서로의 이해관계가 첨예하게 대립되는 일이 많은 편이다. 이러한 제반 사항에 대한 사고를 미연에 방지하기 위해 가맹 계약서를 시대 상황과 브랜드 특성 및 현상에 적합하게 내용을 보완하는 것이 안정적인 사업을 펼쳐 나가는데 좋다.

가맹점 수가 많은 가맹 본사일수록 대체로 가맹 계약서를 수정하지 않고 있는데, 큰 관심을 지니고 가맹 계약서를 들여다봐야 할 대목이다. 특히 경영진에서 유심히 체크해야 하고 임원 및 부서장과 가맹 계약서 내용을 한 줄 한 줄을 읽어가며 현실성과 부합하는지를 검토하고 수정하는 것이 공격적인 사업 전개에 도움이 된다. 가맹 계약서 문구 하나 때문에 거액의 손해배상을 해주는 가맹 본사를 여럿 보아온 경험이 있으므로 가맹 본사 실정에 맞는 현실성이 있는 가맹 계약서 내용을 수록해서 분쟁의 소지를 미연에 방지할 수 있도록 꼼꼼히 살펴보고 만들어야 한다.

가맹 계약서 내용 점검은 본사 CEO와 임원진이 함께 문구 하나하나를 읽어가며 수정하고 변경시켜서 가맹점과의 관계를 우호적으로 만들 수 있도록 완벽에 가까울 정도로 작성하는 것이 중요하다.

본사는 가맹 계약 체결일 또는 가입비 최초 수령일 중 더 빠른 날 14일 전에 가맹 계약서를 예비 창업자에게 의무적으로 제공해야 한다. 통상 정보공개서와 함께 제공하는 것이 일반적인 관례이다.

(2) 기재 사항

① 목적

② 가맹점 표시와 영업 지역

③ 영업 표지

④ 계약 기간

⑤ 가맹비 및 로열티

⑥ 점포 설비

⑦ 주방기기 설치 및 유지

⑧ 원부재료 조달

⑨ 교육훈련 및 경영지도

⑩ 개점 승인

⑪ 운영 매뉴얼 준수 및 감독

⑫ 영업

⑬ 상품 표준화 및 가격 결정

⑭ 전산 시스템 운영 및 회계 보고 의무

⑮ 광고 판촉

⑯ 영업 양도

⑰ 계약 해지

⑱ 계약 종료 후 조치

⑲ 비밀 유지 및 겸업 금지 의무

⑳ 손해배상

㉑ 계약 변경

㉒ 분쟁 해결

㉓ 정보공개서 자문

✏️ 정보공개서

(1) 취지

예비 창업자에게 프랜차이즈 본사는 회사와 관련된 제반 정보를 사전에 알리고 창업자가 신중하게 가맹 본사의 현재 상황을 파악하고 검토하여 믿을 수 있는 브랜드라고 판단될 때 선택해서 가맹계약을 할 수 있게 하는 예비 창업자 보호책이다.

가맹 계약을 체결하기 전에 본사는 공정거래위원회에 등록한 정보공개서를 예비 창업자에게 반드시 제공해야 한다. 정보공개서를 본사로부터 제공받은 날로부터 14일 동안 본사의 전반적인 사항을 확인해보고 브랜드를 결정해서 창업할 수 있게 하여 창업자의 재산을 보호해 주려는 의도이다.

정보공개서 제공 방법으로는 직접 예비 창업자에게 주는 방법을 비롯해 내용증명, 우편으로 보내는 방법과 홈페이지 및 전자우편으로 제공하는 방법이 있는데 직접 제공하는 방법을 많이 사용한다.

(2) 기재 내용

① 가맹 본부의 일반 현황

② 가맹 본부의 가맹사업 현황

③ 가맹 본부와 그 임원의 법 위반 사실

④ 가맹점 사업자의 부담

⑤ 가맹사업의 영업 개시에 관한 상세한 절차와 소요 기간

⑥ 가맹 본부의 경영 및 영업 활동 등에 대한 지원

⑦ 교육 훈련에 대한 설명

(3) 등재 변경 사항

① 주요 품목의 범위에 대한 정의

직전 연도 공급 가격 공개 대상이 되는 주요 품목의 범위를 전년도 전체 가맹점 사업자의 품목별 구매 대금 합을 기준으로 순위를 정해 상위 50%에 해당하는 품목으로 정함.

② 차액 가맹금 규모에 대한 내용

가맹점 사업자가 필수 품목의 거래를 통해서 본사에 지급하는 대가 중 적정한 도매가격을 초과하는 대가

③ 차액 가맹금 수취 여부 및 주요 품목 공급 가격

부동산, 용역, 설비, 상품, 원부재료 구입 및 임차와 관련해 본사 또는 본사가 지정하는 곳과 거래한 품목에 대한 차액 가맹금 수취 여부

④ 특수 관계인 경제적 이익

부동산, 용역, 설비, 상품, 원부재료 등의 구입과 임차 관련해서 특수 관계인이 수취하는 경제적 이익

⑤ 판매 장려금

가맹 사업자로 하여금 상품 또는 용역으로 거래한 특정한 상대방에게 거래하도록 강제 또는 권장하는 대가로 수취한 경제적 이익

⑥ 다른 유통 채널을 통한 공급 사항

가맹 사업자가 취급하는 상품이나 용역이 가맹 사업자의 영업 지역 내의 가맹점 및 온라인 채널 등 다른 유통 채널을 통해 공급되고 있는지 여부

✎ 가맹금 예치 제도

프랜차이즈 가맹점 사업자가 되기 위해 아이템을 선정하고 브랜드를 결정한 후에는 해당 가맹 본사에 가맹금을 본사가 지정한 금융 기관에 예치해야 한다. 가맹금 예치는 가맹 본사로부터 정보공개서와 계약서를 제공 받은 날로부터 14일 경과 후 본사가 지정한 금융기관에 예치해야 한다. 이 기간 동안 가맹 본사에 대한 제반 사항을 충분히 검토한 후 브랜드를 결정해서 창업하도록 하기 위한 제도이다.

일반적으로 가맹금에는 영업 표시 사용 허락 등 가맹점 운영권 및 영업 활동과 관련한 지원과 교육을 위해 지급되는 가맹비와 교육비 등을 내포하고 있다고 보면 된다. 가맹 본사가 가맹 사업자 피해보상 보험에 가입하였을 시에는 가맹금을 예비 창업자로부터 본사 통장으로 직

접 받을 수 있다. 유동자금이 필요한 가맹 본사는 보험 가입 제도를 활용하고 있다. 피해보상 보험 제도는 창업자 개인의 신용도에 따라 조건과 절차가 다르고, 보험료가 상이하게 적용되어 효율성이 높은 편은 아니다.

가맹 계약을 체결하였더라도 가맹금을 예치하지 않았을 시에는 가맹 계약 효력을 발생하지 못하므로 예비 창업자와 본사는 각별히 이 부분을 유의하고 업무를 추진해야 한다. 예비 창업자로부터 예치 받은 금융기관은 가맹금을 예치한 후 2개월이 지난 다음 가맹 본사로 예치금을 지급해주게 되어있다. 가맹금을 예치하기 전까지는 확실한 창업 의사가 있다고 볼 수 없으므로 상담 시부터 가맹금 예치까지 본사는 지속적인 관심을 갖고 예비 창업자 관리를 해야 한다.

예비 창업자가 정보공개서를 받고 14일이 지났을 시 가맹금 예치를 최대한 신속하게 할 수 있도록 분위기를 조성시키는 영업 담당이 능력이 있는 창업 컨설턴트라 할 수 있다. 가맹금이 예치되어야 창업자의 태도가 달라지므로 가맹금 예치에 본사는 1차적으로 정성을 쏟는 지혜가 필요하다. 일부 본사는 가맹금 예치 전에 가계약금을 미리 받는 곳도 있는데 바람직하지 못한 방법이다.

✎ 가맹금 반환

가맹 본사는 예비 창업자가 심경의 변화 또는 개인 사정에 의해 가맹점을 운영할 수 없게 되어 예치한 가맹금을 돌려받기를 희망하면 즉시 반환해주어야 한다. 본사가 지켜야 할 법을 위반했다든지 정보공개서를 미제공하거나 허위 과장 광고를 했을 경우에도 예비 창업자에게 가맹금을 반환해 주어야 한다.

가맹금 예치 후 2개월 미경과 시 가맹금 반환은 본사에서 해당 금융기관에 반환 통보를 해놓고 예비 창업자에게 신분을 확인할 수 있는 서류만 지참하고 방문하라고 연락해주면 금융기관에서 즉시 반환해준다. 예치 후 2개월 경과 시에는 본사에서 즉시 예비 창업자 통장으로 이체해주면 된다.

영업 담당은 예비 창업자 상담 시 가맹금의 성질을 정확하게 설명해줄 필요가 있다. 일부 창업자는 가맹금을 향후 돌려받는 줄 알고 있으므로 가맹 본사가 가맹금을 수령하는 이유를 설명해주고 소멸성이라는 것을 주지시켜야 한다. 가맹금 반환이 잦은 본사는 영업부를 다시금 점검하고 영업 교육을 시켜서 원인과 대책을 공유하고 개선시켜야 한다. 실적에 급급해 진실성이 결여된 영업 활동이 원인이 돼서 가맹금 반환이 이루어지는 사례도 의외로 많으니 항시 진정성이 담긴 영업 활동을 펼쳐야 한다.

가맹 계약 해지

프랜차이즈 본사에서 가맹 해지를 한다는 것은 말처럼 쉬운 상황이 아니다. 불가피하게 해지를 해야 할 상황이면 본사는 계약 해지 2개월 이상의 기간 동안 서면으로 2회 이상 해지 사유에 대해 개선할 기회를 주고 그래도 개선하지 않았을 시 계약 해지를 해야 한다. 프랜차이즈 본사는 특별한 사유가 발생하였더라도 가맹점 동의 없이 일방적 해지를 하는 경우는 극히 드물다. 그만큼 본사와 가맹점 관계는 동반 사업자로 얽힌 특수 관계라고 할 수 있다.

본사는 가맹점에 정말로 특별한 상황이 발생하기 전에는 계약을 해지한다는 말은 안 하는 것이 좋다. 해지 사유가 발생할 시는 서면으로 단계별 수순을 밟아서 진행하는 것이 분쟁을 미연에 방지하고 원만하게 해결해 갈 수 있음을 유의하고 실천에 옮겨야 한다.

가맹 해지라는 말처럼 가맹사업에서 민감한 부분이 없음을 본사 구성원들은 염두에 두고 직무를 수행해야 한다. 계약 해지라는 말을 가맹점은 매우 민감하게 받아들이므로 난발하지 말고 꼭 필요하다고 판단될 때 표현해야 한다.

일반적이고 보편적으로 가맹 본사에서 시행하는 해지 사유다.
① 상품 대금 및 정기 납입비 등 금전적 지급을 연체하는 경우
② 매출 정보 등을 보고하지 않거나 허위로 보고하는 경우
③ 본사의 영업 기준이나 상품 및 용역 품질 기준을 위반하는 경우
④ 본사 협의 없이 사업장 위치 변경과 운영권을 양도한 경우
⑤ 본사로부터 계약상의 의무 위반을 통지받고 상당 기간 시정 조치를 하지 않은 경우

Chapter 2

본사 및 가맹점 준수 사항

본사와 가맹점 및 고객 상관관계

본사와 가맹점은 협업 관계이고 공동 사업자 관계이다. 본사는 고객에게 니즈를 충족시킬 수 있도록 브랜드를 제공해주는 관계이다. 고객의 기호를 만족시켜주는 기능을 한다. 가맹점과 가맹점은 상호 경쟁적 공동체 관계라고 할 수 있다. 가맹점은 고객에게 제품과 서비스를 제공해준다. 본사와 가맹점 및 고객은 이처럼 상호 밀접하게 연관되어 있는 불가분의 관계이고 맞물려 움직이는 톱니바퀴와도 같다.

각자가 독립적으로 움직이면 사업의 목표를 이룰 수 없는 구조적인 관계성을 지니고 있음을 유념해야 한다. 이러한 구조는 프랜차이즈 시스템에서만 볼 수 있는 독특한 구조이다. 본사와 가맹점은 한배를 타고 항해하는 공동 운명체이다. 본사와 가맹점은 고객 만족을 최우선 정책으로 설정하고 상호 상생할 수 있도록 각자의 미션을 함께 실천해가야 한다.

가맹점은 본사에 의무를 다해줄 것을 희망하고, 가맹점의 욕구를 충족시켜 주지 못하면 매장에서 문제점을 찾기보다는 본사 탓으로 돌리는 경향이 있다. 누구든 가맹점 입장에 있으면 마찬가지 현상이 나타나게 되므로 본사는 가맹점 입장에서 판단하고 정책을 전개한다는 것을 잊어서는 안 된다.

프랜차이즈 시스템에서 본사와 가맹점은 특별한 관계를 지니고 있어서 역지사지 입장에서 상대를 대하고 이해하며 실천하는 지혜가 필요하다. 본사와 가맹점 및 고객과의 관계는 삼위일체가 되어야 공동으로 만족감을 얻을 수 있게 된다. 개별적으로 움직여서는 공동의 목표를 이룰 수 없는 것이 본사와 가맹점 및 고객의 관계이다.

✎ 가맹 본사 의무 사항

가맹 본사는 가맹사업을 영위함에 있어서 각자의 업무를 신의성실 원칙에 위배되지 않게 실천해야 한다고 명시하고 있다. 본사는 가맹점의 재산을 보호하고 수익을 증대 시켜줄 의무를 갖고 있고 이를 실행함을 원칙으로 삼아야 가맹점 확산이 용이하다.

체계가 없는 주먹구구식의 경영 정책을 펼치면서 가맹사업을 추진하는 본사는 지켜야 할 의무 사항을 소홀히 해서 메이저급 본사로 발돋움하는 데 어려움을 겪을 수 있다. 본사가 지켜야 할 기본적인 사항을 준수하지 않고서는 가맹점을 따라오라고 하기 어렵고 쫓아오지도 않으므로 본사가 솔선수범해서 먼저 실천에 옮기는 자세가 있어야 한다.

본사가 지켜야 할 기본적인 의무 사항은 다음과 같다.

① 가맹점의 성공적인 매장 운영을 위한 경영 전략을 수립한다.
② 상품과 용역의 품질관리와 매출 증진을 위한 연구를 지속한다.
③ 효율적 가격과 합리적 비용에 의한 매장 장비를 설치한다.
④ 가맹점 사장과 종업원에 대한 교육 훈련 지도를 한다.
⑤ 가맹점의 영업 활동에 대한 계속적 지원 및 관리를 한다.
⑥ 계약 기간 내 가맹점 영업 지역에서 직영점 및 유사 업종을 오픈하
　 지 않는다.
⑦ 가맹점 분쟁을 최소화하고 소통을 통한 해결을 지향한다.
⑧ 신속하고 원활하게 원부재료를 가맹점에 공급한다.
⑨ 가맹점 관리 및 지도를 위한 슈퍼바이저 제도를 정착한다.
⑩ 정기적인 신메뉴 출시 및 판매 가격 안정화를 꾀한다.
⑪ 허위로 과장해서 정보를 제공하지 않는다.

✎ 가맹점 책무

가맹점에서 다음과 같은 사항을 준수하고 매장을 운영하도록 본사에서 지도 및 교육을 시켜야 한다.

(1) 원칙 준수

가맹점 사장은 개인 매장이 아닌 프랜차이즈 사업의 특질들을 상기하면서 매장을 오픈하여 마감 시까지 운영할 수 있도록 해야 한다. 프랜차이즈 사업의 강점을 누리면서 개인 매장처럼 운영하려는 자세를 가져서는 안 된다. 가맹점은 우선적으로 본사와 동반 사업자라는 인식을 갖고 본사의 정책을 이행하고 운영 매뉴얼을 준수하는 것을 원칙으로 해야 하며 매장 운영을 하면서 필요한 부분을 본사에 제안하고 도움을 청하는 것이 가맹점의 첫 번째 책무라고 할 수 있다.

(2) 경영자 인식 제고

가맹점 사장은 하나의 독립된 사업체를 운영하는 경영자라는 개념을 갖도록 해야 한다. 개인 장사를 할 때는 본인 마음대로 일정한 매뉴얼을 고수하지 않아도 되고, 하고 싶은 대로 매장을 운영하면 되지만, 프랜차이즈 가맹점은 본사의 방침대로 통일성 있게 운영해야 하는 특수성이 있어서 기본 운영 규칙을 지켜야 한다. 매장의 목표 설정과 비전을 제시하고 종업원과 같이 공유한다는 경영관이 있어야 체계적인 가맹점 운영이 가능해진다. 시일에 지남에 따라 장사 마인드와 경영자 마인드를 지니고 있을 때의 매장 운영 방식은 목표 달성에 있어서 어마어마한 차이를 보일 수 있음을 유념해야 한다.

(3) 철저한 분석

매장의 수익성 분석을 상세하게 할 수 있도록 능력을 갖추어야 한다. 매출 대비 수익률을 분석해서 가성비를 높일 수 있도록 매장의 제반 비용을 효율적으로 운영 관리해야 한다. 일 매출만 많다고 월말 정산 후 이익이 비례하는 것은 결코 아니기에 매장이 지니는 특장점을 파악하고 제반 비용을 합리적으로 지출하면서 고객 서비스를 하도록 심층 분석하는 기법을 배우고 실천해야 한다.

나 자신을 나보다 자세히 아는 사람이 없는 것처럼 내 매장은 내가 가장 잘 알고 있으므로 매장을 자가 분석하는 습관을 지녀야 한다. 자신이 볼 수 없는 부분은 슈퍼바이저를 통해 자문과 지도를 구해 문제점을 찾고 개선할 수 있도록 해야 한다. 이런 점이 프랜차이즈가 갖는 강점이다. 가맹점은 최대한 활용해야 한다.

(4) 매장 운영 이념 확립

가맹점은 본사의 경영 이념을 항시 인식하고 가맹점의 경영 이념도 같다는 마음 자세로 매장을 운영해야 한다. 경영 목표 달성을 위한 확고한 실천력과 태도를 지니고 매장을 운영할 때의 결과는 크게 달라진다.

가맹점은 장사라는 인식에서 벗어나서 사업한다는 마음가짐을 지니는 것이 필요하다. 본사와 동고동락하는 동반 사업자라는 마음을 가져야 한다. 매장의 비전을 세우고 달성하도록 경영 방침을 설정하여 실천하는 좋은 습관을 지녀야 한다.

(5) 사업 계획 수립

매장의 단기 및 중장기 운영 계획을 수립하여야 한다. 그냥 하루하루 흘러가는 대로 매장을 운영하는 것에서 탈피해 계획성을 갖고 움직이면 하루의 자세가 달라져서 고객에게 양질의 제품을 제공하고 서비스를 하여서 매출 상승으로 직결될 수 있다. 가맹점에서 실질적으로 사업 계획을 세우는 경우는 가뭄에 콩 나듯 흔하지 않은 일인데, 지금부터라도 실행에 옮겨볼 필요가 있다. 본인은 물론 종업원의 의식이 변화되어 좋은 성과를 이룰 수 있다. 현실적인 사업 계획 수립이 요구되는 사항이므로 슈퍼바이저의 도움을 받으면서 계획을 세우는 것이 좋다. 사업 계획처럼 결과치가 나오도록 본인과 주위 환경이 변신을 꾀하게 되어 새로운 전기를 마련하고 동기부여가 되는 플러스 기능도 생기는 장점이 있다.

⑹ 직원 채용 및 관리

매장을 운영하다 보면 제일 큰 고충이 직원 채용과 채용한 직원이 성실하게 고객 서비스를 하며 오랫동안 근무를 해주느냐이다. 본인이 주인이 아닌 이상 누구나 장기간 한곳에서 머무른다는 생각은 안 하게 되어있다. 6개월 정도 운영하여 직원이 들락날락 하다 보면 평소 찾고 있던 마음에 쏙 드는 직원이 들어오게 되는 경우가 생긴다. 그때 그 직원에게 물질과 비전을 심어주는 것이 중요하다. 매장에 한 명이라도 주인의식을 지닌 직원이 있을 때 매장 운영이 얼마나 수월해지는지 경험자는 알 수 있을 것이다. 타 매장보다 좀 더 보상을 해주고, 가족같이 다가가서 지내고, 매장의 힘든 일은 가맹점 사장이 도맡아 한다는 각오로 실천할 경우 직원은 정착하고 헌신적으로 맡은 일에 매진하게 된다.

부부가 직접 매장 운영을 하는 경우는 직원의 영향을 덜 받게 되겠지만 그렇지 못한 경우는 직원이 누구냐에 따라 매장 매출과 단골 고객 확보에 지대한 관계가 있으므로 직원 채용과 관리에 만전을 기할 필요가 있다. 요즈음은 직원에게 일정한 지분을 주고 매장을 본인 것처럼 운영하도록 맡기는 시스템이 성행하고 있다.

✎ 가맹점 의무

가맹점은 매장을 운영함에 있어서 프랜차이즈 본사와 사업을 함께 추진한다는 인식을 갖고 기본적인 의무 사항을 지키며 매장을 운영해야 한다. 본사는 가맹점 의무 사항을 오픈 전 교육 시간을 통해서, 수시로 슈퍼바이저를 활용하여 교육시키도록 지도해야 한다.

기본적인 가맹점 의무 사항은 다음과 같다.
① 비전 달성을 함께한다는 사고를 갖고 통일성을 유지하고 브랜드 가치 증대와 본사 경쟁력을 유지하기 위해 노력한다.
② 본사의 원부재료 공급에 따른 고객의 수요 예측에 의한 상품을 발주하고 유지 및 진열한다.
③ 본사 규정을 지켜 상품과 용역에 대한 표준 매뉴얼에 따른 품질을 준수하고 기준을 지킨다.
④ 본사에서 매장의 비치 규정에 부합하는 장비 및 기기를 설치하고 외관 및 물류 공급의 원칙을 준수한다.
⑤ 매장에서 본사가 공급하는 것 외의 상품과 용역에 대한 변경 사유 발생 시 미리 본사와 사전에 조율 후 실천한다.
⑥ 본사로부터 구입하는 상품과 판매에 따른 회계 관련 장부를 보관

하고 관리한다.

⑦ 매장에서 발생하는 업무 현상과 자료 확인을 위한 본사 인력이 매장을 방문할 시 제재하지 않는다.

⑧ 매장 위치 이전과 가맹 운영권 양도를 사전 본사 승인 없이 실행하지 않는다.

⑨ 가맹 계약 기간 중에 운영하고 있는 브랜드와 흡사한 아이템의 타회사 브랜드를 병행하여 운영하지 않는다.

⑩ 본사가 지닌 노하우를 타인에게 이전하지 않고 영업 비밀을 전파하지 않는다.

⑪ 본사에서 광고를 실시할 때 일정액의 광고비를 분담한다.

✎ 가맹점 역할

프랜차이즈 사업을 하다 보면 가맹점에서는 매장 운영에 관한 모든 것을 일방적으로 본사에서 다 해주어야 하고 가맹점은 문제와 책임 의식이 없다는 착각을 할 수 있다. 본사는 '갑'이고 가맹점은 '을' 입장에 놓여 있다는 선입견을 품기 쉽다. 프랜차이즈 형태는 본사와 가맹점이 함께 사업을 영위하는 형태이기에 본사는 교육을 통해 가맹점의 역할을 인지시키고 역할을 제대로 이행하는지 점검하고 지도 감독해야 한다. 그 주된 내용은 다음과 같다.

(1) 가맹점 마인드 확립

① 가맹비를 내고 사업하는 이유

혼자서는 사업을 성공시키기 어렵기에 본사의 도움과 협조를 바라기 때문이다. 제반 여건이 갖춰져 있는 프랜차이즈 본사를 선택해서 가맹점을 운영하는 관계로 가맹점으로서의 해야 할 본분을 다해야 한다는 것을 인식시킨다.

② 차별성 있는 매장 운영

매장 경영의 전문가가 되도록 노력하고 실천하는 자세를 갖도록 해야 한다. 남과 같이 운영해서는 원하는 성과를 거둘 수 없다는 생각 속에 운영 매뉴얼을 준수하고 초심을 잃지 않고 고객 서비스에 만전을 기하도록 강조하고 지도해야 한다.

매출이 좋은 가맹점은 무엇이 달라도 다르다는 점을 부각시켜서 경각심을 주어 나태하지 않도록 해주는 것이 중요하다. 차별성 있는 매장을 운영하는 최적의 비결은 운영 매뉴얼대로 기본을 지키며 매장을 지속적으로 운영하는 것이다.

③ 가맹점 사장의 실행력

아무리 좋은 전략도 실천하지 않으면 무용지물이 되는 것처럼 가맹점의 본사 정책에 대한 실행력을 지속적으로 교육시켜 각인시켜 주는 것이 필수적이다. 가맹점의 투철한 실행력은 매장 운영에서 핵심적인 성공의 지름길이나 생각처럼 오랫동안 지속하기가 쉽지 않다. 매장에서 일어나는 모든 몫과 책임은 가맹점 사장 본인에게 달려 있다는 것을 심어주는 것이 필요하다. 실천하느냐 못 하느냐는 전적으로 가맹점에서 평소 좋은 습관을 유지하고 있느냐 못하느냐에 달려 있다.

(2) 원칙 준수

① 제품의 맛

맛이 없으면 고객이 매장을 방문하지 않기에 조리 매뉴얼에 입각한 제품을 완성시켜 고객에게 제공해야 한다. 늘 그 집에 가면 그 맛을 느끼게 해야 한다.

② 청결 유지

현대는 음식 맛의 평준화 현상을 보이고 있어서 매장은 물론 직원의 청결 상태를 중요하게 여기고 있다. 깨끗함이 맛을 능가하는 시대 속에 살고 있음을 인지해야 한다.

③ 친절한 서비스

고객을 감동시키는 서비스를 해야 한다는 말은 외식업에서는 귀가 닳도록 들어왔을 것이다. 지금 시대는 타 매장에서 찾아볼 수 없는 나만의 고객 서비스를 베풀어야 고객의 심금을 울려 충성고객을 만들 수 있다.

(3) 자생력 배양

결국 고객을 근거리에서 직접 대면하고 제품과 서비스를 제공해야 하는 곳은 가맹점이기에 가맹점 스스로 독립해서 매장을 운영한다는 각

오와 사고를 지니는 것이 우선해야 한다.

프랜차이즈 본사는 가맹점에서 고객이 만족하도록 재화를 제공하고 효율적인 매장 운영 기법을 제공해주는 임무를 지니고 있으며, 직접 그것을 활용해서 내 것으로 만드는 것은 전적으로 가맹점에 달려 있다고 볼 수 있다. 본사가 고객의 마음을 사로잡을 수 있는 제품을 많이 공급해주면 일선에서는 가맹점화시켜 고객에게 제공해 브랜드의 동반 상승을 꾀할 수 있도록 해야 한다.

(4) 혼연일체

가맹점은 본사의 조리 기술을 터득하고 장사꾼에서 사업가로 변신하여 사업가 마인드를 지녀야 한다. 원칙을 지키고 목표를 설정해서 달성토록 좋은 습관을 갖고 바른 태도와 자세를 갖춰야 한다. 본사의 아이템과 경영 전반에 대한 노하우를 전수받아서 매장을 운영하는 가맹점은 항상 본사와 함께한다는 가치관을 마음속에 간직하고 매장을 운영해야 한다. 프랜차이즈 사업 속성상 개별 플레이를 해서는 상호 성공할 수 없는 구조적인 한계를 안고 있다는 점을 상호 명심해야 한다.

✒ 가맹점 세무

가맹점에서 매장을 운영하면서 세금 납부 관련 사항에 대해 기본적인 세무 지식을 지니고 있어야 한다. 담당 세무사 사무실을 두고 있는 경우가 대부분이지만 기초적이고 상식적인 업무는 알고 있어야 운영에 도움이 된다. 매장에서 진행해야 할 세금 종류로는 종합소득세 신고와 부가가치세 신고가 있다. 원천징수 이행 신고를 해야 하고 4대 보험 신고도 진행해야 한다.

① 종합소득세
모든 개인 사업자에게 해당한다. 확정 신고는 익년도 5월에 실시한다. 중간 예납은 당해 연 11월에 하면 된다.

② 부가가치세
일반 과세자에 해당한다. 1기 확정 신고는 7월에 실시한다. 2기 확정 신고는 익년도 1월에 한다.

③ 원천징수 이행 신고
매월 10일에 한다.

④ 4대 보험 신고
종업원 채용 시 수시로 한다. 신고 일자와 상관없이 매월 1일 자로 처리된다.

⑤ 가산금
납부기한 내에 미납 시 5%의 가산금을 내야 한다.

✎ 징벌적 손해배상

본사가 허위 및 과장으로 정보를 제공하는 행위 및 부당한 거래 거절 즉 영업 지원 거절과 부당한 계약 해지 및 부당한 계약 갱신 거절로 가맹점 사장에게 손해를 입힌 경우 본사가 그 손해액의 3배 내에서 배상 책임을 지게 되어있다.

허위로 거짓 정보를 제공한 것이 주된 징벌적 손해배상 대상이다. 예상 매출액 신고를 허위로 과장되게 제공했을 때 징벌적 손해배상을 해주게 되는 경우가 발생할 확률이 높다. 그러므로 예상 매출을 산정해서 예비 창업자에게 제공할 때 특히 유의해야 한다. 예상 매출 산정 시 매장의 인건비와 임대료 및 주변 상권의 객관적 근거를 참조하여 산출하는 것이 좋고, 근거 자료는 정리를 잘해서 해당 가맹점 서류철에 보관해놓아야 한다.

점점 본사와 가맹점의 지위가 동등한 관계로 설정되고 있는 추세이므로 본사는 진실 되고 사실적으로 모든 정보를 예비 창업자는 물론이고 기존 가맹점에도 제공하고, 공지하고, 공유하는 것을 원칙으로 삼고 가맹사업을 추진해야 한다.

이제는 거짓된 정보와 가짜를 용납하지 않는 세상이 되었기에 가맹 본사의 진실한 정책과 실행이 요구되고 있다. 본사가 자칫 직무 담당의 실수와 착오로 인해 큰 손해를 입지 않도록 직무교육을 완벽하게 시켜야 할 필요성이 많은 부분이다.

예비 창업자가 본사와 상담하기 전에 많은 사전 정보를 알고 있고, 프랜차이즈 시스템에 대해서도 예전처럼 무지한 것이 아니라 웬만한 생리를 다 알고 있어서, 본사는 더욱 사실에 입각하여 가맹점을 상대하고 정보를 공유시켜야 할 필요성이 대두되고 있다. 자칫 소홀히 생각하여 작은 내용이라도 허위로 정보를 제공하는 것을 삼가여 진실한 가맹 본사임을 부각시키는 것이 중요하다.

Chapter 3

본사와 가맹점 갈등은
반드시 발생한다

✎ 가치 기준

가맹점은 매장을 운영해서 매장의 이익이 얼마가 나느냐에만 관심을 갖는다. 금전적인 수입이 어느 정도 발생하는가에 모든 정성을 쏟고 매장을 운영하기에 오로지 매장 내의 문제에만 집중할 수밖에 없는 환경적 요인을 지니고 있다.

본사는 한 개 가맹점의 수익보다는 전체 매출 추이 분석과 대책을 강구하면서 사업을 추진한다. 가맹점과 본사는 근본적으로 추구하는 목표가 다르기에 운영상 보이지 않는 갈등을 초래하는 경향이 생긴다.

가맹점은 적지 않은 자금과 시간을 할애하기 때문에 본인 매장 이익과 연관되는 사항에 대해서는 민감하게 반응하게 될 수밖에 없다. 그러나 특정 매장에 치중할 수 없는 본사의 여건과 부합하지 않아 갈등 유발이 나타나게 되는데, 가맹점은 본인 매장에, 본사는 브랜드 경쟁력에 정성을 다하는 데서 비롯되는 문제점이다.

✎ 상호 통제

가맹점의 운영 상황을 본사는 슈퍼바이저를 통해 지도하고 감독하고 통제하는 반면에 가맹점은 본사에 일일이 정책 사항을 알려 주지 않고 실행하는 경우가 있어서 서로 견해 차이를 보이는 경우가 있다. 상호 역할이 다른 데서 파생되는 문제의 접근 방식이 다른 점이 갈등 요소로 쌓일 수 있는 상황이 초래될 수 있다.

때로는 본사의 지나친 매장 운영에 대한 통제와 감시가 불만족스러워 본사의 정책에 의도적으로 이견을 보이며 문제를 발생시키는 사례가 종종 생긴다. 본사는 탄력적으로 강도를 조절하면서 가맹점 관리를 하는 지혜가 필요하다. 자율 속에서 매뉴얼 준수를 하도록 가맹점 관리를 하는 것이 갈등 해소에 도움이 된다.

✎ 정보 인지

가맹점과 본사의 정보 공유 부분에서 본사의 일방적 경향이 강하다는 인식에서 유발되는 불만적 요인이다. 본사보다는 가맹점이 정보 습득이 불리한 환경일 수밖에 없는 것이 사실이다. 가맹점은 본사가 가맹점의 견해는 수렴하지 않고 본사 마음대로 대다수 정책을 결정한다고 생각하고 아쉬움을 지니고 매장 근무를 하는 일이 흔한 편이다. 그러므로 본사는 정책과 비전을 가맹점과 공유하는 것을 당연하다고 여기고 추진 사항을 수립하고 실천해야 한다. 홀로라는 인식을 없앨 수 있도록 슈퍼바이저를 통한 본사와 가맹점의 원활한 소통을 이루는 것이 급선무이다. 함께 움직이고 있다는 사고를 심어주는 본사는 불만 요인이 줄어들어 본사와 가맹점의 동반 성장이 가능해짐을 유념해야 한다.

목표 및 비전

가맹점은 주어진 여건과 환경 때문에 사물을 보는 시각이 근시안적일 수밖에 없다. 본사는 단기적인 시야보다는 중장기적인 미래를 염두에 두고 목표와 비전을 설정하는 것이 관례이다. 이 부분에서 발생하는 사고의 가치가 상이해서 어떤 사안이 생기면 해석의 차이가 나타나게 되며 사소한 오해를 불러오게 하는 요소로 작용하게 되는 것이다.

가맹점과 본사가 한 방향의 목표와 비전을 실천해서 동반 성장할 수 있도록 본사는 경영 방침을 세우고 현장 실행이 원활하도록 환경 조성을 해주는 것이 갈등을 해소할 수 있는 길이다. 가맹점이나 본사나 결국 추구하는 최종의 목적은 같기에 목표와 비전을 수립하고 달성하도록 나보다는 우리라는 가치관을 지녀야 한다. 그렇게 될 때 미래가 밝다는 인식을 공유하도록 서로 노력하는 자세가 있어야 갈등을 해소할 수 있다. 프랜차이즈 시스템을 이해하는 것과 직결된다고 할 수 있다.

✎ 판단 시각

가맹점은 눈앞의 이익을 우선시 할 수밖에 없는 환경이고, 본사는 멀리 사업 계획을 수립하고 운영하는 것이 일반적이다. 사업을 추구하는 개념의 차이에서 서로 판단하는 이해관계가 다를 수 있어 불만으로 나타날 수 있다.

가맹점은 생계 수단으로 여기고 매장에 올인하며 본사는 사업으로 접근하게 되는데, 상호 괴리감이 생겨 작은 일에 의견 차이를 보여서 신뢰가 상실되는 여건이 조성될 수도 있다. 갈등은 어느 조직에서나 반드시 생기게 마련이나 가맹점과 본사 관계는 사물을 보는 관점이 다를 수밖에 없는 환경 탓도 무시하지 못한다. 가맹점 오픈 전 교육 및 보수 교육 시간에 이 점을 주지시켜 같은 시각에서 사업에 근접하도록 교육할 필요가 있다.

✎ 신규 브랜드

가맹점은 자신의 매장에만 지원을 해주고 매출이 많기를 바랄 수밖에 없다. 반면 본사는 브랜드가 안정화되고 정착이 되면 새로운 신규 브랜드 출현에 관심과 전력을 쏟게 된다. 가맹점은 본사의 신규 브랜드 탄생을 달갑게 생각지 않는 것이 일반적이다. 본사와 우호도가 좋고 신뢰를 하는 가맹점은 브랜드 하나를 더하려고 할 때 반기는 곳도 있을 수 있으나 대다수는 달갑게 생각하지 않는 것이 현실이다.

자신들의 매장 매출과 손익에 신경을 덜 쓴다고 생각하고 사소한 부분에도 본사에 서운함을 표시하는 경우가 있다. 본사가 신규 브랜드를 탄생시키면 힘의 방향이 신규 브랜드로 쏠리게 되어 기존 브랜드를 소홀히 한다는 인식을 하게 되니 작은 불씨도 크게 확산되어 입방아를 찧는 일이 생기는 경우가 있으므로 주의해야 한다. 본사도 신규 브랜드로 인해 사업이 발전하기는커녕 퇴보를 보이는 일도 의외로 많다는 점을 인지하고 접근하는 것이 좋다.

가맹점 확산

가맹점은 본사의 가맹점이 확산되는 것을 반색하지 않는 것이 일반적인 실태라고 보면 맞다. 특히 본인의 인근 지역에 가맹점이 생기는 것을 희망하지 않는다. 자신의 매장과 가까운 거리에 가맹점이 오픈될 때 본사와의 갈등과 분쟁의 씨앗이 유발되어 신뢰는 무너지기 시작한다. 결국 본사의 가맹점 확산은 기본 가맹점에게는 무의미한 일이고 자신들이 매장을 잘 운영해서 본사가 번창한다고 여기는 구실밖에 안 된다고 생각하게 된다.

기존 가맹점에는 오픈할 때만 신경 써주고 점점 관심 밖이 되며 타 가맹점 확산에만 전력을 다한다고 불평하기 시작한다. 이 점을 유의하고 가맹점 관리를 하는 것이 좋다. 프랜차이즈 사업 특성상 본사는 꾸준히 가맹점을 확산시켜야 한다. 매장이 많아야 브랜드 가치와 파워가 증대되어 마침내 기존 가맹점에 부메랑이 되어 동반하여 수익이 발생

된다는 것을 교육시켜 작은 오해를 사전에 막는 것이 요구된다. 가맹점이 늘어날수록 기존 가맹점의 가치는 증가된다는 것이 입증된 결과임을 기존 가맹점에 강조하는 것이 필요하다.

✎ 원부재료 가격

가맹점은 항상 시중에서 구입하는 가격보다 저렴하게 모든 식자재를 본사로부터 공급 받기를 희망하는 반면에 본사는 거래처로부터 다량의 원부재료를 구입하여 일정한 마진을 더해 가맹점에 공급하는 것을 원칙으로 삼고 있다. 상호 원하는 사항이 상반되기에 이해가 얽혀 가장 크게 불만을 갖게 만들고 믿음이 없어지게 하는 주요 원인이라고 보아도 지나친 말이 아니다.

본사는 항시 원부재료의 적정 가격을 유지해주는 지혜를 발휘해야 한다. 본사의 자금력을 동원해 시장 상황에 따라 손해와 이익을 보면서도 가맹점에 공급하는 가격은 가급적 일정 금액을 유지시켜주는 것이 신뢰를 준다는 점을 유념할 필요가 있다. 식자재는 상호 조금씩 양보를 해야만 풀릴 수 있는 과제다.

✎ 슈퍼바이저 소통

가맹점은 본사에서 자신의 매장에만 국한되어 일어나고 있는 문제에 대한 불만 사항을 가능한 해결해주길 희망한다. 자신의 매장 일만 해결해주면 본사와 소통이 잘된다고 보게 되는데, 매장 여건상 어쩔 수 없는 일이라고 보고 본사는 이해해주는 아량이 필요하다. 다급한 문제를 해결하려고 본사 슈퍼바이저에게 전화를 하면 전화를 받지 않거나 받아도 늦게 통화가 되고, 요청한 사항에 대해 피드백을 안 해주든지 시일이 지나서 회신을 줄 때 본사와 갈등이 발생하는 계기가 된다.

프랜차이즈 사업에서 슈퍼바이저의 역량과 역할은 중요하고 가맹점의 본사 정책 수행을 잘하게 하는 원동력이 되기에 슈퍼바이저는 가맹점과의 소통을 업무 제일 우선으로 놓고 실천해야 한다. 슈퍼바이저로 시작해서 슈퍼바이저로 끝나는 것이 가맹점과 본사의 관계이고 우호도를 좋게 하는 지름길임을 염두에 두고 가맹점과 소통을 하도록 업무 체계를 수립하는 것이 최고의 정책이다.

✎ 클레임 처리

매장의 제반 사항의 고충과 클레임 발생 건에 대해 본사에서 신속하고 정확하게 해결책을 제시해주지 못하고 피드백이 없으면 가맹점과 본사의 갈등은 커지고 신뢰에서 작은 금이 생기게 마련이다. 본사의 구조적인 문제와 슈퍼바이저의 개인차로 인해 프랜차이즈 업계에서 흔하게 나타나고 있는 현상이다.

매장의 클레임은 몇 가지로 한정되어 나타나고 있으므로 본사는 클레임 처리 시스템을 정립하고 매뉴얼대로 추진하면 가맹점과 문제는 자연히 해결될 수 있다.

가맹점의 클레임으로 인해 본사와 갈등을 최소화하기 위해서 중요한 역할을 해야 하는 사람은 슈퍼바이저이다. 가맹점과 원활한 소통이 이루어지고 문제 발생 시 유관 부서와 업무 협조를 통해 빠르게 조치 과정을 피드백해줄 수 있도록 슈퍼바이저 업무 능력을 배양시키는 것이 선행되어야 클레임 관련 갈등을 해소시킬 수 있다. 결국 가맹사업은 사람이 해결해야 하기 때문이다.

Chapter 4

분쟁이 일어나는 원인

🖋 가치 판단

프랜차이즈 사업을 추진하다 보면 이런저런 사유로 가맹점과 분쟁이 끊이질 않게 되는데 분쟁은 최소화하는 것이 상책이다. 가맹점과의 사소한 분쟁이 일어나면 그 후유증은 크다고 할 수 있다. 문제를 해결하기 위해 인력과 시간, 물질이 소요되므로 분쟁 발생 요인을 미리 차단시킬 수 있도록 시스템과 교육을 통해서 정착시키는 지혜가 요구된다.

잘나가는 브랜드의 이미지가 작은 불씨의 분쟁으로 한 번에 추락하는 일이 일어나는 것이 프랜차이즈 현실이다. 지금도 일정 시일이 지나면 본사와 가맹점이 서로 불신하며 법정 소송까지도 불사하는 일이 일어난다. 전체 가맹점이 아닌 일부 극소수 가맹점의 실태이나 본사는 그 후유증이 생각보다 크게 나타나므로 사전 예방이 필요하다.

✎ 강제 판촉

　내셔널 판촉 즉 전국 판촉을 동시에 진행할 경우 본사와 가맹점 간 불협화음이 많이 발생하게 된다. 본사 입장에서는 전국의 고객을 대상으로 실시하기에 홍보 및 고지를 통해 판촉 방법과 기준을 알리므로 무조건 가맹점 의사와 무관하게 실시해야 하는 경우가 발생하기 때문이다. 대형 프랜차이즈 본사에서 연 1회나 2회 실시하기에 사전에 가맹점과의 협의를 마친 후 가맹점 동의를 구하고 실천에 옮기는 것이 우선시되어야 한다.

　지역별로 실시하는 로컬 판촉은 해당 지역 가맹점과의 협의를 마치고 실시하기에 그리 큰 문제가 대두되지 않는다. 모든 판촉을 가맹 본사가 일방적으로 통보하는 방식으로 실시하면 반드시 문제가 나타날 수밖에 없다. 또한 전국 판촉 시 유의해야 할 사항이 판촉물이다. 다량의 제품을 전국에 동시에 공급하기에 국내 생산으로 공급하는 것이 현실적으로 용이하지 않아 해외에서 제조한 물품을 국내에 반입해 공급하는 것이 일반화되어 있다. 그렇기 때문에 제품상 하자로 고객 클레임이 빈번하게 일어나고 있으니 판촉물 선정에 심혈을 기울여야 한다.

　가맹 본사 입장에서는 제품가도 고려해야 하므로 값싸고 품질이 좋은 물품을 찾아야 하는데, 국내 생산 물품을 찾는다는 것이 현실적으로 힘든 상황이므로 마케팅 담당이 물품 선정에 애를 먹는 상황이 실제로 일어난다.

가맹점 수가 많은 가맹 본사일수록 이런 현상은 더욱 심화되고 있다고 볼 수 있으며 마케팅 담당 이직에도 영향을 주는 부분이다. 가맹 본사에서 판촉물을 가맹점 평균 매출 대비 공급 수량을 정해서 일방적으로 떠넘기는 식의 방식을 취하다가 분쟁에 휩싸이는 사례가 있기에 주의를 요하며 물량 강제 공급은 금물이다.

전국 판촉을 시행할 때 일부 가맹점에서 참여를 안 하면 그 지역에 거주하는 고객이 혜택을 입지 못해 본사로 고객 클레임이 오기 때문에 사전에 가맹점 동의를 구해서 협의를 마친 후 실시해야 분쟁의 실마리를 없애고 소기의 성과를 거둘 수 있다.

✎ 상권 중복

가맹점 분쟁에서 현실적으로 가장 빈번하게 일어나고 있는 현상 중의 하나다. 가맹점 입장에서 보면 자기 밥그릇을 뺏는다고 아우성을 칠 수 있는데 충분히 이해가 되는 사유이다. 가맹 본사에서 정한 계약서에 명시한 상권 이격 거리를 지키는 것이 우선이지만 영업 담당이 영업을 하다 보면 본의 아니게 인근 지역에 입점을 시키는 일이 일어날 수 있다.

계약서에 명시한 대로 점포를 개설해도 인근의 기존 가맹점은 왜 가까운 거리에 매장을 오픈하느냐고 불만을 표출할 수 있고, 지금도 빈번하게 발생되고 있는 현상이다. 인접 가맹점 주변에 새로운 가맹점이 오픈한다고 알리는 것이 원칙이지만 사전에 알릴 경우 기존 가맹점의 저항이 워낙 세게 오기에 알리지 않고 오픈시켰다가 탈이 나는 경우가 있다. 기존 가맹점의 성향에 따라 이해하고 넘어가는 가맹점도 있고, 생각보다 세게 본사에 항의하며 온갖 수단을 다 사용해서 본사 횡포를 노출시키겠다고 얼음장을 놓는 경우도 있다.

실질적으로 주변 지역에 매장 입점이 많을수록 브랜드 파워와 가치가 증대되어 유사 동종 업종 브랜드 시장을 잠식시켜 시장점유율이 높아진다. 이는 매출 증대로 이루어지는데 이 점을 가맹점에서 이해하지 못하므로 가맹점에 대한 상권 교육이 절실하다.

계약서에 명시한 방법으로 상권 규정을 준수해서 인근 가맹점을 오픈시켰어도 기존 가맹점에서 느끼기에 거리가 가깝다고 생각되면 걷잡을 수 없는 항의가 본사로 오게 되므로 사전에 가맹점 간에 거리가 멀지 않다고 판단되면 기존 가맹점에 동의를 구하고 설득시킨 후 입점시키는 것이 향후 문제를 유발하지 않는 방법이다. 이 점을 유의해서 점포 개발을 해야 하며, 타 가맹점이 오픈해서 매출이 하락할 시 일정 기간 전년 동월 대비 매출을 보상해주는 지원책을 제시하는 것도 설득하는 하나의 좋은 방법이다.

실질적으로 주위에 본사 매장이 하나 더 오픈했다고 해서 기존 가맹점 매출이 하락하는 사례는 극히 드물다. 일시적으로 매출 저하 현상이 나타날 수 있지만 시일이 경과하면 곧바로 매출에 티가 나지 않는 것이 일반적인 가맹점 실태이기에 보상책 제시는 본사 입장에서 크게 손실을 초래하지 않는 방법이다.

✎ 해지 통보

현재의 프랜차이즈 본사에서 가맹점을 대상으로 일방적 해지를 시키는 일은 극히 미미하다. 해서는 안 될 사항이다. 가맹점은 자신이 가지고 있는 모든 것을 올인해서 매장을 운영하기에 어떤 사유로든지 가맹 본사의 일방적 해지는 본사에 엄청난 후유증을 안기게 되므로 피해야 할 행동이다. 경고장이나 내용증명을 통해 재발 방지를 하고, 본사에 소집시켜서 확약서와 다짐을 받아 반성을 하도록 조치하는 것이 가맹 본사가 해야 할 현명한 방책이다.

가맹 본사는 가맹점과의 분쟁으로 언론 등에 부정적으로 브랜드가 노출되는 것을 피해야 한다. 이 점을 간과해서는 큰 코 다치는 수가 있기에 심도 있게 판단해서 실천해야 한다. 큰 문제를 제기해서 가맹점과 같이 갈 수 없을 정도의 사안에 봉착되었더라도 가맹점이 수긍할 정도의 사전 협의 없이 일방적으로 해지하는 것은 금기 사항이다. 저자 역시 일방적으로 해지시키는 가맹 본사를 경험한 적이 없다. 해지시킬 것 같은 액션만 취하는 본사는 여러 번 경험했다.

✎ 재계약 중단

보통 2년 기간마다 가맹 본사는 가맹점과 재계약을 실시하는 것이 일반적인 관례이다. 본사 입장에서 재계약 열쇠는 가맹점을 제제하고 본사 정책에 따라올 수 있게 하는 큰 무기이다. 특히 브랜드 경쟁력이 높아서 가맹점 수익이 큰 브랜드는 더욱더 그러하다. 계약 기간에 본사 매뉴얼과 정책을 이행하지 않는다고 해서 재계약을 중단하겠다고 엄포를 놓는 슈퍼바이저가 있는데 지양해야 할 사항이다.

본사 정책을 따르지 않은 가맹점에게 재계약을 중단하겠다는 말은 본사 임원급 이상이 조심스럽게 접근해야 할 사항으로, 재계약을 중단할 수도 있다는 말을 우회적으로나 간접적으로 표현해야 하는 부분이다. 가맹점들은 재계약 중단이라는 말에 매우 민감하게 반응할 수 있기에 사소한 부분이 큰 분쟁으로 야기되는 일을 미연에 방지하기 위해서라도 직원 교육을 할 필요가 있다. 절차와 서면으로 단계별 조치를 취해 놓을 필요성이 있다. 가맹점 관리를 하면서 매우 조심스럽게 다가가야 할 부분이 재계약 중단이라는 표현이다. 재계약은 본사에서 실시하고, 계약 기간 동안 슈퍼바이저가 기록해놓은 가맹점 운영 관련 내용을 주지시키면서 실행하는 것이 효율적인 방식이다.

✏ 매뉴얼 미준수

본사에서 정해놓은 가맹점 매뉴얼대로 이행하지 않아 가맹점에 제제를 가할 때, 객관성 있게 실행하지 않아 예기치 않은 분쟁의 씨를 낳는 일이 발생한다. 구두로 교육시키고 1, 2, 3차 절차를 밟아가면서 수위를 높여 가며 제제를 가해야 문제 유발을 막을 수 있다.

가장 흔하게 발생하는 분쟁이 매뉴얼대로 매장을 운영하지 않을 때 일어나는 것이다. 슈퍼바이저를 운영하는 근본적인 이유가 본사 규정대로 가맹점을 운영하게 하기 위해서이다. 가맹점의 매뉴얼 미준수 시 초기 대응을 잘해서 애초부터 차단시키는 것이 본사의 중요한 미션이다. 대부분 가맹점은 매장에서 편리성을 추구하려고 변칙적으로 운영하고 싶은 마음이 한편에 도사리고 있으므로 이를 예방하는 전략과 전술을 수립하여 매뉴얼을 준수하도록 조치하는 것이 필수적으로 요구되고 있다.

로열티 미수금

로열티 징수는 CMS 활용법을 사용하여 사업자 통장에서 자동이체로 빠져나가게 하는 방식이 현명한 방식이다. 가맹 계약서 작성 시 로열티 자동이체에 대한 동의서를 작성해서 매월 자동으로 인출시키는 것이 분쟁을 막는 최선의 방책이다. 세금계산서를 사전에 발행하여 본사 통장으로 입금하는 방식은 미수금 발생 소지가 많을 수 있어서 좋은 방법이 못 된다. 매출이 안 좋은 곳에서 로열티 미수가 발생하기에 가맹점 입장에서는 본사에 더욱 힘든 사항만 늘어놓아서 동정표를 구해 로열티를 면제받는 경우가 있는데, 부진 점포에 대해서는 공식적으로 개월 수를 정해놓고 면제해주는 것이 더 효율적인 방법이 될 수 있다.

브랜드에 따라 다소 차이가 있을 수 있지만 로열티 미수금 발생은 가맹점 매출이 좋은 가맹 본사에는 이슈로 대두되지 않고, 매출이 좋지 않아 본사 경쟁력이 없는 브랜드에서 자주 발생되고 있는 현상이다. 로열티 미수 분쟁은 시스템적으로 보완해서 구조적으로 흘러가게 하는 것이 합리적인 방법이다.

인테리어 공사

어찌 보면 가맹사업하는데 있어서 최초로 본사에 대한 신뢰도를 긍정적이든지 부정적이든지 심어주는 것이 인테리어 공사이다. 도면처럼 공사를 하지 않거나 추가 공사비가 발생되는 경우, 창업 상담 시보다 과하게 공사비용이 들고 마감재가 깔끔하게 처리되지 않는 경우, 공사시일이 예상보다 길 경우 등 다양한 문제로 인해 인테리어 분쟁이 나타난다. 별로 대수롭지 않게 여길 수 있는 부분이 인테리어 공사인데 여기서부터 본사와 가맹점 간의 첫 번째 이미지와 첫인상이 좌우된다. 그러므로 공사와 관련해서 중요성을 인식하고 본사 공사팀과 현장에서 일하는 인테리어 업체와 긴밀한 상호 공조를 통해 창업자 만족도를 높여주는 일이 우선시 되어야 분쟁을 피해갈 수 있고 브랜드 파워를 증대할 수 있다.

인테리어에서 불만이 초래되면 본사에서 운영상의 문제점을 제기할 때 두고두고 공사 부분을 가지고 합리화하거나 정당화시키므로 주의해야 한다. 본사 직영 인테리어 업체가 공사할 경우는 분쟁 발생 시에 서로 협의해서 처리해나갈 수 있는 부분이 많지만 외주 공사팀이 시행할 경우는 삼자가 분쟁에 휘말리는 일이 생겨서 문제가 시끄러워질 여지가 농후하다. 결국 누가 더 자금을 부담하느냐가 관건으로 대두된다. 가맹점 입장에서 프랜차이즈 업종을 택할 경우 본사의 인테리어가 마음에 들어 창업을 결심하는 일이 크기에 가맹 본사는 창업자 만족도를 높이는데 많은 시간과 애정을 쏟아야 한다.

✎ 마케팅 및 홍보 비용

본사 브랜드 가치 증대와 브랜드 파워를 만방에 알리고자 마케팅 및 홍보 비용을 가맹점 동의 없이 물류 대금에서 공제하여 시행했을 때 분쟁이 일어나는 경우가 많이 나타나는 편이다. 가맹 계약서에 마케팅 및 홍보 비용을 본사와 함께 분담한다는 내용이 명기되어 있음에도 불구하고 가맹점에서 피부로 느끼는 척도는 본사 입장과 많이 다르기에 본사에 대한 저항을 표출하게 된다. 자금에 관한 한 가맹점은 부정적인 면이 더 크게 작용하기에 이런 현상이 심화되어 나타난다고 볼 수 있다.

브랜드 가치를 올리기 위해 가맹점에 동의를 구하고 본사에서 자금을 집행했더라도 가맹점은 본사에서 갹출한 자금을 전부 지출해서 사용하였는지를 의심하기에 본사는 마케팅 및 홍보 비용에 소요된 금액을 투명하게 공지할 의무가 있다. 이를 시행하지 않고 결과를 알리지 않을 때 그 이후의 마케팅 및 홍보 관련한 공동 분담은 어려워질 수밖에 없으므로 이 점을 본사는 명심해야 한다.

사실 본사 입장에서는 CF 촬영 후 방송 방영을 한두 번만 전략적으로 제외해도 엄청난 비용을 세이브하는 효과를 거둘 수 있기에 얼마든지 본사에게 유리하게 활용할 수 있다. 다만 가맹점에서 모르고 넘어가는 것이지 통상적으로 알 수 있는 부분이므로 원칙대로 실시하는 것이 길게 보아 브랜드 가치를 올리고 본사와 가맹점 간의 신뢰도를 높여 함께 상생하는 길이 될 것이다.

✎ 창업 상담

영업 담당의 말 한마디가 불씨가 되어 상담 시 약속이 불이행되어 분쟁을 일으키는 경우가 있다. 영업 수당에 급급해 실적을 내려고 없는 말 있는 말 등을 과대 포장해서 일어나는 현상인데 영업 담당의 자질에 따라 많이 나타날 수도 있고 없을 수도 있는 부분이다.

매출 항목과 수익성 및 공사 대금이 주를 이루고 있다. 평균 매출과 수익성은 가맹점 입장에서는 매우 민감하게 작용하는 항목이므로 심사숙고해서 전달해야 한다. 이 부분에 대해 본사는 사전에 영업 인력에게 올바른 영업 상담 기법에 대해 철저한 교육을 시켜야 한다.

영업 목표를 달성해야 하므로 실적 위주로 치고 빠지는 식의 영업을 할 때 발생하는 일반적인 오류 현상으로 흔하게 일어나고 있다. 특히 여러 브랜드를 창업만 전문으로 하는 영업 담당한테서 자주 나타나는 현상이다. 영업 담당은 이 점을 방지하기 위해 되도록 본사 직영 사원으로 인력을 구성해서 점포 개발을 시킬 필요가 있다.

일부 몰지각한 영업 담당은 의도적으로 거짓된 상담과 지키지 못할 약속을 하면서 계약을 체결하는 사례가 있으므로 영업을 총괄하는 부서장과 본사 CEO는 이 점을 유심히 관찰해 과정 관리를 철저히 점검하고 실적 관리를 하는 등 보상 제도를 명확히 해야 한다.

✎ 임원 일탈

등기된 임원이 사적인 말과 행동으로 브랜드 가치를 실추시켜서 가맹점의 매출을 현저하게 하락시키고 가맹점 권리를 다운시켰다고 판단될 때 가맹점에 분쟁의 실마리를 제공할 수 있다. 사업을 시작하여 자신도 모르게 가맹점이 확산되어서 돈과 명예를 얻게 되면 임원은 본인의 의지와 무관하게 자칫 사회 규범을 어겨 일반 국민에게 지탄받아 마땅할 언행을 일삼게 되는데, 제대로 임자를 만나면 오너 리스크에 걸려 낭패를 보게 된다. 임원은 졸지에 일선에서 물러나고 외인으로 살게 되는 처지에 놓이게 되므로 항시 긴장의 끈을 풀지 말아야 하며, 등기된 임원은 주의를 요해야 한다. 순간의 실수가 인생을 망친다는 생각을 해야 한다.

갑자기 부와 명예를 얻으면 정작 본인은 별로 대수롭지 않게 생각하며 상대방을 무시하거나 교만에 빠지게 되며, 문제가 생기면 돈으로 해결하려는 생각이 먼저 들게 되니 더욱 조심해야 한다.

작금의 현실에서도 굵직한 프랜차이즈 본사 CEO의 실수로 한순간에 가맹점 매출이 저하되고 도덕성이 땅에 떨어져서 얼굴을 못 내밀고 지내는 경우를 볼 수 있다. 오너 리스크는 더 크게 이슈화되거나 부각되고 언론에서도 건수를 잡아 이슈를 만들려고 할 수 있기에 프랜차이즈 등기 임원은 자나 깨나 명심하면서 경영 활동과 올바른 사생활을 해야 한다.

✎ 사입 제품

가맹 본사마다 명칭이 다소 다르게 불리는데 '물류 이탈'이라고도 한다. 가맹점에서 사입 제품을 사용하는 순간부터 본사의 경쟁력은 무너지기 시작하므로 대부분 가맹 본사는 가맹점에서 사입 제품을 사용할 경우 가맹점 제제에 박차를 가하고 있다. 가맹점은 불이익을 당할 경우 온갖 이유를 들어 방어를 하는 것이 일반적이다. 예를 들어 본사 원부자재가 품질이 불량하다든지 공급가가 상대적으로 비싸서 남는 것이 없어서 어쩔 수 없이 사입 제품을 사용했다고 변명하는 일이 많다.

사입 제품 사용은 가맹 계약 위반이므로 말로만 지도해서는 안 되고 행정적으로 단계별 지도 및 교육 관리를 해야 한다. 타 가맹점에 영향을 끼치는 부분도 전하면서 몇 번의 지도에 부응하지 않을 경우 재계약 중단 카드를 던질 필요가 있다. 물론 이 경우 본사에 소집해서 임원급 이상이 전하는 것이 부작용 없이 효과를 볼 수 있다. 사입 제품을 사용하는 가맹점이 많을수록 메이저급 본사가 될 수 없기에 유심히 가맹점 운영 상태를 점검하고 지도 감독하는 것이 절실히 요구된다.

　본사에서 원부재료 주문 대비 매출을 파악해서 평균 이하의 식자재 공급을 보이는 가맹점은 집중적으로 체크하고 관리해서 강력한 본사 운영 시스템을 심어줄 필요가 있다. 사입 제품을 사용하면 사업의 근간인 전국 통일성이 결여되는 것이 큰 문제이며 타 가맹점으로 파급되어 프랜차이즈 본연의 기능이 희석될 여지가 있기에 본사는 사입 제품 근절에 대해서 강하게 대응하고 조치해야 하는 것이다. 지금도 가맹점 관리에 소홀한 본사의 브랜드는 사입 제품 사용이 만연되고 있다고 해도 지나친 말이 아니다. 이러한 브랜드는 대형 프랜차이즈로 갈 수 없다고 해도 결코 틀린 표현이 아닐 것이다. 사입 제품을 막는 최선책은 좋은 재료를 경쟁력 있게 공급할 수 있는 본사의 노력이 있어야 가능한 일이다.

원가 인상

　원부재료에 대한 인상은 물리적으로 해결할 수 없는 사항임을 알면서도 가맹점과의 분쟁이 끊이지 않게 대두되고 있다. 본사도 사회 현상으로 인해 협력 업체로부터 받는 공급가 인상이 불가피해서 어쩔 수 없이 가맹점에 공급가를 인상하게 되는데 가맹점 입장에서 현실 여건을 수긍하지 못해 원가 분쟁의 소지가 나타나고 있다.

원가 문제는 타 분쟁과 달리 가맹점의 집단행동으로 이어질 소지가 다분하기에 본사 측에서 볼 때 큰 분쟁이라고 할 수 있다. 공급가 인상은 결국 판매가 인상으로 이어져 고객으로부터 가격 저항을 받아 매출 저하로 이어지며, 수익 면에서 감소 추세를 보이게 될 수 있어서 가맹점 저항이 클 수 있다.

가맹점이 민감하게 반응할 수 있기에 가맹점을 설득할 논리가 쉽지 않을 수 있어서 본사는 큰 틀에서 의사 결정을 하여 가맹점과 소통하며 분쟁을 해결해야 한다. 자금력이 풍부한 대형 프랜차이즈 본사는 원부재료 가격이 급등하면 일부 인상가에 대해 가맹점에 보전해주고 원부재료 가격이 인하되면 이익을 추구해서 적정 공급가를 항시 유지해주는 전략을 취하는 경우도 있는데, 가맹점 반응이 좋고 생산적이고 합리적인 처사라고 할 수 있다.

Chapter 5

가맹 분쟁 조정 절차

📝 분쟁 조정 방법

본사와 가맹점 및 가맹 희망자 간에 발생한 가맹 사업 거래에 관한 분쟁은 가맹사업거래분쟁조정협의회를 통해서 해결이 가능하다.

분쟁 진행 과정은 다음과 같다.

(1) 공정거래위원회

신청인(불공정 거래 피해 사업자, 가맹사업 분쟁 당사자)이 공정거래위원회 한국 공정거래 조정원에 서면으로 신청할 수 있다. 공정거래위원회 신청 건은 검토 후 직접 조사를 통해 10일 이내 통지해주어야 한다.

(2) 한국공정거래조정원

한국공정거래조정원 접수 건은 자료 제출 및 직접 출석 요구를 하여 사실 확인 조사를 한다.

(3) 조정 성립

조정 절차를 스스로 합의한 경우와 협의회 조정안을 수락한 경우 조정 절차를 종료하게 된다. 당사자가 원하는 경우 조정 조서를 작성하고 분쟁 당사자가 공정거래위원회에 이행 결과를 제출한다.

(4) 조정 불성립

일방의 조정 거부와 일방의 자료 미제출, 출석 및 출석을 불응하여 조정 절차가 종료된 경우 조정 절차 종료 사실을 공정위에 보고 처리한다.

(5) 조정 종결

가맹사업법 적용 대상이 아닌 경우 및 공정거래위원회 조사 중 취하와 소 제기 및 폐업 등으로 조정 절차가 종료되었을 시 한국공정거래조정원에서 조정 절차 종료 사실을 공정위에 보고 처리한다.

✎ 분쟁 조정 효과

(1) 조정 성립 시

분쟁조정협의회에서 조정이 이루어진 경우 특별한 사유가 없는 한 공정거래위원회가 시정 조치 및 시정 권고를 안 한다. 당사자 간에 조정 조서를 작성하는 경우 재판상 화해와 동일한 효력을 지닌다.

(2) 조정 불성립 시

분쟁조정위원회에서 조정이 불성립된 경우 그 사실이 공정거래위원회에 보고된다.

✎ 신고 조사 대상

공정거래위원회의 조사 개시 대상이 되는 가맹사업 거래는 3년이 경과되지 아니한 것에 한한다. 단 거래 종료된 날부터 3년 이내에 신고된 가맹사업 거래의 경우는 그렇지 않다

✎ 행정 제재 및 형벌

(1) 시정 조치 및 과징금 부과

① 가맹금 예치 의무

② 정보공개서 제공 의무

③ 허위 과장된 정보 제공 등의 금지

④ 가맹금의 반환

⑤ 가맹 계약서 교부

⑥ 불공정 거래 행위 금지

⑦ 가맹점 사업자 피해보상보험

(2) 형벌 부과

① 허위 과장된 정보를 제공하거나 정보공개서의 중요 사항을 누락한 자

② 시정 조치 명령을 따르지 않은 자

③ 가맹점 사업자로부터 예치 가맹금을 직접 수령하거나 정보 공개서 숙고 기간을 위반하여 가맹금을 수령하거나 가맹계약을 체결한 자

✎ 신고 사건 처리 절차

① 공정거래위원회 사무처에 신고(안건 상정)

② 공정거래위원회 사무처에서 분쟁조정협의회로 조정 의뢰

③ 공정거래위원회에서 법 위반 인정 시 행정 처분하며 법 위반 해당 안 될 경우 무혐의 처리

④ 불복 시 이의 신청 및 행정 소송 제기

PART 03

가맹점 확산 프로세스와
교육 과정

Chapter 1

영업의 핵심

✎ 영업 환경

사람을 만나서 이야기하는 것을 영업 활동이라 할 수 있다. 사람은 아는 사람과 모르는 사람이 있는데 아는 사람을 연고 또는 지인이라고 부른다. 일반적인 영업 활동은 지인을 활용해 소개에 의한 영업을 하는 것이 체결률이 높다. 현대는 순수 개척 영업은 시간 및 물질 투자 대비 성공률이 극히 약하기 때문에 소개에 의한 개척 활동을 해야 성공률이 높다. 키맨을 찾고 협력자를 누가 얼마만큼 확보하고 있느냐가 영업 성패의 지름길이다.

프랜차이즈 영업은 일반 영업과 크게 상이하다. 예비 창업자가 투자하는 창업비가 적지 않은 돈이기에 영업 실적을 거두기 위해서는 영업사원의 영업력도 무시할 수 없으나 그보다도 브랜드 파워가 있어서 수익 창출이 될 거라는 확신이 서야 창업자가 마음을 움직인다. 영업 담당의 영업 역량에만 의존해서는 좋은 결과를 만들기에는 역부족이다.

예전에는 바람 영업이 먹혔다는 표현을 할 수 있으나 현재는 관리 영업이 목표를 달성하는데 훨씬 효과적이다. 예비 창업자에게 업종 환경 및 시장 전망에 대한 확신을 주고 경쟁사 대비 당사 경쟁력을 피력하여 예비 창업자에게 브랜드 비전과 성공 확신, 수익 창출의 확신을 줄 수 있어야 계약 체결이 손쉽다.

영업은 남의 정신으로 해야 오래 지속적으로 성과를 낼 수 있다. 역설적인 논리일 수 있으나 내 정신으로는 일정한 시점에서는 회의를 느끼고 힘에 부쳐서 지치게 된다. 이런 현상을 이겨 내기 위해 영업 사원에게 성과급이라는 보상을 해주는 것이다.

예비 창업자와 1차로 유선 상담에 임하는 사원의 대응력도 중요하다. 전화받는 여직원은 접수 자체로만 끝내고, 실질적인 영업 상담은 영업 전문가가 할 수 있도록 업무 시스템을 갖추는 것이 좋다.

영업 담당은 창업자 상담 시 기본적인 사항을 숙지하고 있어야 하는데 출점 가능 지역은 상세하게 머릿속에 넣고 있는 것이 필요하다. 창업자는 상담하는 사원이 상권과 관련하여 해박한 지식을 갖추었다고 판단될 때 본사에 대한 믿음을 빠르게 갖게 된다. 영업 사원이 일이 많다는 것을 창업자에게 굳이 심어줄 필요는 없다. 바쁜 일정으로 자신한테 소홀히 할 거라는 짐작의 빌미를 제공할 수 있어서이다.

상담 시 영업 사원이 지나치게 자신을 과시하는 것처럼 비추어지지 않게 하는 것이 좋으며 두 번 듣고 한 번 말하는 태도를 갖는 것이 좋다. 창업자의 투자금을 파악하는 능력을 갖추어야 하며 브랜드 경쟁력

위주로 설명하는 습성을 지니는 것이 좋다.

현장 상담은 점포 개발 확인 시 실행하는 것이 좋고, 최초 만남은 본사에서 이루어지도록 유도할 필요가 있다. 영업 담당 스스로 브랜드에 대한 자긍심과 확신을 갖고 당당한 목소리로 순발력 있게 창업자가 처해있는 여건과 환경에 적합하게 맞춤형 상담을 해줄 수 있는 능력을 갖추는 것이 필요하다.

✎ 신규 창업자

(1) 속성

창업을 희망하는 신규 창업자는 단순히 물건을 구입하는 것이 아니고 큰 금액을 투자해 매장을 오픈해야 하기에 아이템 선정에 많은 고심을 할 수밖에 없다. 브랜드 강점 및 본사의 경쟁력이 예비 창업자의 브랜드를 선택하는 기준이 된다. 창업을 하려고 마음을 먹고 아이템을 결정한 신규 창업자는 영업 담당과 상담 과정에서 결심하는 경우가 많다. 창업은 아무리 잘해주어도 안 할 사람 안 하고, 조금 서운하게 해도 할 사람은 하게 되어 있으나 영업 담당의 역량과 상담 기법 및 태도도 무시하지 못한다.

대다수 예비 창업자들은 브랜드가 마음에 들었을 시는 본사를 방문하여 믿음이 가는 본사인지를 파악하고 영업 담당의 브랜드 상담을 들어보고 판단하겠다는 마음을 가지는 것이 대다수이다. 현대는 시중에 오픈되어 장사진을 이루고 있는 브랜드에 이미 마음을 굳힌 상태로 본사에 상담 받으러 오는 예비 창업자가 많은 편이다. 그만큼 예비 창업자 스스로 브랜드와 아이템에 대해 이미 알아볼 것을 다 알아보고 창업 시장에 뛰어드는 경우가 많다.

예비 창업자의 가맹 본사 선택 기준은 다음과 같다.
① 장사가 잘 돼서
② 지인의 직접적인 권유
③ 계약 조건이 좋아서
④ 성장 가능성이 있어서
⑤ 뜨는 아이템이라고 해서
⑥ 운영 노하우가 있다고 해서
⑦ 브랜드 스토리가 믿음이 가서

신규 창업자가 상담하러 왔을 때 체결률이 높을 경우는 부부와 가족이 방문할 경우다. 개인이 홀로 방문하거나 특히 남자가 혼자 상담 받으러 왔을 때는 클로징 시키기가 쉽지 않다. 거금을 투자해서 창업을 하는 상황에서 본사 방문 상담을 권유했는데 현지 상담을 원하는 예비 창업자는 진성 고객이 아닐 확률이 높은 편이다. 창업을 희망하는 경우 현지 상담보다는 본사에서 상담하는 업무 방침을 정하고 추진하는 것이 좋다. 신규 창업자의 진성 고객과 가성 고객 차이는 본사에 방문하면서 누구랑 오느냐를 보면 어느 정도 감을 잡을 수 있다. 이것은 계약이 체결된 수치에 입각해 입증이 된 사실이다.

(2) 평가 제도

신규 창업자를 사전에 평가해서 가맹점을 내주어도 무방하고 적정하다는 판단을 할 때, 창업을 승인해주어야 한다고 주장하는 프랜차이즈 경력자들의 목소리가 항간에 있는데, 매장 운영과는 현실성이 극히 떨어지는 주장이다. 외식업의 속성상 적성 검사라든지 면접을 통해서 적임 창업자를 정한다는 것은 어불성설이고, 실제적으로 현장 경험에 비추어 볼 때 적성 검사 점수가 높은 창업자가 매장 운영을 잘하는 것과 비례하지 않는 것으로 나타났다.

필자가 실제 예비 창업자를 대상으로 실행해본 결과 의외의 결과가 나왔다. 창업 적성 검사 시 부적격 판정을 받은 사람에게 매장을 오픈시켜주었더니 적성 검사 합격 판정받은 예비 창업자보다도 매장 운영을 더 잘한다는 사실이다. 이런 결과가 외식 시장이 갖는 속성이고 특징이다. 신규 창업자 사전 평가 제도는 의미가 없다고 표현해도 틀리지 않다. 창업을 희망하는 사람을 상담할 경우 선입견을 품지 말아야 한다는 것을 증명해주는 결과라고 보면 된다. 외형과 내면이 다르다는 것을 재삼 확인해주는 경우이다.

예비 창업자를 평가할 때는 서류에 의한 평가보다는 대화를 통해 브랜드를 알고 있는 상식과 운영 계획 및 사업 마인드를 파악해서 가맹점을 운영할 수 있도록 해주는 것이 효율적인 방법이다. 외식업을 하려고 작정한 사람을 객관적인 서식에 의한 틀에 의존하여 가부를 결정한다는 것 자체가 모순된 사고이다. 매장을 운영하는 모범 답안은 존재한다. 시험 성적으로 사람을 평가해서 그 답안을 찾기보다는 교육을 통해 사고를 전환시켜 운영 해법을 모색하는 것이 정답이다.

✎ 영업 사원

영업에 왕도는 없다고 하지만 정도는 반드시 존재한다. 가맹점 개설 담당은 다다익선이다. 영업 인력은 입사 후 최소한 20일이 지나면 영업 능력을 판단할 수 있다. 성실함과 꾸준함이 있고 자사 브랜드에 대한 확신이 있으며 성과급에 욕심을 내야 영업 실적을 내는 데 도움이 된다. 영업은 본사에서 누군가 실시간으로 활동 관리에 대해 보고를 받고 활동 지침을 주어야 한다.

본사에 접수된 D/B에 대해 그간의 실적 분석을 해서 체결률이 높은 영업 담당에게 많은 D/B를 배분해주는 원칙을 정한 후 영업 인력을 관리하는 것이 점포 확산에 유리하다. 상권 분석에 조예가 깊고 영업을 천직으로 아는 진정한 프로 정신을 가진 영업 담당을 확보해야 한다.

본사 소속이 아닌 창업 오더맨을 활용한 영업은 지양해야 한다. 여러 브랜드를 소속감 없이 영업 활동을 하는 오더맨은 실적 위주로 영업하기가 쉬워서 되도록 피하는 것이 낫다. 영업 사원의 활동 관리를 실시간으로 체크하고 평가하는 영업 사원 리더의 역할이 영업 실적과 밀접하게 연관되어 있어 영업 경험이 많고 능력 있는 영업 관리자를 보유하는 일도 간과해서는 안 된다.

영업 사원이 자신이 오픈한 매장을 오픈 후 3개월 동안 유선 및 현장 방문으로 사후 관리를 해주며 관심을 갖고 있다는 것을 심어주면 예비 창업자 물색에 도움을 받을 수 있다. 본사의 가맹점에 대한 관심도를 재고해주는 계기가 되어 우호도가 좋은 가맹점으로 만들 수 있고, 영업 사원 입장에서는 가맹점 소개를 통해 추가 계약을 이룰 수가 있어 여러모로 필요하고 장려해야 할 방법이다.

가맹점의 확산이 활성화되면 예비 창업자는 저절로 많아지게 되어 본사에서 특별한 창업 마케팅을 안 하여도 창업 문의가 쇄도한다. 브랜드 파워가 좋은 본사의 영업 담당은 영업 활동을 하는 것이 아니라 창업자가 질문하는 것에 응답해주는 상담사 역할을 한다. 브랜드를 확정하고 기본 창업 과정을 질문하는 것에 그치는 것이 전부여서 영업 담당은 본사의 창업 프로세스와 브랜드 특징만 상담해주면 되기 때문이다. 창업할 사람은 어떻게 해서라도 하는 것이 일반적인 관례이지만 영업 담당의 영업력도 무시할 수 없는 대목이다.

영업력이 탁월한 영업 사원은 계약 체결 확률이 높아 많은 영업 수당 수혜를 받는 것을 볼 수 있다. 영업 사원이 급여를 풍족하게 가져가는 본사가 메이저급이 된다.

주지해야 할 부분은 영업 담당은 한곳에 오랫동안 근무하는 일이 극히 적다. 영업 실적 때문에 자의반 타의반 퇴사하는 경우가 흔하다. 어느 브랜드 본사든지 1명 정도의 우수한 영업 능력을 겸비한 직원이 있고, 그 직원이 개설 실적 전체의 반 이상을 차지하게 되는 일이 많은 편이라 우수 영업 사원을 둘 수 있도록 노력해야 한다. 참고로 영업 사원은 누군가 활동을 통제한다는 인식을 주어야 좋은 성과를 낼 수 있으므로 관련 업무 책임자가 실시간 활동 관리를 체크해주도록 영업 시스템을 만들어야 한다.

✎ 유능한 영업 사원

영업 실적이 우수한 사원의 공통점은 성실함과 우직함이다. 브랜드에 대한 확신과 상대에 맞는 맞춤형 상담을 할 줄 아는 능력을 겸비해야 가능하다. 영업을 잘하는 사람은 평생 영업맨이라고 자부하며 주어진 일에 긍지를 지니고 사명감을 갖고 일한다. 유능한 영업 사원은 계약 체결한 창업자에게 좋은 인상과 이미지를 심어주어 유대 관계를 계속적으로 해나가면서 추가 계약자를 소개받는 일이 많다. 실제로 매월 우수한 영업 실적을 올린다는 것이 쉬운 일이 아니다. 브랜드력이 뛰어나서 예비 창업자 발생이 많아 상담 자체가 많으면 유리하나 외식업이 국내 경기 영향을 많이 받아서 여건이 좋은 브랜드가 그리 많은 편이 아니기에 생각보다 좋은 영업 환경이라고 볼 수 없다.

영업 인력이 다수 포진된 본사에서는 영업 사원끼리 D/B를 나누어 배분받기에 많은 실적을 올리기가 용이하지 않은 상황이다. 이런 불리한 조건에서도 능력 있는 영업 사원은 장애 요인을 극복해 자기만의 영업 스킬로 무장해서 좋은 실적을 보이고 있다. 창업자와 상담하는 접근 자체가 남다르고 자신감과 당당함 속에 영업 활동을 하면서 자기 관리를 잘하고, 클로징하는 기법을 터득하고 있다. 유능한 영업 사원이 갖추고 있는 일반적인 공통점이다. 또한 상대에게 호감을 주는 말씨와 태도도 실적을 올리는데 한몫하는데 이런 부문도 겸비하고 있다고 볼 수 있다.

어느 분야나 영업이 어려운 것은 단기간보다는 장기적으로 계속해서 실적을 거두어야 한다는 것이다. 진실함과 진정성으로 사람을 대할 줄 알고 브랜드에 대한 지식으로 무장한 상태에서 창업자의 특성에 부합하게 브랜드를 어필하고 경청할 때 실적으로 연결되어 유능한 영업 사원이 될 수 있다. 기본적인 품성이 미흡한 영업 사원은 조기에 파악해서 타 보직으로 인사 조치를 해주는 것이 본인과 회사에도 도움이 된다.

경험한 것에 비추어볼 때 유능한 영업 사원은 체질적으로 영업이 적성에 맞아야 한다. 자기 관리를 잘하며, 브랜드 경쟁력을 당당하게 설명할 수 있을 때 훌륭한 영업 실적을 오랫동안 거둘 수 있다.

✎ 영업 수당

영업 사원은 직급별로 기본급을 책정하고 건수 실적에 따라 성과급을 지급하는 경우와 실적에 상관없이 고정급을 주는 급여 테이블 제도로 구분된다. 어느 것이 좋다고 말할 수는 없다. 영업에 자신이 있고 프로 근성을 가진 영업 사원은 성과급제를 더 선호하는 편이다. 개인이 원하는 성향에 따라 성과급제와 고정급으로 이원화시켜 지급한다는 것이 현실적으로 성립하기가 어렵다. 어떤 형태든지 하나를 택해서 일괄적인 급여 제도를 운영하는 것이 대부분의 가맹 본사 실정이기 때문이다. 고정급을 주고 연말에 성과급제를 실시하면 고참급 영업 사원한테 효과가 좋다.

정기적인 급여를 주면 안정적인 생활을 할 수 있어서 브랜드와 같이 한다는 사고를 지니게 되어 성실하게 영업 업무를 수행할 수 있는 환경이 마련되는 장점이 있다. 브랜드력이 좋은 회사에 해당되는 경우이다. 예비 창업자들의 문의가 많은 본사에 적용하면 좋다. 연간 실적 건수로 연말 성과금을 지급하는 시스템을 수립하면 더욱 효과가 좋은 제도이다.

기본급에 성과급을 지급하는 제도는 개인차에 따라 극명하게 성과급이 나누어져 영업 사원 정착과 탈락이 조기에 결정되어 지속적이고 안정화된 영업 조직으로 정착되기가 곤란한 여건에 놓일 수 있다. 실적과 성과급에 급급하여 정상적인 상담을 못하고 예비 창업자에게 공수표를 던져 창업자에게 본사 신뢰도를 헤치는 일이 생길 수 있어서 사전에 교육을 시켜 그러한 일이 발생하지 않도록 해야 한다. 요즘은 예전과 달리 영업 조직 구성을 양보다는 질 위주로 운영하고 있어 내실을 기하는 쪽에 무게를 두고 있는 편이다. 가맹점을 일정 수 이상 운영하고 있는 본사는 영업 경험이 풍부한 영업 사원 한 명을 두고 점포 개발 업무를 추진하는 사례도 있다. 능력을 갖추고 있다면 충분히 가능한 일이다.

일반적인 영업 수당 체계는 사원, 대리, 과장, 부장, 임원의 기본급을 직급별로 간격을 두고 책정하여 지급하고, 실적 대비 수당을 별도로 추가 지급하는 형태로 영업부를 운영하고 있다. 프로 근성을 지닌 영업 사원은 실적에 따른 성과급을 원하게 되어 있다. 안정적이고 안일한 사고를 지닌 영업 사원은 실적을 내는데 시일이 많이 소요되고 우수한 성과를 내기 어려워 고정급을 선호할 수 있다. 영업 경력이 많은 베테랑은 예외일 수 있다. 매월 영업 실적과 성과급에 연연하는 자체가 싫어서 고정급을 선호하는 경우도 의외로 영업 현장에서 많이 일어나고 있다.

성과급은 건별로 지급하는 경우와 누적 건수 실적별로 차등 지급하는 제도, 한 달 동안 본사에 입금된 공사 대금 총액에 따라 퍼센트별로 차등 지급하는 제도 등 다양하니 본사 현실에 적합한 제도를 선택해서 추진하면 된다.

영업 수당은 영업 담당과 영업 부서장을 차등으로 별도로 책정하는 것이 효율성 면에서 효과적이다. 영업은 홀로 장기간 성과를 내기가 만만치 않다. 시일이 지나면 나태해지기도 하고 싫증도 나기에 누군가 채찍질을 가해야 하는 특수적인 성격의 미션이기에 통제 기능이 절실히 요구되는 분야이다.

영업은 기를 먹고 사는 분야라 할 수 있으므로 본사 여건에 맞는 영업 수당 체계를 정립해서 도전 의욕을 고취시키도록 해야 양질의 우수한 영업 실적을 보여 가맹점 확산이 순탄하게 될 수 있다.

영업 담당이 본사와 궁합이 맞을수록 실적이 나게 되어있고, 반대인 경우 한 달 한 달 지내는 것은 서로에게 무의미한 시간이 된다. 어느 본사든지 영업 담당의 급여는 유능한 영업 인력을 확보하기 위한 수업료 개념이라고 볼 필요가 있다.

불완전한 영업 활동을 피하기 위해 영업 사원이 오픈시킨 가맹점의 3개월 매출에 대한 보상 체계를 마련하여 실행하면 좋은 입지와 상권에 매장을 오픈시킬 수 있어 브랜드 가치 증대에도 크게 이바지하는 결과를 초래하니 참조해볼 만한 제도이다. 영업 수당이 많이 지급되는 본사가 잘되는 것은 자명한 진리이다.

✎ 점포 개발

사람이 경제활동을 위해 선택하는 장소를 입지라고 말한다. 일정한 지역을 중심으로 재화와 용역이 이루어지는 공간적 범위가 상권이라 하고, 장사가 잘될 것 같은 자리를 찾는 작업을 '입지 상권 조사를 한다'라고 표현한다.

점포개발팀을 일반적으로 프랜차이즈 본사에서는 영업팀과 같은 맥락으로 통칭한다. 점포개발팀은 순전히 창업자가 장사하기 위한 점포를 구하는 점포 개발을 주 업무로 하는 부서이고, 예비 창업자의 관심 사항에 대한 창업 상담을 전담하는 부서는 영업팀으로 조직도를 구성하는 본사도 있다. 본사 여건에 맞게 조직을 편성하는 것이 좋다.

점포 개발자의 점포 입지 선정 기준은 주관적일 수밖에 없기에 참고만 하고, 결정은 창업자가 하도록 해야 탈이 안 생기고 향후 분쟁의 소지를 없앨 수 있다. 창업자의 자금력에 적합하게 마음에 드는 점포를 구하는 것이 생각처럼 쉽지 않기에 창업자 스스로가 실시간으로 발품을 팔아 선택한 점포를 본사 점포개발팀에서 현장 실사를 통해 입지 타당성을 분석해주는 것이 합리적인 처사이다. 이것은 부동산 시장이 갖는 고유의 특성 때문에 그렇다. 같은 입지라도 점포 개발자마다 상이하게 판단하기에 최적의 점포 상권은 오픈해 봐야 확인할 수 있어서 창업자의 의중을 반영한 점포 결정이 무난한 점포 개발 프로세스이다.

　대중적이고 확장성이 있는 아이템의 양호한 입지 조건은 아파트 단지를 끼고 있으며, 주변에 1차적인 식당 상권을 형성하고 도롯가를 접한 장소라고 할 수 있다. 역세권이 양호한 입지가 되는 브랜드는 점포 확산하는데 초기 투자비가 크기에 상대적으로 용이하지 않다.

　점포를 사전에 개발하고 예비 창업자에게 점포를 추천해주는 영업 시스템을 갖춘 본사는 최적의 입지에 가맹점을 오픈하는 것을 원칙으로 하고 있다. 이는 자금력이 있는 창업자를 대상으로 하는 경우에 효과적이고 필요한 점포개발 방법이다. 창업비가 많이 소요되는 가맹 본사에서 실시하고 있는 방법이다. 아예 처음부터 물질적으로 여유 있는 창업자를 대상으로 개설한다는 선결 조건이 따르는 제약이 있다. 역세권 및 오피스 상권 등 유동인구와 상주인구가 함께 많은 지역이 대표적이다.

　요즘 창업자는 부동산에 해박한 지식과 상권을 보는 조예가 깊은 편이다. 간혹 점포를 구하지 못해 오픈이 늦어지는 창업자는 점포개발팀에서 나서서 점포를 물색해주는 것이 효과적이다. 점포개발은 점포개발 담당 간의 보유 점포 공유가 필요하고 신속히 점포를 결정하는데 효율적이므로 부동산 점포망을 개설해서 본사에서 활용할 필요가 있다. 본사에서 점포를 물색해줄 경우에는 가급적 2개에서 3개의 점포를 보여주도록 하고 많은 점포를 보여주는 것은 피하는 것이 좋다.

좋은 점포는 오래 기다려 주지 않음을 강조하고, 입지 상권 조사와 점포 물색은 매출이 좋은 장소를 찾아주는 일이라고 할 수도 있지만 부진을 피하기 위한 것이 더 크다는 것을 창업자에 알려주는 것이 본사 입장에서는 유리하다. 점포를 브리핑해준 후 창업자가 결정하는 시간을 가급적 줄일 수 있도록 해야 점포 확정이 용이해지므로 유념할 필요가 있다.

점포 계약 시는 건물의 공동 소유 여부를 알아보고, 권리금 이전 시 인수 품목 등을 본사에서 도와주면 창업자의 신뢰를 얻기에 좋은데, 요즈음은 창업자 스스로 진행하는 경우가 일반적이다.

✒ 계약 클로징

영업은 아무나 할 수 있지만, 누구나 계약을 체결하는 것은 아니다. 축구에서 골을 잘 넣는 골게터가 있는 것처럼 창업 상담자와 영업 활동을 하면서 좋은 실적을 거두는 영업 담당은 무언가 남다른 자신만의 탁월한 영업력을 소유하고 있다. 영업 담당의 영업 능력은 얼마만큼 신속하게 계약을 클로징하느냐와 상담 고객 대비 계약 체결률로 가늠할 수 있다.

다음 달에 추진하려는 고객을 당월에 추진하도록 상대의 마음을 움직여서 빠른 시일 내에 결정할 수 있도록 하는 것이 중요하다. 할까 말까 하는 고객을 하게끔 하는 브랜드 특장점과 확신을 심어주어야 체결 확률이 높아지므로 영업 담당의 영업 스킬도 무시하지 못한다.

브랜드에 대한 확신이 서야 당당하고 자신감 넘치는 상담을 통해 창업자의 마음을 사로잡아 계약 체결에 이르게 할 수 있으므로 영업 담당이 브랜드의 특장점에 대한 확고한 신념을 가지느냐가 우선시 돼야 할 과제이다. 유능한 영업 사원은 프로 근성이 있으며 영업 실적에 대한 자존심이 강하고 영업 수당에 욕심이 큰 편이다.

클로징을 잘하는 영업 담담을 보면 당당한 자신감 속에 대부분 예비 창업자를 자신의 페이스로 끌고 와서 상담을 진행하고 있다. 브랜드 강점을 피력해서 오픈 시의 수익창출에 포커스를 두고 상담 분위기를 유도해간다. 브랜드 외의 불필요한 말을 가급적 삼가고 상대방의 감성을 자극할 수 있는 언어 구사와 표정으로 창업자에게 다가가 정성으로 상담해준다.

초기 상담과 재상담의 타이밍 조절을 잘하는 것도 영업 담당이 클로징을 높이는 방법이기에 유의할 필요가 있다. 영업 담당이 실적에 급급해 자주 창업자와 소통하게 되면 오히려 창업자는 부담을 느끼게 되어 불편한 관계로 이어지게 되므로 남녀 간에 밀당이 필요한 것처럼 영업 담당도 예비 창업자와 적절히 밀당하는 것이 클로징하는 데 유리할 수 있다.

가맹 계약을 체결해서 오픈한 가맹점에 영업 담당이 자주 방문해 인사하고, 가맹점 운영과 관련하여 관심을 가져주면서 친밀도를 유지해 나가면 가맹점에 의한 예비 창업자 소개건이 나오게 되는데, 가맹점 소개에 의한 모객은 클로징이 용이하게 신속히 이루어질 확률이 일반적인 모객보다 매우 높다.

영업 담당은 특별히 방문처가 없는 날에는 본인이 오픈시킨 가맹점을 방문해서 고마움을 표시하고 애로 사항을 청취하여 도움을 줄 수 있는 부분은 도와주어야 한다. 그렇게 가맹점 사장과 친밀도를 높이는 것이 새로운 예비 창업자 발굴로 이어져 오랫동안 영업 활동을 할 수 있도록 해준다는 것을 기억해야 한다.

🖊 예비 창업자 발굴

창업에 관심 있는 예비 창업자를 모객 또는 D/B라고 표현한다.

가맹점 확산을 위해서는 자사 브랜드에 관심을 갖고 있는 예비 창업자를 찾는 것이 우선적으로 선행되어야 한다. 인위적인 D/B의 발굴보다 자연 발생적으로 D/B가 생기게 할 수 있을 때 가맹점 확산이 순조롭게 이루어져 브랜드가 안정화될 수 있다. 브랜드 경쟁력에 있어서 매장이 고객들로 장사진을 이루어 입소문으로 브랜드 강점이 파급되어야 본사로 걸려오는 창업 문의자가 많아지게 되는데, 이를 위해서는 우선적으로 기존 매장의 매출 증대로 인한 수익 창출이 앞서야 한다. 그래야 D/B 발굴이 활발해질 수 있음을 유념하고 가맹점 관리를 잘해야 할 필요가 있다. 가맹점 관리와 가맹점 개설은 상호 불가분의 관계라고 보면 된다.

현대의 창업 시장은 매장에 고객으로 방문했다가 예비 창업자로 변모하는 경우가 가뭄에 콩 나듯 드문 실정이다. 평소에 무언가 창업을 하려고 마음먹은 사람들이 이것저것 아이템을 물색하다가 주변의 추천 또는 브랜드 검색 활동을 통해서 생각해 놓은 브랜드를 알아보기 위해 매장과 본사를 방문하는 방식으로 행해지는 것이 창업 활동의 정석이라고 말할 수 있다.

창업자를 발굴하는 모객 활동은 브랜드 파워에서 스스로 탄생하도록 브랜드 자생력을 키우는 것이 가장 현명한 방법이다. 매년 쏟아지는 신규 아이템들이 막상 시장에 나오면 수익성이 예상보다 못 미쳐 가맹점의 만족도가 떨어지고, 소개에 의한 예비 창업자 발굴이 쉽지가 않다. 시대가 변해서 본사의 브랜드 마케팅 및 홍보만으로 D/B를 발굴한다는 생각은 버리고 기존 가맹점의 만족도와 충성도를 높여 소문에 의한 D/B가 발생하도록 하는 것이 최상책이다.

창업자 발굴 채널 형태는 다양하게 이루어지고 있는데 주로 다음과 같은 방법으로 실시하고 있다.

① 온라인

· 브랜드 기획 기사 및 홍보 활동을 통한 창업자 발굴

② 오프라인

· 신문, 잡지 등 언론 매체를 활용한 창업자 발굴

③ 홈페이지

· 팝업창 및 지면을 이용한 창업자 발굴

④ 사업 설명회

· 정기, 수시 설명회를 통한 창업자 발굴

⑤ 창업 박람회

· 박람회 참가를 통한 창업자 발굴

⑥ 가맹점 추천

· 기존 가맹점으로 소개받아 창업자 발굴

⑦ 임직원 인맥

· 본사 구성원의 인적 네트워크 활용 및 지연 통한 창업자 발굴

🖊 사업 설명회

창업하려는 마음은 있는데 아이템을 확정하지 못한 예비 창업자를 대상으로 브랜드 경쟁력과 창업비 및 회사 소개를 하는 자리이다. 예비 창업자가 어떤 아이템을 선정해서 창업할까 고민하는 단계일 때 개별적으로 상담 받는 것은 부담을 느끼고 있어서 선뜻 가맹 본사 방문을 꺼리는 경우, 창업자의 발걸음을 재촉하게 만들 수 있는 방법이 사업 설명회이다. 브랜드를 불특정 다수에게 알리는 방법인데 기대만큼 계

약체결률은 그리 높지 않다.

본사에서 일정 요일을 지정하여 정기적으로 시행하는 것이 일반적이나 협력 업체의 도움을 받아 창업 대상자를 물색하여 추진하기도 하고, 창업 희망자가 있는 곳으로 찾아가서 실시하기도 한다. 지속적으로 창업 광고를 낼 수 없기에 D/B 발굴의 대체 수단으로 활용되고 있으며 가맹 본사에서 자주 시행하고 있는 방법이다. 장소는 본사에서 실시하는 것이 기본인데 외부 미팅룸을 대관하는 방법과 협력 업체 사무실을 이용해서 설명회를 하는 방법도 있다.

사업 설명회는 설명을 마치고 개별 상담 및 사후 관리를 어떻게 하느냐에 따라 계약체결이 결정되는 경우가 많은 편이다. 사업 설명회를 하는 날은 참석한 창업자에게 굉장히 신경을 쓰는데 설명회가 끝난 후는 흐지부지 그냥 지나쳐 버리고 기존의 창업자 진행 건에 더 매진하는 일이 많기 때문이다. 진행 중인 기존 예비 창업에 더 치중하며 설명회 참석자에 대해 소홀히 하여 결과가 미진한 일이 종종 있는데 주의해야 한다. 영업 담당 입장에서는 실적 부담으로 인해 자의로 창업 문의를 한, 추진 중인 창업자에게 관심이 더 갈 수밖에 없기에 어찌 보면 당연하다고 볼 수도 있다. 전체 속에 모인 예비 창업자보다는 개별적으로 방문한 경우에 창업 의사가 훨씬 높기 때문이다.

요즈음은 창업자마다 여건과 환경 및 자금력이 상이해서 전체 모임 성격의 창업 관련 설명회보다는 개별적인 맞춤형 상담을 통한 계약 체결이 높게 나타나고 있는 실정이다. 일반적으로 가맹 본사에서 월 2회 정도 홈페이지 팝업 공고를 통한 사업 설명회를 실시하는 것이 대체적이다. 기대치보다 효과가 미치지 못하는 방법으로 자리매김하고 있는 실태이므로 설명회를 실시할 경우는 치밀한 사전 준비를 요구한다.

사업 설명회 장소와 시간을 예비 창업자가 손쉽게 찾고 편리한 시간에 찾을 수 있도록 배려해서 정하고, 사업 설명회 내용을 상세히 사전에 공지하는 것이 중요하다. 창업자에게 시각적으로 보이도록 영상 자료를 활용하고 철저하게 관련 부서와 협조를 통해 P/T 자료를 준비해야 하며, 발표자는 많은 연습을 통해 자연스러운 발표가 될 수 있도록 해야 한다.

✎ 창업 박람회

창업 박람회는 평소 창업에 관심이 많은 사람들이 아이템과 브랜드를 결정한 후 방문하는 것이 아니라 막연하게 외식업종 트렌드가 무엇이고, 잘나가는 아이템과 브랜드가 무엇인지 궁금해서, 또는 획기적인 아이템이 있을까 하는 기대감에 방문하는 곳이다. 박람회 특성상 예비 창업자가 여러 브랜드를 놓고 외식 시장 동향을 파악하는 것이기에 창업 박람회에 참석한 가맹 본사의 가맹점 개설로 이어지는 사례는 극히 적은 편이다.

부스에 많은 창업자가 상담을 받아서 계약 체결까지 갈 것 같다는 생각은 오산이다. 이 브랜드 저 브랜드 단순히 기본 상담을 받으려는 고객이 대부분이며 실제로 창업을 희망하는 예비 창업자는 본사로 직접 방문해서 상담을 받는 것이 원칙이다. 브랜드 홍보 측면이 가맹 계약 체결보다 강한 것이 창업 박람회다.

박람회 참가 업체 중 가맹비를 비롯해서 각종 창업비 혜택을 주겠다는 브랜드가 대부분인데 본사 경쟁력을 약화시키는 소극적인 정책이다. 어차피 창업에 관심 있는 사람은 브랜드 경쟁력을 최우선으로 판단하지 창업비 면제에 비중을 높게 두지 않기 때문이다. 매장을 오픈해서 수익이 나느냐에 더 치중하기에 창업 박람회장에서 창업비 면제로 고객의 관심을 끌어들이려는 생각은 하수 정책이다. 본사 스스로 혜택을 주었으니 가맹 계약이 되리라고 합리화하며 면제를 해주기에 가맹계약이 되리라는 착각에 빠질 뿐이다. 브랜드력을 저하시키는 원인이 되는 데 일조하는 방법이다.

창업 박람회에 참가하지 않은 브랜드를 선택해서 창업하면 장사가 잘된다는 비아냥 섞인 우스갯소리도 있다. 그만큼 3일 동안 인력과 장비를 투자해서 실행하는 창업 박람회가 생각보다 실효를 거두지 못하기에 나온 말이다. 창업 박람회 참가 시 새로이 탄생한 신규 브랜드를 여럿에게 알리는 효과가 좋기에 홍보 차원에서 참가하는 것은 유용하다.

박람회에서 상담 받은 고객은 많은 브랜드와 상담할 것이기에 타 브랜드보다 다른 임팩트 있는 자사 브랜드만의 특장점을 부각시켜 주어야 한다. 그냥 작금의 창업 시장 트렌드를 보러 방문해서 상담 받는 고객들이 다수임을 인지하고 그 와중에도 관심을 갖는 고객을 만들도록 부스 및 상담 자료 준비를 철저히 해야 한다. 가능한 시식 및 시음을 하는 것이 좋다.

✎ 업종 전환

현재 운영 중인 장소에서 여러 사유로 타 아이템으로 변화를 주는 것을 업종 전환이라고 말한다. 가맹사업 초기에는 업종 전환 영업은 가급적 피하는 것이 길게 보았을 때 좋으므로 가능하면 회피하고, 신규 사업자를 물색해서 매장을 오픈하는 것이 효율적이다. 업종 전환을 원하는 대다수 창업자는 최소 비용을 들여 오픈하고 싶어서 본사를 설득하려고 한다. 약식으로 업종 전환을 한 가맹점은 좀 더 투자해서 정상적으로 업종을 바꾸지 않은 것을 후회하는 일이 의외로 많다.

창업자 입장에서는 가능한 현재의 시설을 그대로 보존해서 오픈하고 싶어 하지만 인테리어의 통일성은 본사 경쟁력을 그대로 반영하게 되어 있어서 본사는 기본을 고수하는 업종 전환 규정을 수립하고 일관성 있게 밀고 나갈 필요가 있다.

자칫 업종 전환을 원칙에 어긋나게 진행하면 본사의 근간이 흔들릴 수 있다. 본사는 눈앞에 보이는 가맹점 확산에 급급해서 업종 전환을 약식으로 실행할 수도 있지만 되도록 피해야 한다. 매장 수를 전국적으로 일정량 보유하고 있는 브랜드는 기본적인 사항만 강조하고 업종 전환을 해도 브랜드 이미지에 크게 손실을 초래하지 않을 수 있지만, 사업 초기는 그렇지 않다.

업종 전환 환영이란 문구를 가지고 예비 창업자를 현혹시키는 브랜드는 질보다는 양을 앞세우는 본사라고 보면 정확하다. 업종 전환 영업을 언제부터 어떤 규정을 세워서 활성화시킬 것인지 본사가 판단해서 결정한 후에 원칙적으로 추진해야 브랜드 롱런이 수월해짐을 잊지 말아야 한다.

인테리어를 어느 부분까지 허용하느냐의 기준을 명확히 설정하고 실행하는 것이 중요하다. 가맹 본사마다 업종 전환 영업을 공격적으로 추진할 시기가 있다. 본사마다 상이한 환경과 여건이므로 효율적인 영업 전략을 수립해서 실행하는 지혜가 요구된다.

✒ 해외 시장 진출

국내 시장의 가맹점 수가 객관적인 평으로 확보되어 안정화되었다는 판단이 들 때 CEO들은 해외 시장의 문을 두드린다. 그러나 국내에서 수익이 발생한 브랜드가 철저한 대책과 준비 없이 해외로 진출했다가 자금 압박으로 진퇴양난에 빠지는 경우가 빈번하게 발생하고 있다.

국내 시장과 해외 시장은 극명하게 다르다. 현지인의 음식 기호와 환경 및 문화적인 요인을 극복하는 것이 쉽지 않다. 원부재료 공급에서부터 조리 매뉴얼과 근무 인원 및 판매 가격을 비롯해 섬세한 부분까지 사전에 공을 들여도 해외에서 정착하기는 어렵다.

해외에서 국내 브랜드의 안착 및 성공 여부는 현지 국가의 비즈니스 파트너 선정에 달려있다. 현지 파트너가 어떤 사업 마인드를 갖고 있고 역량이 어느 정도냐에 따라 해외 진출 정착 여부가 결정된다고 보면 된다. 그러나 해외 진출 시 그 나라에서 규모가 크고 조직력이 좋은 회사라고 우선적으로 파트너로 정하는 것은 바람직하지 못한 방식이다. 조직이 클수록 국내 브랜드에 관심도가 줄어들 수밖에 없기 때문이다. 반면에 소규모의 사업을 하는 곳과 파트너를 정할 경우는 잿밥에 관심이 더 커서 안정적으로 사업을 추진하는데 제약이 있을 수 있기 때문에 단시일에 계약이 파기될 확률이 높다. 파트너 선정이 중요한 이유다.

국내 브랜드의 해외 진출은 대다수가 마스터 프랜차이즈 형태를 취하고 있다. 현지 사업가를 물색해서 제휴를 맺고 런닝 로열티와 이니셜 로열티를 받는 시스템이다. 일정한 계약금을 받고 가맹점을 개설할 때마다 가맹비를 받고 개설 매장의 일정 수수료를 월별로 받는 제도이다. 성공적으로 해외에서 브랜드를 정착시키기 위해서는 현지인의 입맛에 맞는 조리 매뉴얼을 만들어 맛으로 승부를 내야 한다. 현지인의 기호에 맞게 현지 인프라가 활용되어서 현지 고객층을 사로잡는다는 계획을 수립하고 실행해야 성공 확률이 높다.

가맹 본사는 주력 원부재료만 해외에 공급하고, 그 나라의 문화 및 국민이 선호하는 음식 특색에 적합하게 가공해서 판매해야 매출을 올리는 데 효과적이다. 사전 준비가 철저하지 못한데다 브랜드에 대한 국내 경쟁력을 그대로 믿고 해외에 이전시키면 애만 쓰고 경영이 어렵게 흘러가는 사례가 많다.

해외 진출 지역을 선정한 후 안테나 매장은 반드시 성공적으로 정착시켜야 한다. 1호점이 실패로 돌아갔을 때 본사가 부담해야 할 제반 비용이 예상보다도 커서 많은 손실을 보게 되기 때문이다. 대부분의 CEO들은 여건과 역량 부족으로 해외 진출 초기의 부푼 기대감이 점점 희석되어 국내 브랜드의 해외 진입이 그리 쉬운 게 아니라는 것을 인지하고 있다. 해외 진출하려는 계획을 지닌 본사는 심혈을 기울여 추진할 필요가 있다.

✎ 창업 상담 Q&A

프랜차이즈 가맹점을 희망하는 예비 창업자가 본사에 전화로 상담하거나 또는 본사에 내방해서 질문하는 내용은 전체적으로 다음 내용의 범주 안에 다 있다고 보면 된다. 영업 담당이 사전에 숙지하고 상담에 응해야 본사 이미지 제고와 신뢰도를 심어주는데 유리하게 작용할 수 있다.

① 계약 체결부터 오픈까지의 과정
② 교육 기간 및 절차
③ 영업 브로슈어 제공 여부

④ 개설 조건

⑤ 개설 가능 평수

⑥ 인테리어 자체 공사 가능 여부

⑦ 인테리어 하자 발생 시 A/S 처리 사항

⑧ 점포 선정 방법

⑨ 점포 물색을 본사에서 해주는지 여부

⑩ 영업 지역 선정 기준

⑪ 계약 체결 후 오픈까지 시일

⑫ 업종 전환 가능 여부

⑬ 인허가 관련 사항

⑭ 창업 비용이 얼마인지

⑮ 공사 비용 결제 방법

⑯ 로열티 징수 여부

⑰ 가맹비 돌려받는지

⑱ 본사 창업 대출 알선 여부

⑲ 가맹 계약 기간

⑳ 재계약 시 추가 비용 여부

㉑ 계약 기간 중 양도양수 가능 여부

㉒ 원가율

㉓ 순이익

㉔ 예상 매출

㉕ 매장 종업원 수

㉖ 가맹점 평균 매출

㉗ 성수기와 비수기 매출 차이

㉘ 월 임차료

㉙ 창업비 회수 기간

㉚ 현재 가맹점 수

Chapter 2

가맹점 오픈 시 필수적 숙지 사항

예상 매출액 산정

(1) 기준

가맹점 수가 100호점을 초과한 본사는 의무적으로 창업자에게 인근 5개 가맹점에 대한 예상 매출액을 제공해야 한다. 예상 매출액의 범위 표시가 선명하게 부각되도록 글자를 크게 하고 고딕체로 표기해서 한 눈에 들어오도록 하고 붉게 표시해야 한다.

평균 매출액이란 예비 가맹점의 점포 예정지와 점포 및 상권 형태가 유사한 가맹점 5개 또는 예비 가맹점과 인근에 있는 가맹점 5개의 직전 사업 연도 1년간의 POS 상의 평균 매출액을 말한다.

예상 매출액의 최고치와 최저치를 표기해주어야 한다. 본사는 예상 매출액 범위의 산출 근거에서 사용된 세부 자료를 보관해야 한다.

(2) 방식

① 본사 예측에 의한 평균 매출

대학 상권, 유흥 상권, 아파트 상권, 역세권 등으로 구분해서 예비 가맹점과 흡사한 상권을 선택해 평균 매출액을 산정하여 제공하는 방식과, 본사가 보유한 가맹점 사업자 원가 분석 자료에 근거해서 가맹점 사업자의 매출액에서 물품 공급액이 차지하는 비율을 근거로 산정해 제공하는 방식이 있는데 본사가 편리한 쪽으로 제공하면 된다.

② 인근 매장 평균 매출

예비 창업자의 매장 예정지가 속한 광역자치단체에 소재하면서 매장 예정지에서 가장 인접한 5개 가맹점 중 직전 사업 연도 매출 환산액이 가장 작은 가맹점과 큰 가맹점을 제외한 3개 가맹점을 기준으로 최고액과 최저액을 작성하여 제공한다. 인근에 5개 매장이 없을 시는 유사 상권 매장으로 선정하여 창업자에게 제공하는 것이 편리한 방법이다.

(3) 산출 근거

① 유사 상권

○○○ 회사 유사 상권 가맹점 직전 사업 연도 평균 매출액과 매출 환산액 범위의 산출 근거

(ㄱ) 당사에서 예상한 귀하의 점포 예정지 매출액의 범위는 다음 ②의 평균매출액에 ±25.9%를 곱하여 산출한 것입니다. 가맹사업 거래의 공정화에 관한 법률 제9조 제5항 및 같은 법 시행령 제9조 제3항의 규정에 따르면 예상 매출액의 최고액은 최저액의 1.7배를 초과하지 않도록 되어 있으며, 이 규정에 따른 최대 비율(±25.9%)이다.

㉢ 평균매출액이란 귀하의 점포 예정지와 점포 평형 및 상권 형태◆
가 가장 유사한 당사 04개 가맹점의 직전 사업 연도 POS(Point of
Sales)상의 평균매출액(VAT 포함)을 말한다.

입점 예정지 세종 ○○점과 유사 상권 가맹점의 직전 사업 연도 평균매출액 현황

(단위 : 원, VAT 포함)

구분	A	B	C	D	평균
평균 매출액	000,000,000	000,000,000	000,000,000	000,000,000	000,000,000

〈입점 예정지에 관한 사항〉

1. 주소 : 서울시 ○○구 ○○번지

2. 전용 면적 : 00.0㎡

3. 상권 형태 : 유흥가 상권

〈예상매출액의 범위〉

• 최고액 : 000,000,000원[VAT 포함]

• 최저액 : 000,000,000원[VAT 포함]

② 인근 가맹점

○○○ 회사 직전 사업 연도 인근 가맹점 매출액과 매출 환산액 범위
의 산출 근거

◆ 상권 형태(아파트, 주택가, 대학가, 역세권, 유흥가로 나뉨)

(ㄱ) ○○○ 가맹점 직전 사업 연도 인근 가맹점 매출 환산액의 범위는 가맹사업 거래의 공정화에 관한 법률 제9조 제5항 및 같은 법 시행령 제9조 제4항에서 정한 바에 따라 산출된 인근 가맹점 매출 환산액의 최고액과 최저액을 말한다. 구체적 산출 방식은 다음 ②에서 설명 드리는 바와 같다.

(ㄴ) 귀하의 점포 예정지가 속한 광역자치단체에 소재하면서 귀하의 점포 예정지에서 가장 인접한 당사의 5개 가맹점 중 다음 ③의 계산 방법에 따른 직전 사업 연도 매출환산액이 가장 작은 가맹점과 가장 큰 가맹점을 제외한 나머지 3개 가맹점을 기준으로 최고액과 최저액을 산출하였다.

입점 예정지 서울 ○○○점과 가장 인접한 5개 가맹점의 직전 사업 연도 매출 환산액

(단위 : 원, VAT 포함)

점포명	점포 전용면적	직전 사업 연도 매출액	직전 사업 연도 매출 환산액	비고
A점				가장 큼
B점	000	000,000,000	0,000,000	차상
C점	00	000,000,000	0,000,000	
D점	00	000,000,000	0,000,000	차하
E점				가장 작음

③ 직전 사업 연도 매출 환산액은 인근 가맹점의 점포 전용 면적을 기준으로 산출하였으며, 그 계산 방법은 다음과 같다. 최고액은 아래 (ㄱ) 또는 (ㄴ) 방식에 따라 산출되었으며, 최저액은 아래 (ㄱ) 또는 (ㄴ) 방식

에 따라 산출되었다.

(ㄱ) 직전 사업 연도의 영업 기간이 1년인 가맹점의 경우

$$직전 \ 사업 \ 연도 \ 매출 \ 환산액 \quad = \quad \frac{직전 \ 사업 \ 연도에 \ 발생한 \ 매출액 \ 원}{점포 \ 전용 \ 면적 \ m^2}$$

(ㄴ) 직전 사업 연도의 영업 기간이 6개월 이상 1년 미만인 가맹점의 경우

$$\frac{직전 \ 사업 \ 연도}{매출 \ 환산액} = \frac{직전 \ 사업 \ 연도에 \ 발생한 \ 매출액 \ 원}{점포 \ 전용 \ 면적 \ m^2} \times \frac{직접 \ 사업 \ 연도}{영업일 \ 수}$$

④ 위 ③의 직전 사업 연도 매출 환산액 계산 방법에 기재된 직전 사업 연도에 발생한 인근 가맹점의 매출액이란 해당 가맹점 POS(Point Of Sales)상의 매출을 말한다.

인근 가맹점 현황

가맹 본사는 예비 창업자의 점포 예정지에서 가장 가까운 가맹점 10개 상호와 소재지 및 전화번호를 적은 문서를 반드시 가맹점 사장에게 제공해주어야 한다. 예비 창업자 장래 예정지가 속한 광역 지방 자치 단체의 영업 현황을 제공하는 것을 기본으로 한다. 가맹점 사장이 본사에서 알려주고 제공하는 문서만으로 브랜드를 판단하기 미흡하다고 판단할 때 객관적인 인근 매장의 매출 추이를 제공해 줌으로써 객관성을 주어 가맹 계약을 하는 데 도움을 주고자 실시하는 제도이다.

인근 가맹점 현황을 예비 창업자에게 제공하면 본사의 신뢰도가 높아지는 효과를 거둘 수 있기 때문에 놓치지 말고 제공해야 한다. 광역시에 10개 가맹점이 오픈을 못했을 시는 오픈한 가맹점의 현황만 제공해 주어도 무방하다.

요즈음은 프랜차이즈 가맹을 희망하는 예비 창업자는 거의 인근의 가맹점을 사전에 방문하는 것이 기본이다. 매장에 직접 들러 여러 가지를 돌려서 물어보면서 브랜드 경쟁력과 본사의 가맹점 관리 실태를 알아보는 것이 일반적이다.

프랜차이즈 본사는 평소에 가맹점 관리를 잘해서 원활한 소통을 하여 본사 우호도를 좋게 만들어 놓는 것이 필요하다. 본사가 인근 가맹점 현황을 예비 창업자에게 미제공할 시에는 시정 조치 및 과징금을 내게 될 수 있으니 이 점을 유의하고 영업해야 한다.

📝 영업 지역 설정

가맹 계약 체결 시 신규 창업자가 영업할 수 있는 지역을 가맹 계약서에 표기해주어야 타 인근 지역에 새로운 가맹점을 오픈시킬 때 상권 때문에 서로 마찰이 발생하는 것을 미연에 방지할 수 있다.

가맹 본사는 가맹점 사장의 가맹 계약 기간 내에 가맹 구역에서 직영점을 설치해서는 안 되고, 동일한 유사 업종의 가맹점을 오픈시켜서도 안 된다. 실제로 가맹점을 오픈시켜 보면 가맹점 사장이 제일 민감하게 생각하고 반응하는 것이 영업 구역이다. 자신의 밥줄이라고 여겨 주변에 새로운 매장을 오픈하는 것을 싫어하고, 부득이 본인 매장을 오픈하게 될 경우 사전에 알려 달라고 하거나 본사에서 통보 없이 오픈시킬 경우 심하게 저항하는 것이 보편적인 현상이다.

신규 매장을 오픈할 때 인근 가맹점에 양해를 구하면 십중팔구 오픈시키지 말라고 하기 때문에 본사는 사전 공지 없이 새로운 가맹점을 오픈시키고 있는 실정이다. 본사와 가맹점의 분쟁 소지가 빈번하게 나타나는 대표적인 사례이다. 이러한 부분의 오해 소지를 해소하기 위해서 본사는 가맹계약 체결 시 해당 가맹점의 영업 구역을 가맹 계약서 뒷면에 표기해서 부착시켜 주도록 해야 한다. 본사는 영업 구역을 가맹 계약서에 수록된 대로 철저하게 준수해서 가맹점 확산을 시키는 것이 순탄하게 가맹 사업을 영위하는데 좋다.

✎ 도면 협의

신규 창업자가 점포를 확정한 후 공사에 착공하기 전에 주방 및 홀 배치와 집기 및 제반 인테리어와 관련하여 사전에 협의를 하게 된다. 도면 협의는 예비 창업자, 인테리어 업체, 영업 담당, 슈퍼바이저 4인이 함께하는 것이 가장 효과적이다. 도면 협의를 4인이 동시에 할 경우 도면을 수정하는 일이 드물어서 공사 진척도가 좋으며, 공사비에 대한 상호 이견이 최소화되어 불만을 해소할 수 있다.

추가 공사비가 발생할 시 추가 견적에 대해 인테리어 업체가 창업자한테 서명을 받고 진행하면 순조롭게 진행할 수 있다. 가급적 도면 협의 시 창업자 의견을 적극적으로 반영해주는 것이 좋다. 본사 직원의 의견을 강하게 어필할 필요가 없다. 기본적으로 정형화된 인테리어 규정 및 배치도를 설명해주고 통일성을 유지하는 선에서 창업자 의사를 존중해주면서 도면을 확정하는 것이 효과적이다.

예비 창업자는 점포 임대료에 대한 부담이 있어서 실측 후 3일 안에 도면 협의를 실시하는 것이 창업자의 불만을 없앨 수 있으므로 본사는 공사 프로세스를 확립시켜 일정대로 진척되도록 시스템화해 놓아야 한다. 도면 장소는 본사와 현장에서 할 수 있지만 본사에서 하는 것이 선택과 집중을 하는 데 유리하기에 현장보다는 본사에서 도면 협의를 하는 것을 권장한다. 부득이 창업자 사정과 시간 및 장소의 제약을 받을 시는 현장에서 도면 협의를 하는 경우도 있다.

본사에서 도면을 그리는 담당 전문가를 상시 배치해서 도면을 그리게 하는 경우 신속하게 가맹점과 도면 협의를 추진할 수 있는 장점이 있기 때문에 업무 능률면에서 매우 효과적이므로 고려해볼 필요가 있다.

주방의 배치도와 주방 기기 설치 위치에 따라 주방의 동선이 달라져 메뉴 완성 시간에 영향을 미치므로 주방 동선의 도면은 신중을 기해야 한다.

공사의 시발점인 도면 협의는 어느 일방의 독단적인 결정에서 벗어나 관련자가 상호 의견을 개진해서 점포 여건에 적합하게 그려서 공사 중간에 수정하는 일 없이 진행될 수 있도록 해야 하며, 평형 대비 명확한 콘셉트를 정해두는 지혜가 요구된다. 본사의 업무 과정 정립의 차이에 따라 도면 협의 시일이 정해진다.

✎ 자체 공사

예전에는 본사가 공사를 주도적으로 실시했는데 요즈음은 창업자 지인 중 인테리어업을 하는 경우가 많아서 창업자들이 자체 공사를 먼저 요청하는 경우가 많다. 여건상 공사 지정 협력 업체 여럿을 보유하지 못한 본사는 자체 공사를 할 수밖에 없다. 인테리어 근간을 흔들지 않는 범위 안에서 인테리어 업체가 기본 자격을 갖추었다고 판단되면 간편한 공사 시스템이 될 수도 있다. 단 본사에서 일정한 공사 컨설팅비를 받고 현장 공사 점검을 수시로 철저히 해서 매장 콘셉트가 흔들리지 않도록 지도할 수 있을 때 효과를 볼 수가 있다.

실제로 자체 공사를 실시해보면 본사 직영 공사보다 더 잘하는 케이스도 많다. 가맹점 확산이 안정기에 접어들면 공사 업체가 정착되어 본사 직영 시스템으로 추진하는 경우가 많다. 협력 업체 구축이 안 되었을 때는 감리 제도만 확실하게 규정하여 실행하면 자체 공사도 권장할 만한 프로그램이다. 자체 공사를 실시하다 보면 본사 공사보다도 잘하는 업체가 있다. 본사의 인테리어 평당 단가가 높다고 판단한 창업자는 자체 공사를 하길 원하며 본사 공사 견적을 요구하는 경우가 있으나 본사 공사를 확정 짓지 않은 상태에서 견적을 공유하는 것은 좋은 방법은 아니다.

현실적으로 자체 공사 시 본사 공사 담당이 주 1회 정도 현장을 방문해서 공사 점검을 하면 본사에서 공사하는 경우와 별반 문제없이 흡사하게 진행되고, 창업자 입장에서도 본인이 선택한 방법이라 공사에 대한 불만이 있어도 크게 클레임을 요청하지 않게 되는 장점이 있을 수 있다. 자체 공사를 할 때는 본사의 공사 진척 상황 수시 점검이 중요하다. 또한 공사 업체를 본사에 방문하게 해서 공사 담당과 같이 최근 공사 매장을 돌아보면서 공사 관련 주요 핵심 사항을 전달하고 상의하는 것을 우선으로 실행하는 것이 필수적이다.

본사 주관으로 공사를 실행할 경우나 창업자가 자체적으로 공사할 때를 불문하고 본사 공사팀은 시공 전에 공사 일정과 공사 하자 기준을 설명해주고 A/S 처리 방법을 창업자에게 사전에 설명해주는 것을 잊어서는 안 된다. 매장 철거 후에는 매장에서 발견된 건물상의 하자를 건물주와 협의해서 창업자와 공유하고 도움을 주도록 해야 한다. 더불어 공사 진행 사항을 수시로 창업자에 알려주고 공사 중에 가맹점 사장이 해야 할 일을 체크해주고 관리해주어야 한다.

✎ 초도 이전 시기

영업 담당이 상담을 완료해서 계약이 체결되면 점포 개발 담당에게 이관하고, 공사 완료 전에 해당 지역 슈퍼바이저가 공사 매장을 방문해 예비 가맹점 사장과 유대 관계를 갖기 시작해야 한다.

점포 개발 담당은 공사 관련 사항만 진행하고 초도 물품부터는 담당 슈퍼바이저가 실시하는 것이 맞다. 오픈 후 가맹점 관리는 슈퍼바이저가 실시하기에 초도 물품부터 견적을 내며 친숙해지는 계기로 삼아야 슈퍼바이저와 가맹점 사이에 더욱 친밀해지는 계기를 마련하게 되어 향후 가맹점 관리가 수월해지기 때문이다. 공사 마무리 전에 여유 있게 초도 견적을 내고 미수금 없이 완납을 체크한 후 오픈 매장 지원을 나가야 한다. 그때부터 슈퍼바이저 기능을 수행하는 것이 효과적인 업무 프로세스다.

운영 시스템 매뉴얼이 확립되지 않을 때, 초도 이전이 본사 부서 간에 원활하지 않을 경우 오픈 후에도 명확한 담당 설정이 안 되어 가맹점과의 원활한 소통이 되지 않는 사례가 많다. 가맹점 입장에서는 매장에서 일어나는 사항들에 대해 누구와 1차 소통을 해서 해결해야 하는지 몰라 불만 요인이 될 수 있기에 본사 담당 이전 시점을 확실하게 정립해서 실행에 옮겨야 한다. 이 부분은 매우 중요한 과정이다.

가맹점 오픈 후 가맹점에서 일어나는 제반 문제의 소통자와 해결자는 첫 번째로 본사 직원 중에서 슈퍼바이저다. 가맹점과 소통해야 할 책임 있는 직책은 슈퍼바이저다. 가맹점 입장에서도 모든 문제를 첫 번째로 상의할 대상은 슈퍼바이저다.

이러한 업무 프로세스 원칙을 갖고 실천하는 본사가 성공하고, 가맹점 수익 창출도 가능하게 된다. 좋은 일이든 나쁜 일이든 본사와 가맹점은 대화와 피드백을 신속히 할 수 있는 채널을 갖추는 것이 중요하기에 확실한 업무 이전 프로세스는 엄청나게 중요한 실천 항목이다.

✎ 가맹점 오픈 절차

프랜차이즈 본사의 일반적인 가맹점 오픈 과정은 아래와 같다.

① 예비 창업자 발굴 – 점포개발팀

② 상담 – 영업 담당

③ 상권 분석 – 점포개발팀

④ 계약 – 영업 담당

⑤ 공사 – 공사팀

⑥ 오픈 교육 – 교육팀

⑦ 오픈 준비 – 운영팀

⑧ 가맹점 관리 – 운영팀

상기 절차마다 전문 인력을 배치해 실행하는 본사와 그렇지 못한 본사의 갭은 가맹점이 오픈하는 첫날부터 극명하게 나타난다. 오픈 날 본사 임원급이 대부분 가맹점을 방문해서 공사 및 현장 운영 상태를 점검하면서 가맹점 사장과 여러 가지 상담부터 공사 완료까지 청취해 보면 브랜드마다 천차만별의 대답을 듣는다.

단계별로 담당이 체계적으로 추진한 본사의 브랜드는 가맹점 만족도가 높아 가맹점 추천에 의한 예비 창업자가 다수 발생해 자연적으로 매장 확산이 쉽게 펼쳐지게 되어있다. 가맹점 확산은 가맹점 소개에 의한 계약이 이루어지는 것이 최고이기에 더욱 각별히 신경 써서 예비 창업자를 대해야 한다. 메이저급 프랜차이즈로 가는 지름길은 본사에 대한 가맹점 만족도에 달려있음을 명심할 필요가 있다.

본사의 체계적인 오픈 설차와 교육은 예비 창업자에게 가맹 본사의 경쟁력을 각인시켜주어 본사 매뉴얼을 준수하고 정책 이행을 잘해야겠다는 마음이 들게 하므로 오픈 프로세스는 명확히 확립하고 실천해야 한다. 창업자가 본사를 평가하고 믿음을 갖게 하는 시발점이 되기에 각 임무 담당자의 역량 강화 교육도 강화해야 한다. 결국 사람을 움직이게 하여 추진해야 하는 사업 특성이 있어서 각별하게 유의해야 할 대목이다.

✎ 구전 효과

프랜차이즈 사업은 기존 가맹점에서 브랜드의 강점을 인지하고 창업을 하면 수익이 난다는 확신 속에 주변 지인에게 창업을 권유하고 추천하는 방식으로 확산하는 것이 최상이다. 안테나 매장이 장사가 잘되고 고객이 많아서 '저 집은 왜 그렇게 고객이 많을까' 입소문이 나면서 창업 문의가 오기 시작해야 가맹점 확산의 서광이 비치기 시작한다.

브랜드 파워가 있고, 고객들에게 인기가 좋고, 가까운 지인으로부터 매장을 열면 돈이 되겠다는 말을 자주 들을 때 나도 창업을 한번 해볼까 하는 생각이 들며 창업의 문을 두드리는 경우가 많다. 그만큼 주변의 고운 시선이 창업자 발굴에 지대한 영향을 준다는 것을 알아야 한다.

가맹점을 운영하고 있는 곳의 입김과 소개에 의한 예비 창업자 발굴이 가맹점을 확산시키는데 최고의 비책이라는 것은 누구나 알고 있는 사실이기에 본사는 가맹점 소개로 창업할 때 보상 규정을 정해놓고 가맹점 추천 제도를 적극적으로 추진하는 것이 좋다. 가맹점이 창업자를 추천하여 오픈까지 이루어질 경우 현금으로 시상하는 것이 가장 피부에 와 닿기에 효과적이다. 원부재료로 대체해서 시상하는 본사도 있는데 공급가와 판매가가 다르다는 것을 가맹점에서 알기에 장려할 만한 방법은 아니다.

가맹점 추천 제도를 활성화시키려는 생각이 확고한 본사는 현금 시상을 하는 것이 타 시상보다도 기대 이상의 효과를 거둘 수 있다는 점을 인지하고 활성화시켜야 하나, 가맹점이 본사에 대한 좋은 우호도를 지니고 있을 때 가능한 일이기에 평소 가맹점 관리를 소홀히 하지 말고 원활한 소통을 하도록 해야 한다.

가맹점에서 장사가 잘되어 고객이 항상 붐빈다고 알려지면 그때부터는 가맹점 개설이 자연적으로 이루어질 수 있으므로 가맹점 관리는 가맹점 확산과 곧바로 연결됨을 명심하고 슈퍼바이저 활동을 강화해서 가맹점 매출 증대에 열과 성을 다할 필요가 있다. 가맹점 추천 제도가 활발히 이루어지려면 기본적으로 가맹점 수익이 창출되어야 성과를 낼 수 있는 제도인데, 현실적으로 브랜드 사정이 녹록치 못한 상황에 처한 본사가 많아 가맹점 현장에서 활성화되어 있지 못한 것이 사실이다.

✏ 안테나 매장

브랜드를 론칭하고 가맹점 확산을 위해 지역 1호점에 대해 특별한 창업비 혜택을 주어 가맹점 확산을 하는 본사를 흔히 볼 수 있다. 대도시에 오픈하는 첫 매장에 대한 창업 관련 혜택을 본사 차원에서 전략적으로 지원해주는 방식이다.

메인 상권에 입지를 선정하고 본사가 추구하는 평균 이상 규모의 매장을 오픈하는 창업 조건을 갖춘 예비 창업자한테 혜택을 부여해야 안테나 매장의 영향으로 타 구역에 오픈이 활발해질 수 있다. 입지 조건을 충족하고 브랜드 가치를 증대시킬 수 있는 매장 환경을 지니고 있을 때 전략 매장의 역할을 하게 된다.

지역의 1호 매장 입지 선정이 브랜드의 특성과 부합하지 않은 곳에 오픈해서 예상보다 매출이 적으면 그 지역의 타 구역으로 가맹점 확산이 더뎌지게 되어 있으므로 지역 첫 매장의 입지 상권은 본사에서 관심을 갖고 추진해야 한다. 대도시는 1호점 사장의 영향에 따라 주변 지역의 매장 확산과 직결되기 때문에 본사는 1호 가맹점 창업자에 대한 인성과 태도도 참조해서 오픈시키는 지혜도 있어야 한다.

근본적으로 부정적인 성향을 소유하고 있고 매장을 투자 개념으로 생각하여 오픈하려는 창업자에게는 안테나 매장을 내주어서는 안 된다. 지역 1호점을 어느 로케이션에서 누가 운영을 하느냐가 그 지역 확산에 최대의 영향을 준다는 사실을 기억해 심사숙고해서 예비 창업자를 물색하여 추진하는 것이 중요하다.

전략적으로 지인에게 대도시 메인에 창업 혜택을 부여해주고 안테나 매장으로 심어 놓는 방법도 좋은 방식이다. 또한 본사 매뉴얼을 잘 준수하고 긍정적 사고를 지닌 기존 가맹점한테 전략적으로 혜택을 주어 타 지역 안테나 매장을 오픈시켜줌으로써 영업 활성화를 이룬 케이스도 있으니 참조할 필요가 있다.

본사를 잘 아는 지인이 지역의 1호점으로 오픈하게 되면 본사 우군이 되어 브랜드 홍보 전사가 되며 같은 창업자 입장에서는 긍정적으로 받아들여 영향력이 클 수밖에 없기에 좋은 점이 많다. 반면에 지역 1호점이 브랜드 인지도를 알리기 부적합한 지역에 오픈되었을 경우에는 후유증이 예상보다 커서 매장 확산이 손쉽지가 않기에 신경을 써서 입점시키도록 해야 한다.

✒ 특수 매장

로드숍이 아닌 일정한 건축물의 실내에 오픈한 매장을 특화 매장 또는 특수 매장이라 일컫는다. 리조트, 백화점, 쇼핑몰, 군부대, 편의점, 골프장, 고속도로 휴게소 등이 대표적인 특화 매장에 속한다. 특화 매장은 로드숍 매장과 상권 중복이 안 되는 지역에 입점시켜야 기존 가맹점과 마찰을 없앨 수 있다. 가맹사업은 로드숍이 우선시되기 때문이다. 가맹사업을 전개하면서 특화 매장 지역을 유동인구가 많은 곳에 브랜드 홍보가 잘될 거라는 마음으로 먼저 가맹점을 내주어 오픈시키는 본사가 있는데 전국적으로 가맹점 수를 늘리는 데는 한계가 따르게 되어 있다. 지양해야 할 부분이다.

특수 지역을 대상으로 하는 아이템일 경우는 예외이지만, 특수 지역을 대상으로 아이템을 설정해서 프랜차이즈 사업을 전개하려는 CEO는 거의 없으므로, 특수 지역 입점은 아이템 특성과 사업 방향에 맞게 추진해야 실효를 거둘 수 있고 브랜드 홍보에 효과적이다. 특수 매장의 판매 가격은 로드샵 매장과 동일하게 적용하는 것이 좋으나 격오지에 입점한 특수 매장은 인상된 가격으로 판매해도 고객으로부터 가격 저항이 발생하지 않는다.

특화매장 개설 방법으로는 개별적인 창업자를 상대로 접근하는 것보다 본사와 전략적으로 제휴를 맺고 추진하는 것이 성과를 거두기 쉽다. 제휴 맺은 상대의 본사가 보유하고 있는 매장에 전국적으로 입점할 수 있는 여건이 조성되기 때문이다.

각 지역의 매장에 같은 조건으로 추진하여 진행 속도가 신속하게 이루어질 수 있고 숍인숍 매장과 독립 매장 형태로 구분해서 입점시킬 수 있는 장점도 생긴다. 본사에서 입김을 불어넣어 각 지점 매장을 통제할 수 있어서 본사와 제휴를 맺고 특수 매장을 입점시키는 전략을 수립하고 실천하는 것이 효율적인 특화 매장 개설 방법이다. 부득이한 사정으로 로드샵 가맹점 주변 상권에 특화 매장이 입점하게 될 경우는 기존 가맹점의 저항이 크기에 입점 시 주의할 필요가 있으며 기존 가맹점에 사전에 양해를 구하는 것이 필수이다.

특화 매장은 지역의 특수한 성질상 가맹 본사와 입점할 지역 회사 및 운영할 창업자 등 3자가 계약을 체결해야 하는 번거로움이 있을 수 있다. 특수 매장으로 오픈할 매장이 임대로 입점된 곳인지 아니면 직영으로 운영하고 있는 곳인지에 따라 계약 조건이 달라진다.

운영상의 클레임 발생 시 책임 소재가 불명확할 수 있으므로 사전에 운영상 소통 채널을 잘 정립해놓고 실행에 옮겨야 한다. 특화 매장은 개인 창업자를 물색해서 입점시키는 것보다 특화 매장 건물 본사를 상대로 추진하는 것이 입점시키기도 쉽고 운영상에도 별 탈 없이 진행될 수 있다. 특화 매장은 전국 각지에서 몰려드는 인파로 인해 브랜드를 알리는 데 효과적인 입점 방식이다.

Chapter 3

프랜차이즈는 교육 사업이다

✎ 교육의 중요성

프랜차이즈 사업은 교육 사업이라고 해도 과언이 아니다. 가맹점 운영 능력을 향상시키고 우수 가맹점으로 육성시키려면 반복된 교육이 절대적으로 필요하다. 교육은 지속해서 실시해 초심을 잃지 않도록 해주는 것이 중요하며 참여율을 높일 수 있도록 사전 조치를 해두는 것이 교육의 효과를 높일 수 있다. 본사에서 실시하는 교육 프로그램에 가맹점이 필수적으로 참여해야 한다는 조항을 가맹 계약서에 명시해 두는 것이 효율적이다.

프랜차이즈 사업은 교육으로 시작해서 교육으로 끝난다고 누차 들었을 것이다. 필자의 경험에 비추어 봤을 때 백 번 맞는 말이다. 교육은 가맹점 마음을 움직이게 하고 본사 경영 정책을 이해시키고 운영 매뉴얼을 준수하게 하여 실행력을 높일 수 있도록 하는, 본사에서는 가장 강조하고 실천해야 할 최고의 무기다.

교육은 육군사관학교에서 생도를 교육시키는 것 이상으로 원칙을 세워놓고 규정대로 진행해야 성과를 거둘 수 있다. 교육생 입장에서 왜 이렇게 심하게 시키느냐는 볼멘소리가 나와야 한다. 그래야 교육 매뉴얼대로 이수해서 현장에서 적용해 원활한 매장 운영이 가능해진다. 나중에 창업자는 본사에 고마움을 느끼고 믿음을 갖게 될 것이다.

교육받는 예비 창업자 교육 기간은 길면 길수록 좋다. 매장에서 일어나는 운영 전 부문이 몸에 익숙하게 완전히 숙지할 수 있도록 교육을 실시하는 것이 좋다. 교육의 효과를 내기 위해서는 교육시키는 본사 교육 담당의 역량이 중요하다. 학창시절 교사가 누구냐에 따라 학습 태도와 성적이 달라지는 것과 같다.

가맹점에서 일하는 직원은 본사 교육을 받지 않은 경우 매장에서 일할 수 없다는 원칙을 세워 놓고 본사 주관으로 직원 교육을 실시하는 것이 경쟁력을 갖춘 본사가 되는 데 유리하다. 매장에서 일하려면 누구든 본사 교육을 이수하게끔 제도적으로 장치가 마련되어 있어야 전국이 통일성 있게 매뉴얼을 지켜 메이저 프랜차이즈로 갈 수 있는 초석을 만들 수 있다.

✒ 오픈 전 교육

기초 교육과 같은 말이다. 가장 먼저 예비 창업자가 본사 시스템과 경쟁력을 이해하는 기간이다. 본사의 경영 이념과 비전을 공유하고 운영 매뉴얼 이론과 실습을 병행해서 배우며 가맹점 운영에 관한 제반 사항을 학습하는 기간이다. 오픈 전 교육 기간이야말로 본사의 첫 이미지와 경쟁력을 가맹점에게 부각시킬 수 있는 기회이다. 반면 교육을 제대로 실시하지 못하면 본사에 대한 이미지가 부정적으로 인식될 수 있기에 성심성의를 다해 교육생을 대면하고 지도해야 한다.

(1) 프랜차이즈 시스템 이해

프랜차이즈 시스템에 대한 전반적인 사항을 이해시켜야 한다. 프랜차이즈 산업의 태동부터 특장점 등 고유의 시스템을 숙지시키는 것이 중요하다. 자칫 잘못하면 가맹점은 프랜차이즈 특권을 누리면서 개인 장사를 한다는 생각을 지닐 수 있어서 사고의 전환 교육이 필요하다.

본사와 가맹점이 같이 상생해야 서로 윈윈할 수 있는 시스템임을 강조하고 가맹점은 내가 아닌 우리라는 마음을 가지고 매장을 운영해야 한다는 정신을 교육해야 한다. 프랜차이즈 특성을 이해하지 못한 상태에서 매장을 오픈하면 향후 본사에서 관리하기가 쉽지 않게 되는 경우가 많다.

교육생은 어렴풋하게 프랜차이즈에 대해 알고 있는 것이 일반화되어 있다는 것을 본사에서는 상기하고 교육시켜야 한다. 프랜차이즈 시스템 이해 교육 과정은 오픈 전 교육 첫 시간에 할애하는 것이 교육 효과가 있다. 프랜차이즈 특장점 및 구조 등 본사와 가맹점은 동반 사업자라는 개념을 부각시켜 사업가 마인드를 심어주고 고취시켜야 한다.

프랜차이즈만이 지니는 특질을 창업자에게 교육을 통해 숙지시키고 실천할 수 있도록 교육 프로그램을 정립하여 체계적인 교육을 시켜야 한다. 창업 초기에 프랜차이즈 시스템을 알아듣게 교육하고 숙지시키는 것이 오픈 후에 별 탈 없이 본사 정책을 수행하는데 유리하게 작용하므로 철저한 교육이 필요하다. 프랜차이즈만이 갖는 속성과 특징에 대해 상세히 설명하고 이해시켜 매장 운영 매뉴얼을 잘 지키도록 하는 것이 주된 교육 목적이다.

(2) 브랜드 콘셉트

브랜드가 지닌 관념을 설명해주고 전파시켜야 한다. 가맹점에서 브랜드가 탄생한 배경과 취지에 대해 이해를 하고 있어야 고객에게 알려서 브랜드 가치를 증대시킬 수 있다. 브랜드 인테리어 및 메뉴 구성 등 근본적인 콘셉트를 상세히 교육시켜 머릿속에 인지하도록 하고 매장 운영을 하도록 하며 특히 브랜드 경쟁력에 대해 반복해서 강조하여 뇌리에 박히게 해야 한다.

브랜드를 이해하지 못한 상황에서 고객을 대하는 것은 개인 장사를 하는 것과 같다고 볼 수 있다. 브랜드의 고유 속성과 배경을 설명해주고 향후 나아갈 방향까지 제시해 주는 것이 창업자가 브랜드를 이해하는데 도움이 된다. 의외로 현장에서 일하는 가맹점이 본사 브랜드 콘셉트를 제대로 이해하는 경우가 생각보다 많지 않은 것이 가맹점의 실태이기에 본사는 유념하고 교육을 실시해야 한다. 외식 사업은 브랜드 경쟁력으로 성패가 좌우되게 되어있다.

⑶ 경영 마인드

주먹구구식 장사 관점에서 벗어나 경영자로서 마인드를 갖도록 의식을 변화시키는 교육이 필요하다. 장사가 아닌 사업가라는 인식을 심어주는 것이 중요하다.

경영자 마인드는 한 번의 교육을 통해서 변신하고 정립될 수 없기에 오픈한 후에도 수시로 슈퍼바이저를 통해 지도 및 교육을 해야 한다. 사업가 마인드를 함양하고 매장을 운영할 때와 아닐 때의 매장 매출 및 운영 형태가 큰 차이를 보이게 될 수밖에 없어서 경영자로서 지녀야 할 본분과 수칙에 대해 강도 있는 교육이 요구되는 실정이다.

가맹점 사장을 사업가로 변신시키는 것이 프랜차이즈 사업의 주된 목적이라고 표현해도 그릇되지 않다. 장사와 경영의 차이점을 일깨워주는 교육을 심도 있게 해야 한다.

경영자가 갖추고 있어야 할 소양 및 지식도 전수해 주어야 한다. 가맹점은 일반 매장과는 달리 본사의 경쟁력을 그대로 현장에서 적용하여 고객에게 제공하는 시스템이므로 경영으로 접근하는 방식을 알려주고 올바른 경영 운영 방법을 교육시켜주어야 한다. 경영자가 지녀야 할 철학과 이념을 종업원에게 전달해서 매장 비전을 종업원과 함께 공유할 수 있도록 경영자의 임무를 알려주고, 고객이 스스로 만족할 수 있게 하는 비책을 교육해야 한다. 매장을 운영했을 시 성공하는 경영자가 되는 지식과 지혜를 함양시키도록 해야 한다. 올바른 경영 기법에 대한 매뉴얼을 수립하고 교육시키는 것을 원칙으로 하는 것이 필수이다.

⑷ 영업력 강화

본사에서 교육받은 것처럼 가맹점 사장이 매장 종업원을 교육시켜야 함을 주지시키고 영업 스킬도 이해시켜 주는 것이 좋다. 가맹점 사장들은 여러 직종에서 경험을 쌓은 사람들이 모였기에 영업 직종에서 일한 사람과 영업을 접한 경험이 없는 사람이 있어 본사는 영업 기법과 중요성에 대해 교육을 해야 한다. 잠재 고객이 충성 고객으로 되기까지의 일련의 과정을 설명해주고, 가맹점은 고객과 1차로 접점에 있음을 강조하고 매뉴얼을 왜 준수하며 운영을 해야 하는지에 대한 중요성을 부각시키는 등 매장 프로세스를 알려주어야 한다.

프랜차이즈 산업은 의외로 자영업 경험이 있는 사람보다 처음 매장을 운영하는 사람이 성공적으로 운영하는 경우가 있는데 본사 방침대로 실천하는 것이 임의대로 매장에서 각색하여 운영하는 것보다 득이 된다는 것을 증명해주고 있다고 볼 수 있다. 성실함과 진실함이 최고의 영업력 증대 비책이다.

⑸ 매뉴얼 준수

매장 오픈부터 마감 시까지 매장 내의 운영 매뉴얼을 준수하도록 교육시켜야 한다. 매뉴얼을 준수하는 것이 본사의 발전은 물론이고 가맹점 수익 창출과 직결됨을 인식시켜야 한다. 오픈 초의 마음가짐이 시일이 경과하면서 차츰 없어지는 것이 사람의 마음이라 더욱 신중히 매뉴얼 준수를 전달하여 교육시킨다는 자세로 임해야 함을 잊어서는 안 된다.

초장에 매뉴얼 준수에 대해 임팩트 있게 강조해야 한다. 매장에서는 본인이 매뉴얼대로 잘 지키고 있다고 생각하는 것이 대다수이다. 그러나 본사 규정에 맞게 제대로 실행되지 않고 있는 것이 현실이다. 매뉴얼에 맞게 운영해야지 하면서도 안 되는 것이 현장의 현상이라고 보면 된다.

프랜차이즈 사업은 전국 가맹점의 통일성이 우선시되고 매장이 일정한 규정에 따라 실행되어 전국 어디서나 같은 맛과 같은 서비스를 제공해야 한다. 교육자의 교육 스킬이 부족해서 운영 매뉴얼 수칙을 실행하지 못하는 상황이 의외로 많기에 사전 교육준비를 완벽히 해야 한다. 가맹점 운영 매뉴얼은 세부적으로 디테일하게 프로그램을 개발하면 할수록 현장감이 있고 실제 매장 운영에도 도움이 되기에 프로그램 개발할 때 유의하고 심혈을 기울여 브랜드 특성에 적합한 교육 프로그램을 만들어서 교육시키는 것이 중요하다.

(6) 메뉴 실습

메뉴별로 이론 및 조리 실습 교육을 병행해서 시켜야 한다. 메뉴군에 따라 분리해서 교육하는 것이 효율적이다. 메뉴의 특성과 원가율 및 관리 요령 등을 숙지시키고 숙달된 조교처럼 조리가 가능토록 반복해서 실습시키는 것이 필요하다.

메뉴는 조리 기준에 입각해 조리 시간 준수와 고객의 상황과 기호에 맞게 추천하고 신속히 제공하여야 한다. 습관적으로 고객에게 제공할 수 있도록 숙련시키는 것이 급선무이고, 장사를 안 해본 사람들이 애를 먹는 것이 주방 일이기에 오픈 전 교육 시간을 통해 반복적으로 현장

실습을 시켜 자신감을 느끼도록 해야 한다.

매장에서 일하는 직원은 누구나 매뉴얼에 맞게 요리나 조리를 하여 일정한 맛과 모양이 나오도록 숙련된 교육을 행해야 한다. 대충 눈썰미로 하면 되지 하는 생각을 저버리도록 하는 것이 필요한데, 메뉴 교육은 평가 제도를 두고 재교육도 불사해야 한다. 현장 조리 교육 시간에 많은 질문을 하도록 환경을 조성시켜서 작은 부분까지 숙달시키도록 하는 것이 중요하다. 교육생 중 주방 교육은 소홀히 하고 홀에만 치중을 하려는 경우가 가끔 있는데 교육생은 모두 주방 조리 교육을 끝내도록 해야 한다.

(7) 세무 회계

가맹점마다 개인적으로 세무사 사무실을 두고 운영하는 것이 보편적인데 기초적인 세무 상식은 오픈 전에 본사에서 실시해서 매장에서 적용할 수 있게 해야 한다. 예를 들어 간이 사업자로 할지 일반 사업자로 내서 매장을 운영해야 하는지 창업자는 관심이 클 수밖에 없다. 제반 금전과 관계되는 사항을 사전에 알려주는 것이 본사에 믿음을 주게 되니 신경 써야 한다.

세무상 불이익을 안 당하도록 기초 세무 지식 교육을 해주는 것을 사소한 부분이라고 여기지 말고 세밀하게 전해주어야 경쟁력 있는 본사라고 믿기 시작하게 되므로 유의해야 한다.

세무 강사는 본사와 제휴를 맺은 세무사가 직접 실시하는 것이 효과적이며 가맹점이 받아들이는 강도가 높다. 매장 오픈 초기부터 세금 관계에 대해 민감하게 반응을 보이는 것은 당연지사이므로 본사 교육을 소홀히 해서는 안 된다. 세무 관련하여 가맹점마다 전속 세무사 사무실을 두고 있는 것이 현실적이지만 대행 업무와는 별도로 기본적인 매장 세무 상식과 지식을 지니도록 가맹점에서 교육시키는 것이 중요하다.

가맹점은 돈과 결부되는 사항에 대해서는 깊게 반응을 보일 수밖에 없으므로 세금 절감 효과를 볼 수 있는 비결을 공부하는 것에 대해 적극성을 가질 수밖에 없다. 세무 관련 교육을 활성화시키는 것이 본사 우호도를 긍정적으로 지니게 하는 측면에서도 유리하게 작용할 수 있으니 확실한 세무 교육 프로그램이 필요하다.

⑻ POS 관리

POS 조작법부터 손익을 분석하는 요령까지 익숙하게 작동하도록 현물을 비치하고 실습 위주로 교육시켜야 한다.

젊은 가맹점 사장은 평소 인터넷과 익숙해 손쉽게 POS 조작하는 방법을 학습하여 작동이 용이하나 중장년 세대는 낯설고 자주 잊어버리기에 여러 번 반복 교육을 친절히 해주어야 한다. POS는 본사에서 통일성 있게 한 업체를 지정해서 활용하는 것이 좋다. 본사 제품 매뉴얼 외에 추가로 개인적으로 POS 조작이 불가능하게 조치해 두는 것이 필요하다. 간혹 매장에서 본사에서 취급을 허용하지 않은 것을 개인적으로 메뉴를 등록해서 판매하고 일부는 판매 가격까지 변형하는 사례가 있으므로 유념해서 예방 교육을 시키고, 개인 조작을 할 경우 불이익을 당한다는 점을 강조해둘 필요가 있다.

POS 교육은 조작법 교육도 필요하지만 본사 방침대로 활용해야 한다는 점을 강조하는 것이 더 중요하다. POS에 의한 매출 분석 및 손익 분석을 통해 매장 운영 시 불필요한 고정비를 지출하지 않도록 한눈에 볼 수 있는 POS 시스템과 작동 및 운영 방법에 대한 프로그램을 개발해 현장에 적용시키는 지혜가 있어야 한다. POS에서 가맹점 운영 전반에 관한 수치를 보고 분석해 개선할 수 있도록 시스템을 개발하는 것도 잊어서는 안 되는 사항이다. 본사는 POS를 활용해서 경영 전반에 관한 다방면의 편리성을 접할 수 있다. POS시스템 개발과 활용도는 많기에 POS 업체 선정부터 프로그램 개발까지 심혈을 기울여야 한다.

⑼ 고객 응대

고객 응대는 누구나 잘한다고 착각에 빠지기 쉽다. 남이 안 하고 못하는 항목을 첨가한 교육 프로그램을 만들도록 준비해야 한다. 진정으로 고객에게 다가가는 서비스를 통해 신규 고객을 충성 고객으로 만들 수 있는 프로그램 개발과 교육이 있어야 한다.

일반적인 고객 응대에서 벗어나 차별화된 고객 대응을 할 수 있도록 교육 프로그램을 개발하고 교육시켜야 한다. 고객이 원하는 바를 캐치하여 그에 상응하게 대응을 하고 요구를 받아들여 주는 교육을 해야 하는데, 대부분은 일방적인 틀에 짜인 고객 서비스에 집중하고 있는 것이 일반적인 외식 시장의 현상이라고 할 수 있다.

말 한마디가 상대의 심금을 울릴 수 있고 비수를 꽂을 수도 있기에 고객의 성향에 부합하게 응대하고 맞장구쳐줄 수 있도록 훈련하고 몸에 배도록 하는 교육을 실시해야 한다. 서비스 교육 못지않게 관심과 배려를 아끼지 말아야 할 부분이 고객 응대 교육이다. 나를 주축으로 상대에게 베푸는 서비스보다 상대의 기호에 맞게 대응하고 제공하는 고객 응대 요령의 중요성을 인지하는 자세를 갖도록 교육시키는 것이 필요하다.

사람은 내가 원하는 것을 해결해주고 그에 걸맞은 것을 상대가 해줄 때 호감을 갖게 되고 믿음이 쌓이게 된다는 점을 유념시키는 교육 프로그램이 있어야 한다.

⑽ 판매 촉진

판촉 교육은 오픈을 앞둔 창업자에게 새로운 판매 지식을 불어 넣어주고 이미 경험한 부분이나 알고 있었던 사실에 대해 구체적인 액션을 전파하는 교육 과정이다.

가맹점이 교육받은 대로 실행할 방법과 판매 기법을 만들어 파급시키는 프로그램을 개발해야 한다. 창업자 기초 교육 시 판촉의 중요성을 이해시키고 판촉 효과를 강조하며 효율성과 생산성을 결부시켜 판촉에 소요되는 비용 대비 산출되는 결과치에 대해 수익을 수치로 표기해서 가슴에 와 닿도록 교육시키는 것이 필요하다. 판촉을 실시해서 이익을 볼 수 있도록 노하우를 전수해주고, 현장에서 매출 증진을 위한 판매를 촉진할 수 있는 아이디어를 만들고 매장 주변 환경에 적절한 판매 촉진 활동을 할 수 있는 자생력과 실행력을 배양해주도록 교육시키고 주입시켜야 한다.

판촉 교육은 판촉 활동을 하는 이유와 목적에 대해 현실성 있게 실시하는 것이 무엇보다도 요청된다고 볼 수 있다. 매장에서 자체 판촉을 실시해본 것과 안 해본 것의 결과는 향후 극명하게 나누어짐을 인식시키는 것도 필요하다. 전국 판촉과 지역 판촉의 개념과 의미를 설명해주어야 한다.

⑴ QCS 평가

가맹점 운영에서 가장 중시해야 할 항목이 QCS이다. 양질의 제품을 청결한 여건 속에서 제공하고 고객에게 가까이 다가서는 서비스를 해야 오랫동안 수익 창출이 가능하다는 것을 인지시키는 교육을 실시해야 한다. 가맹점의 매출 증대 방법 중 가장 중요한 비책은 최상의 품질을 깨끗한 환경에서 제공하고 진정으로 다가가는 서비스를 베푸는 것이다. 매장은 QCS로 시작하여 QCS로 끝난다는 말이 실감나도록 반복해서 실시해야 한다. 슈퍼바이저가 매장 방문 시 QCS 항목을 체크하고 지도 감독한다는 것을 미리 공지하고 인식시키는 것도 필요하다.

준비부터 오픈하여 마감 시까지 일련의 과정과 실천 사항을 세부적으로 구분 표시해서 교육시킬 수 있도록 준비해야 한다. 가맹점 방문을 하여 QCS 평가에 따른 본사의 조치 사항을 사전에 교육을 통해 강조하고 주입시켜서 중요성을 깨닫게 해야 한다. 가맹점 점검 후 아무런 조치를 하지 않으면 점검 자체가 무의미하여 효과가 없음을 본사에서도 인지하고 있어야 한다. 오픈 전 교육 시간 동안 QCS의 중요함을 반복해서 가맹점 사장 뇌리에 심어주는 것이 있어야 본사와 가맹점이 상호 원원한다.

⑿ 우수 매장 성공 사례

현장에서 실질적으로 매장을 운영해서 매출 증대 효과를 본 가맹점의 성공 사례 발표 시간을 갖는 것은 처음으로 창업해서 오픈을 앞둔 가맹점에는 유용한 시간이 된다. 현실적으로 매장 운영에 크게 도움이 되는 교육이기에 교육 과정을 만들어 놓고 실천하는 것이 좋다. 지역별, 매장 사이즈 별로 다소 상이한 환경일 수 있으나 대체로 가맹점이 처한 여건과 현상이 비슷하기에 그대로 성공 사례를 적용시켜도 실제적 효과를 볼 수 있다.

외식 시장이 갖는 속성이 매장마다 흡사한 것이 일반적이므로 피부에 직접적으로 오도록 짜임새 있게 성공 사례 프로그램을 만들어 현장에서 응용하고 적용할 수 있도록 교육하는 것이 좋다.

본사 교육팀에서 실시하는 것도 좋지만 성공한 가맹점 사장을 몇 명 지정해서 교육생 여건에 맞게 직접 발표 시간을 갖는 것이 더 큰 효과를 볼 수 있으니 참조할 필요가 있다. 또한 우수 매장 성공 사례를 발표하는 가맹점에는 소정의 혜택을 주면 적극적으로 자부심을 갖고 동참하니 활용해보길 권한다. 동질의 여건 속에 있는 동료 가맹점의 입김은 한 마디 한 마디가 살아 있는 교육이므로 그 효과가 크다.

✎ 오픈 후 교육

가맹점이 오픈한 다음의 교육은 정기 교육과 수시 교육으로 구분해서 진행하는 것이 편리하고 유익하다. 정기 교육은 연 1회 실시하는 것이 이상적이며 가맹점 운영 시스템과 가맹점 판촉 성공 사례 및 메뉴 조리 실습 관련 교육을 실시하는 것이 기본적이다. 가맹점을 오픈해서 운영하고 1년 정도 경과되면 자칫 나태해질 수 있기에 정기 교육의 중요성은 날로 증가되고 있는 상황이다. 정기 교육에서는 기본에 충실하고 초심을 잃지 않도록 경각심을 심어주는 것이 중요하다. 본사에서 전액 교육비를 부담하여 실시하는 방법과 가맹점 부담으로 하는 방법 및 반반 부담하는 경우가 있으니 여건에 맞게 선택해서 실시하면 된다.

본사에서 주관하는 모든 교육의 참석률이 곧 본사의 경쟁력과 직결된다. 평소 강력한 슈퍼바이저 시스템이 정착되었느냐에 따라 가맹점의 교육 호응도가 달라지므로 기본적인 가맹점 관리가 선행되어야 교육의 효과로 이어진다. 미참석 가맹점은 추가 교육을 진행해서 본사 교육 참석은 필수임을 인지시켜야 한다.

(1) 보수 과정

보수 교육은 차월별로 교육 커리큘럼을 정해놓고 사전에 가맹점에 공지하여 실시해야 참석률을 높일 수 있다.

선택 교육은 가맹점마다 부족한 부분을 채울 수 있게 본사에서 일정한 교육 프로그램 과정을 설정해서 정기적으로 실시하여 필요할 때마다 가맹점 사정에 따라 선택하게 하는 교육 방법인데, 생각보다 반응이 좋게 나타나고 있다.

위탁 교육은 외부 강사를 초빙해서 가맹점 운영에 관해 도움을 줄 수 있는 사항을 교육시키는 방식이다. 이러한 교육 방법은 각 분야의 전문가를 초빙해서 실시하기에 색다른 방법이나 예상보다 가맹점 호응이 좋은 편은 아니다.

모든 가맹점 교육에서 우선시할 것은 교육장과의 거리이다. 매장에 항상 운영 인원의 돌발 변수가 있어 일할 직원이 부족한 상황이기에 교육장과의 거리가 멀면 참석하고 싶어도 못한다. 이 점을 고려하여 교육 스케줄을 정하고 가맹점을 배려한 장소와 시간을 정해서 교육해야 한다.

⑵ 마케팅 및 판촉

가맹점 현장 강화 교육을 실시하고 가맹점 데이터 관리 교육 및 블로그와 SNS 활용 교육 등 다양한 방법으로 시행될 수 있다. 가맹점 지역 특성에 맞는 맞춤식 교육을 해주는 것이 유용하다. 온라인 교육의 중요성이 대두되고 있는 지금, 젊은 가맹점 사장은 익숙할 수 있지만 중장년층에게는 생소한 마케팅 방법일 수 있기에 고려해서 실시해야 한다.

인터넷에 익숙하지 않은 가맹점은 본사에서 기본적인 폼으로 틀을 잡아 주는 것도 좋고 아예 대행을 해주는 것도 효율적이다. 마케팅 및 판촉은 안 해도 된다는 인식을 갖고 있는 것이 일반적이므로 이를 탈피하도록 깨우쳐주는 교육이 필요하다. 판촉은 가맹점에서 하고 싶어도 방법을 몰라서 못하는 사례가 많으므로 구체적인 판촉 방법을 지역 특성과 로케이션에 맞게 교육시키는 전략이 있어야 한다.

(3) 가맹점 활성화

가맹점 운영 상태 등을 점검 및 평가하여 평균 미만 가맹점을 본사로 소집해서 교육을 실시하는 방법이다. 고객 서비스 및 매출 증대 비결을 비롯해서 QCS 교육을 집중해서 실시하는 것이 교육의 효과가 크다.

교육 통보를 받은 가맹점은 기분이 썩 좋지 않을 수 있으나 교육 받은 후에는 잘 받았다는 생각이 들도록 교육 준비에 특히 만전을 기해야 하는 것이 가맹점 활성화 교육의 본질이다. 일정 기간이 지났을 무렵 오픈 초기의 마음 자세를 갖도록 프로그램을 만들어야 한다.

말이 활성화 교육이지 어찌 보면 부진 가맹점 교육이라는 표현이 맞을 수 있기에 조심스럽게 접근해야 한다. 모든 가맹점이 교육을 받고 싶게 교육 프로그램 편성을 하고 열정적으로 교육시켜서 가맹점으로 파급되도록 할 필요가 있다. 초심을 잃지 않도록 동기를 유발하기에 가맹점 측면에서 보면 유익한 교육이 될 수 있으니 효율적인 교육이 되도록 취지를 이해시키고 참석을 유도해야 한다.

(4) 신메뉴

신메뉴 교육은 본사에서 신메뉴 개발을 할 경우 실시하는데 연 1회나 2회 실시하는 것이 일반적이다. 대체로 본사로 소집해서 교육을 실시하는 것이 원칙이며 때에 따라 지역적으로 집합해서 실행하기도 한다. 본사 기준대로 추진함을 원칙으로 하되 가맹점 요구를 듣고 교육을 실시하는 방법을 택해서 실천하는 경우도 있다. 교육 불참자를 대상으로 추가 교육을 실시해서 전 가맹점이 참석해 동시에 신메뉴 출시가 되도록 하는 것이 중요하다.

　조리 레시피를 동영상으로 촬영해서 가맹점에 배포하는 방법도 좋은 방법이나 집합 교육을 이수한 매장에 추가로 보내주는 것이 현명한 처신이다.

　메뉴 교육은 반드시 참석하도록 독려하고 점검해야 한다. 교육 참석 매장과 미참석 매장의 조리 매뉴얼은 큰 차이를 보이게 되고 통일성이라는 프랜차이즈 산업의 특성을 놓칠 수 있으므로 미참석 매장을 그냥 지나쳐 버리면 안 된다. 신메뉴를 출시할 때는 미참석 매장에 대한 재교육이 필수적이다.

임직원 교육

　프랜차이즈 사업은 사람에 의해 타인을 움직여서 본사 정책과 매뉴얼을 준수하도록 하여 수익을 창출하게 만들어주고 그를 토대로 주변에 입소문이 나서 가맹점을 확산하는 사업 시스템이므로 다양하고 변화된 선택과 집중화된 교육 프로그램을 개발하여 현장에 적용해야 성공 확률이 높다. 그러므로 교육 프로그램의 중요도는 날로 높아지고 있다.

　프랜차이즈 사업에서 가맹점 교육 이상으로 중요시해야 할 일이 임직원 교육이다. 프랜차이즈 사업은 사람 사업이라고 할 정도로 전문화되고 능력 있는 구성원이 본사 입장에서는 절대적으로 필요하다. 혼자 스스로 기획하고 실행해서 성과를 내고 결과물을 얻는 것이 아니라 상대방, 즉 가맹점 사장의 마음을 움직여 함께 정책을 실행할 수 있는 여건과 환경을 조성시켜야 하기 때문이다. 더구나 가맹점 사장은 대체로 산전수전 공중전을 다 겪은 사람들이고 연령이 어느 정도 있기에 더욱 그렇다.

잘나가는 프랜차이즈 본사는 업무 우선순위를 임직원 교육 강화에 두고 정기적 및 수시로 실행하고 있다. 직무별로 교육을 세분화시켜 추진하고 있고 상시적으로 반복해서 실시하고 있는 것이 공통점이다. 교육의 효과는 언젠가 반드시 나타나게 되어있다.

(1) 슈퍼바이저 양성 과정

슈퍼바이저가 해야 할 기본적인 업무와 현장 임무 및 역할까지 수행해서 성공적으로 완수할 수 있도록 소양 및 능력을 배양할 수 있는 교육 과정을 수립해서 정기적으로 교육을 실시해야 한다.

경력사원을 무한정 도입하기가 용이하지 않으므로 신인을 지속적으로 육성시킬 필요가 있다. 회사 문화를 이해하는 자원이 현장에 투입되는 것이 유리한 측면이 많기에 CEO는 슈퍼바이저 육성에 힘을 쏟아야 하고, 많은 관심을 갖고 지원을 아끼지 않아야 한다. 본사에서 근무하는 인원은 누구나 슈퍼바이저 자원으로 생각하고 교육을 받게 하며, 슈퍼바이저 임무가 프랜차이즈 사업에서 핵심임을 인지시킬 필요가 있다. 가맹점을 움직이게 하는 인력은 결국 슈퍼바이저이고 본사를 대신하는 소사장이기 때문이다.

현장에서 직접 슈퍼바이저 역할을 하고 있는 인력의 교육 프로그램은 실제 발생되고 있는 사실에 관해 처리 방안을 위주로 살아 있는 교육을 병행해서 실시해야 효과가 크다.

(2) 점포 개발 기법 및 노하우

영업 담당의 영업 능력에 대한 개인차가 크고 영업 실적에 편차를 보이고 있는 것이 영업 현장이다. 진실하고 성실하며 영업을 아는 경력 인력을 도입해서 상담 기법 및 클로징 노하우를 교육시킬 수 있는 프로그램을 개발하여 교육시키는 것이 필수 사항이다.

현실의 영업 조직은 신인보다는 경력 사원이 많아서 영업 교육은 사실상 전무한 실정이라고 해도 틀린 말이 아니다. 또한 유독 한 곳에 정착이 쉽지 않은 것이 영업 시장의 특색이라 영업 인력 육성보다는 재직 시 영업 실적을 올려주고 그에 대한 보상을 해주면 된다는 식이 팽배하게 이루어져 있다고 할 수 있다.

상권 분석 능력과 맞춤형 상담을 할 수 있도록 영업 프로세스 개발 프로그램을 만들어 상시적으로 교육시켜야 한다. 영업 담당의 언행에 따라 브랜드 이미지 제고에 큰 영향을 미치기 때문에 영업 교육의 중요성은 날로 커지고 있다. 영업에 바른길은 반드시 있으므로 변칙 영업을 하지 못하도록 교육을 강화해야 창업자와의 분쟁을 해소할 수 있다.

(3) 직급별 직무

외식업종에 종사하는 임직원의 역량에 따라서 사업의 성패가 좌지우지되는 일이 유독 타 분야보다 강한 곳이 프랜차이즈 본사이다. 전문 인력을 도입하고 육성하는 것이 필수적이다.

직급에 따른 직책별 업무 교육을 할 수 있도록 교육 프로그램을 만들어 맡은 업무에 따른 차별화 교육을 해야 한다. 신입사원 교육을 비롯해 대리, 과장, 차장, 부장 등 직급에 적합한 교육을 시켜서 직급에 대한 자긍심과 동기 유발이 되어 주어진 미션 완수를 하도록 직무교육을 활발히 진행해야 한다.

직급별로 교육을 하면 동질감이 생겨 상호 적극적인 대화를 하게 되어 교육의 효과를 배가시키는 장점이 있다. 팀장급을 별도로 모아 교육시킬 때 시너지 창출 효과는 배가되며 부서 간 이기주의를 없애고 생산적인 업무 추진이 행해진다.

직무별 교육을 할 때는 각자의 주장을 허심탄회하게 표출할 수 있는 환경을 조성해주고 일방의 주입식보다는 상호 토론식의 교육이 효율적이고 좋은 효과를 거둘 수 있다.

직무의 특성과 중요 사항을 적나라하게 드러내서 교육해야 한다. 직무 교육은 나와 직접 관련된 교육이라 진지하게 이루어진다는 속성을 지니고 있는 것이 타 교육과 구별되는 점이다.

프랜차이즈 본사에 근무하는 임직원은 상대를 설득할 수 있는 능력과 결정된 사항에 대해서 현장에서 실행하도록 하는 실천력을 지녀야 한다. 남과 원활한 의사소통을 할 수가 있어야 하며, 문제 발생 시에 해결하는 능력을 겸비해야 한다. 또한 브랜드에 대한 조리를 할 줄 알아야 하고 페이퍼 작성 능력 등을 지녀야 한다.

분야별로 전문 능력을 지닌 상사 또는 외부 전문가를 통해 꾸준히 교육을 실시해서 전문가를 육성하는 것에 주안점을 두어야 한다. 영업 사원은 영업력을 배가시켜주고 부서의 직무 특성에 적합한 직무 교육을 시켜서 잠재능력을 빼내어 전문인으로 육성시켜야 한다.

(4) 점장 능력 배양

직영점장 교육을 체계적으로 실시하는 본사는 많지 않다. 직영점 교육 프로그램을 소홀히 하고 현장에서 순간순간 말로 교육을 시키는 것이 대부분 본사 실태이다. 직영점이야말로 FM으로 교육 프로그램을 수립해서 원칙에 입각해서 교육을 실시해야 한다. 점장의 능력에 따라 직영점 매출과 수익이 좌우되기 때문이다. 점장 교육을 수시로 시켜야 하는 이유이다.

직영점 운영 모델이 가맹점 운영으로 직결되기에 직영점은 교육의 산실이 되어야 하므로 점장의 역할은 곧 가맹점 운영의 표본이 된다고 해고 과언이 아니다. 그러므로 점장 교육을 강화할 필요가 있다. 별도로 교육장을 두지 않는 본사는 직영점에서 창업자 교육을 실시하는 것이 일반화되어 있어서 직영점장의 매장 운영 상태는 가맹점 확산과도 연계되어 있기에 심혈을 기울여 실시해야 한다.

(5) 직장 예절

동료와 원만한 인간관계를 유지해서 원활한 소통을 이루어야 부서 간 시너지가 창출되어 업무 효과를 배가시킬 수 있는데, 겸손한 자세로 상대를 배려하는 마음이 선행되어야 가능하다. 직장생활에서 기본 예절이 몸에 배어 있는 직원은 직무를 떠나 1차적으로 상사에게 호의적인 점수를 얻을 수 있어서 업무까지 상사로부터 인정받을 수 있는 여건이 조성될 수 있다. 가맹점 및 협력 업체와 자주 마주쳐야 하는 프랜차이즈 본사는 예의 바른 언행을 갖추고 주어진 일을 하도록 예절 교육을 시키는 것을 게을리 해서는 안 된다. 정신 교육이 필요하다.

항시 밝은 표정을 짓고 당당하고 명쾌하게 상대의 표현에 화답할 줄 알며 주어진 일을 잘해내서 믿음이 가는 사람이 되도록 본사는 정기적으로 임직원 교육을 해야 한다. 어떤 이유에서든 상사가 불렀을 경우는 "네 ○○님!" 하고 응답을 한 후 메모장을 지니고 다가가는 습관을 지니도록 하고, 상사의 지침은 끝까지 듣고 궁금한 사항에 대해서는 상사의 말을 끊지 말고 상사의 말이 끝난 다음에 하는 것이 좋다. 잘못 알아들었든지 수긍이 안 가는 부분이 있을 때는 재차 질문하는 것이 옳은 일이고, 상사의 지시가 마무리된 후에는 간결하게 정리해서 복창을 해주는 것이 좋다. 직장 예절을 잘 지키는 사람이 업무 성과도 잘 낸다는 것이 조직에서 입증되고 있는 것이 사실이다.

(6) 전화 응대

외부인이 회사에 대해 좋은 이미지를 느낄 수 있는 첫 번째는 전화 받는 본사 직원의 입에서부터 비롯된다. 전화 받는 요령을 대부분 간과하고 넘어가는 것이 일반적이다. 전화 예절 교육은 회사 매뉴얼을 수립해서 실시해야 한다.

얼굴을 보지 않는 전화상의 말과 표현은 받아들이는 입장에는 자칫 불손하다는 느낌을 받기 쉽기에 주의를 요구한다. 처음으로 전화를 받는 직원이 그 회사의 얼굴이라고 보면 맞다. 상냥하게 친절히 응대해야 하는 이유이고 업무 지식을 쌓아서 상대방이 원하는 사항에 대해 신속하고 정확히 답을 해주어야 한다.

전화는 벨이 두 번 이상 울리기 전에 받는 습성을 갖도록 해야 한다. 전화를 받는 순간 부서명과 성명을 말해주어야 전화를 한 사람에게 회사에 대한 신뢰감을 주고, 왠지 나의 궁금한 사항을 해소해 줄 것 같은 뉘앙스를 갖게 해줄 수 있다. 상대가 용건을 말하면 핵심 사항을 반복해서 확인하고 마무리 인사를 하는 것이 좋다. 상대가 원하는 바를 파악하여 간단명료하게 응답해줄 수 있도록 교육을 시켜서 좋은 기업 이미지를 제고하도록 해야 한다.

(7) 보고 요령

보고만 잘해도 출세한다는 말이 있다. 오늘은 보고할 게 없다는 말도 상사에게 보고할 줄 알아야 한다. 담당이 스스로 판단해서 어떤 일을 해결할 수 없다고 단정 짓는 것은 지양해야 한다. 현장의 일을 스스로 먹어버리는 것은 금물이다. 직급이 위로 갈수록 해결할 수 있는 대안이 나오기에 업무 보고를 철저히 하는 습관을 생활화하면서 보고하는 습관을 갖도록 강조하며 지도해야 한다. 보고를 하지 않아 해결 타이밍을 지나쳐 별일도 아닌 것이 크게 확대되는 경우가 속출하기에 보고의 중요성을 인식하고 근무하도록 교육해야 한다.

일의 진행 사항을 수시로 보고하는 습관도 지녀야 한다. 지시 사항에 대한 중간보고는 시일이나 시간이 계획보다 더 소요될 때와 갑작스럽게 상황이 변하고 예기치 못한 문제가 발생할 때는 때를 놓치지 말고 상황 설명을 상사에게 해야 한다.

보고를 할 때는 결론을 먼저 말하는 두괄식 방법을 택하는 것이 핵심 사항을 전달하는 데 효율적이다. 결론을 말하고 경과 과정을 설명한 후 개인의 견해를 밝히는 것이 보고를 잘하는 요령이다.

보고는 본인에게 지시한 상사에게 직접 가서 보고 하는 것이 원칙이나 지시자보다 아래 직급인 직속 상사가 있을 때는 지시받은 내용을 사전에 직속 상사에게 보고하고 원래의 지시자에게 직접 보고하는 것이 올바른 보고 체계이다.

✎ 매장 관리 교육

(1) 마음가짐

내 것은 다 버리고 열정적으로 본사 교육에 임하는 자세가 먼저 선행되어야 한다. 평소 교만한 마음이 조금이라도 있었다면 다 지워야 한다. 매장에 발을 들여 놓는 순간, 바보 콘셉트로 변신할 줄 아는 것이 우수 매장으로 가는 지름길이다. 남 밑에서 매장 일을 잘하는 사람도 직접 사장이 되어서 매장을 운영할 때는 직원 때처럼 헤매는 일이 있는데, 이것은 전체를 보는 눈이 부족해서다. 학교 다닐 때 영어와 수학만 잘하고 타 과목을 못하는 경우와 같은 이치이다. 특정 과목만 잘해서는 좋은 학교에 못 가는 것과 같다. 오픈부터 마감까지 일련의 사항 전체를 한눈에 체크하고 관리한다는 각오로 자신을 낮추고 고객을 대해야 한다. 자신을 내려놓는 것이 우선이다.

(2) 인사

매장 운영에서 가장 중요한 것이 고객에게 진정으로 하는 인사다. 고객이 올 때나 나갈 때, 홀 서빙을 할 때, 항상 큰 소리 솔음으로 인사를 하는 것이 중요하다. 진실성이 없는 인사는 고객이 알게 되고, 매장에 대한 좋은 이미지를 심어주지 못한다. 인사만 잘해도 장사는 잘된다는 것이 진리이다. 현장에서 매출 증대의 큰 비중을 차지하고 있는 것이 인사다.

인사는 고객한테 한결같이 해야 한다. 언제는 잘했다가 어느 날은 대충하면 안 되고 항상 일정하게 똑같이 하는 것이 제일 중요하다. 인사는 상대방에 대해 본인의 인격과 교양을 나타내는 표시이며 상대에 대한 존경심을 외부로 드러내는 것이다. 우애를 간접적으로 보여주는 것이며, 고객에게는 사랑과 봉사의 표현을 전달해 준다. 인사는 회사와 매장에 대한 애사심의 표시이자 서비스 정신의 표현이며 교양과 인격의 표현이다.

인사하는 요령은 다음과 같다.
① 인사는 내가 먼저 한다.
② 상대방 보고 미소를 짓는다.
③ 상대방에 맞추어서 한다.
④ 큰 소리로 명랑하게 호칭하며 정중함이 느껴지도록 한다.

⑤ 지속해서 한다.

(3) 자신감

항상 자신감 있게 고객을 대하고 고객이 방문하면 스스로 자신을 고객에게 인식시킬 줄 알아야 한다. 고객한테 실수할까 봐, 또는 실수가 무서워서 고객에게 스토리텔링을 하지 못하고, 다가가 시도도 해보지도 않는다면 그건 망하는 매장의 지름길이 된다. 실수해도 되니 고객에게 자신을 어필하기 위해 애교도 떨고, 친절하게 말 걸기를 꼭 해보는 습관을 갖는 것이 충성 고객 확보에 좋다.

어떤 일이든지 자신감이 있느냐 없느냐가 승리의 면류관을 쓰느냐 못쓰느냐를 결정짓는다. 특별히 매장에서 고객에게 자신감을 가지고 하나부터 열까지 대하는 것이 방문 고객을 만족시켜 단골을 많이 확보할 수 있다. 어느 분야든 마찬가지지만 고객을 대하는 목소리부터 자신감에 넘쳐야 고객의 마음을 움직일 수 있다. 자신감은 상대가 먼저 알아차리게 되어있고, 상대에게 기운을 전달하는 효과도 있으므로 매장의 활력을 위해 필요한 부분이다.

(4) 고객 성향 파악 및 관리

매장을 방문한 고객을 기억하는 습관을 갖도록 노력해야 한다. 헤어스타일 및 패션스타일, 외모 등 고객의 성향 파악을 잘하는 것이 좋다. 고객은 상대방이 자기를 기억해주면 감동하게 되어 있다. 먼저 알아봐 주고 기억하고 편안하게 해주는 것이 고객에 대한 최고의 예우다.

고객을 기억해 준다는 것은 고객 입장에서는 감동스러운 일이다. 꼭 기억해주고 먼저 알아봐 주며 먼저 다가가야 한다. 고객 서비스는 고객에게 호감과 기쁨을 주고 고마움을 느끼게 하는 가치 있는 행동이다. 고객과 회사와 본인에게 이익을 창출하게 하는 이러한 행동을 고객 서비스라고 일컫는다.

고객은 기억해주길 바라며 환영받고 싶어 하고 관심받길 원한다. 누구나 마찬가지이다. 중요한 사람으로 인식되길 희망하고 편안한 곳을 찾게 되며 기대와 요구를 수용해주길 바라는 것이 일반적인 심리임을 기억해야 한다. 고객들은 매장의 좋은 점이나 불편하고 마음에 안 드는 점을 의도적으로 가맹점 사장에게 말해주지 않는다. 싫으면 소리 소문 없이 떠나가는 것이 고객이다.

항상 일정하게 패턴을 유지해서 매장 관리를 하는 것이 필요하고, 고객 클레임이 발생했을 시 오버하지 말고 있는 그대로 침착하게 진심으로 사과하고 진정성 있게 대하는 것이 좋다. 고객이 매장에 발을 디디는 순간부터 긍정의 마음과 밝은 표정으로 맞이하는 자세를 지녀야 우수 매장으로 갈 수 있다는 것을 명심해야 한다.

⑸ 위생 청결

깨끗한 음식이 좋은 음식보다 고객을 유입하는데 앞설 수 있다. 깨끗함 속에는 좋은 맛이 내포되어 있다는 생각이 드는데, 맛있는 음식이 깨끗하다는 인식은 덜 하게 된다. 매장은 홀과 주방의 청결에 만전을 기해야 하지만 특별히 화장실 청결에 최선을 다해야 하는 것을 잊지 말아야 한다. 화장실은 주변 매장보다도 항상 더 깨끗하게 청소해야 한다. 화장실에 가보면 매장 전체의 청결 상태를 한눈에 파악할 수 있다. 실내에 화장실이 있는 매장의 경우, 여자 화장실에 비데를 설치해서 고객이 늘어나는 경우가 많으니 참조할 필요가 있다.

주방 위생 관리를 철저히 하고 깨끗이 매일 청소하는 습관을 지키며 직원에게도 청결의 중요성을 강조해 어느 고객이 봐도 참 깨끗한 매장이라는 인식을 심어주는 것이 중요하다. 프라이어기 기름을 아끼려다 오래 사용하지 못하고 규정대로 교체하지 않아 고객의 발길이 뚝 떨어지는 사례가 많다.

용모 단정이란 용어가 자칫 내면보다 외모에 치중하라는 말로 잘못 해석될 수 있다. 여기서 용모 단정이란 깔끔하고 정결한 의상과 공손한 언행과 태도를 말한다. 매장에서 근무하는 직원들은 본인의 용모를 단정하게 하고 늘 청결을 유지해야 한다. 청결과 매출은 반비례한다는 역설적 논리를 주장하는 사람들도 있지만 옳지 못한 짧은 생각이다. 장사를 오랫동안 잘하는 매장은 그곳만의 남다른 무언가가 있다. 초심을 잃지 않고 계속해서 실행에 옮기고 있는 점이 여느 매장과 차이 나는 점이라고 단언할 수 있다.

(6) 고객 서비스

고객이 매장을 방문하여 즐거움과 만족을 느끼고 계속 재방문을 하도록 깨끗하고 밝은 분위기를 조성하고, 친절하고 예의 바른 서비스를 제공해주는 행동을 고객 서비스라 통칭한다.

고객 중심의 최상급의 서비스 제공과 고객의 편리에 부응하는 맞춤형 서비스로 양극화되는 경향을 보이는 것이 현대의 서비스다. 고객이 매장에 발을 딛는 순간부터 음식을 주문하고 계산을 마치고 매장문을 나설 때까지 접객을 어떻게 하느냐에 따라서 매출 증대와 수익 창출의 판가름이 난다고 할 수 있다.

고객 서비스의 기본 사항은 Q(양질의 제품), C(청결), S(서비스)다.

종업원의 무관심, 깨끗하지 못한 환경 속에서 매뉴얼을 준수하지 않은 제품을 고객에게 제공하는 것은 재방문을 하지 못하게 하는 것과 같은 행위이다. 재방문을 위한 중요한 행동은 고객이 원하고 바라고 필요로 하는 서비스를 먼저 다가가서 베푸는 것이다. 이것은 매장을 운영하면서 첫 번째로 중시해야 할 부분이다. 고객에게는 항상 밝고 명랑하고 예의 바르게 다가가는 것이 중요하고, 일관성 있게 대한다는 자세를 가져야 한다.

고객의 눈높이에 맞는 인사, 웃는 표정, 당당한 목소리, 단정하고 수수한 용모로 진정성 있게 응대하는 것이 선행되어야 단골 고객에서 충성 고객까지 확보할 수 있게 된다. 고객한테는 관심을 갖지 않는 모습을 보이지 말아야 하며 고객이 기다려야 될 상황에서는 양해를 구해야 한다. 동료 직원과 험담을 하기보다 동료 의식을 지니고 일해야 하고, 바쁠수록 평정심을 갖고 고객을 응대해야 한다. 항시 몸가짐을 바르게 하고 매장 근무에 임해야 함을 잊어서는 안 된다.

고객의 마음을 사로잡을 수 있는 접객 요령 순서는 다음과 같다.

① 고객이 매장을 방문할 시 매장에서 일하고 있는 전원이 다 같이 "어서 오세요." 하고 제창한다.(주문받고 있는 인원은 예외)

② 벨이 울렸을 때 다 같이 "예" 하고 외친다.('네'보다는 '예' 소리가 더 크게 들린다)

③ 고객이 음식을 주문할 시 주문 내용을 들은 후 주문 내용을 반복해주어 주문한 내용이 맞는지 확인한다.

④ 고객에게 음식을 제공할 때는 "실례하겠습니다. 주문한 음식 ○○○나왔습니다."라고 말하고 "맛있게 드세요."라는 말도 함께 한다.

⑤ 고객이 계산할 경우 미소를 지으며 "맛있게 드셨어요?"라는 멘트와 함께 영수증 발행 여부를 묻는다.

⑥ 고객이 출입문 쪽으로 걸어가면 "감사합니다. 안녕히 가세요."를 크게 외친다.

PART 04

메이저 프랜차이즈 기업으로 가는 길

Chapter 1

메이저 프랜차이즈로
진입하기 위한 필수 요건

　안정적으로 가맹사업을 영위해서 브랜드 가치를 드높이기 위해서는 브랜드 특성에 맞는 경영 정책을 펼쳐야 한다. 연초에 수립한 경영 정책이 현장에서 실행될 수 있도록 평소 기업 문화를 조성하고 직원 육성에 만전을 기하도록 해야 한다.

　마이너급에서 메이저급으로 진입하기 위해 실천해야 할 정책은 다음과 같다. 열거한 내용에 중점을 두고 유념하기 바라며 현장에서 실행해 볼 것을 권장한다.

✎ 소통 제일주의

(1) 가맹점 방문 및 QCS 강화

　슈퍼바이저가 매월 정기적으로 가맹점을 방문해서 매장 운영 실태를 파악하고 지도하는 감독 기능을 강화해야 한다. 고객에게 최상의 품질로 청결하고 깨끗한 환경에서　제공하며 다가가는 서비스를 하도록 교육시키고 관리하는 것이 중요하다. 가맹점 위치에서 본사 슈퍼바이저가 방문을 하느냐와 안 하느냐는 매뉴얼 준수 여부에 지대한 영향을 미칠 수밖에 없다. 전화 상담과 얼굴을 마주보고 하는 상담은 천지 차이다. 프랜차이즈 사업 속성상 가맹점이 본사 방향대로 움직여야 성과를 낼 수 있는 구조이기에 가맹점 방문 횟수가 잦을수록 정책을 이행시키는 데 유리하다. 물론 슈퍼바이저의 역량이 수반되었을 때 적용되는 말이기에 슈퍼바이저 육성에 집중하는 것도 게을리 해서는 안 된다.

(2) 가맹점 게시판

홈페이지를 활용한 가맹점 게시판 활성화는 본사와 가맹점 간의 소통 채널로는 최적의 방식이라고 할 수 있다. 본사의 인프라가 미비한 상태에서 가맹점 게시판을 운영하면 긍정적인 면보다 부정적인 면이 훨씬 크게 나타나므로 주의해야 한다. 실시간으로 현장에서 본사와 현장의 전반적인 고충을 토로하고 해결책에 대해 신속히 피드백을 받을 수 있기에 본사와 가맹점 사이의 원활한 소통 방법의 일환이다.

일부 가맹점에서 일방적으로 매장 입장에서만 요구하는 사항을 올리거나 비방과 선동으로 느낄 수 있는 어휘로 글을 올리는 사례도 가끔 발생하기에 가맹점 게시판을 운용하려는 본사는 미리 여러 대응책을 강구해놓고 실시하는 지혜가 필요하다.

✎ 브랜드 가치 증대

(1) 브랜드 스토리 전파

본사가 지니고 있는 브랜드 특성과 강점에 대한 스토리를 만방에 알리고 각인시킬 수 있는 방책을 수립하여 파급시켜야 한다. 성공적으로 정착한 브랜드는 고유의 지나온 발자취가 내포되어 있어서 대대로 내려오고 있는 것이 일반적인 사실이다.

브랜드 스토리를 알리는 방법으로 내부 인테리어를 활용하는 것도 좋으나 각종 대외 홍보물을 비롯해 온라인 채널을 활용하여 외부로 노출할 기회가 있을 때마다 강조하고 표현하는 것이 생산적이다.

프랜차이즈 사업을 전개해 가면서 스토리를 생성해가는 브랜드도 있지만 사업 초기부터 스토리가 있을 경우 성공적으로 빠르게 안착하는 데 많은 이점을 가진다. 브랜드 스토리가 깊을수록 고객이 받아들이는 신뢰도는 높게 형성된다는 것이 현장에서 이미 검증되었기에 스토리 전파는 중요한 부분이라고 강조한다.

(2) 가맹점 확산 목표 설정

가맹점 개설 목표를 명확히 설정하고 세부 사항을 추진하는 것과, 흘러가는 대로 이행할 때의 결과치는 생각보다 크다. 가맹점이 늘어나는 것처럼 브랜드 홍보에 유리한 것은 없기에 모든 본사가 가맹점 확산에 주력을 하게 되지만 현실은 뜻한 대로 이루어지지 않는다. 가맹점에서 수익이 나야만 저절로 창업 문의가 쇄도하게 되므로 매장 확산 시 우선 사항은 브랜드 수익 구조를 완벽히 만들어 놓는 것이 급선무라 할 수 있다.

매장 이익이 창출되면 시기가 문제지 때가 되면 매장이 확산하겠지 하는 생각은 오판이다. 유사 브랜드 난립과 유행 시기가 도래되면 시대적인 상황으로 브랜드 하향세를 보이게 되는 곳이 외식 시장이기 때문이다. 브랜드가 정착되었다는 판단이 들면 공격적인 영업 전략을 통해서 가능한 빠른 시일 안에 지역을 선점하여 시장 점유율을 높이는 것이 필요하다.

✎ 적극적인 마케팅 및 홍보

(1) 다각적 채널

다양한 채널을 이용한 대외 브랜드 마케팅 및 홍보 활동을 전개하여 브랜드를 되도록 빈번히 노출시키는 것이 좋다. PROMOTION, SNS, BLOG, NAVER 등 각종 루트를 통해서 브랜드를 널리 알리는 데 주력해야 한다.

전국 판촉 및 지역 판촉을 병행해서 브랜드를 간접적으로 홍보하고 페이스북, 인스타그램, 트위터, 유튜브 등 온라인 채널을 활용하는 것도 유익한 방법이다. 고객이 방문하여 블로그에 올릴 수 있도록 활성화시키고 현재 유행되고 있는 유튜브를 통한 브랜드 노출도 유용한 방법이므로 공격적으로 실천할 필요가 있다. 인터넷 네이버를 이용한 브랜드 기획 기사를 활성화시키는 것도 브랜드를 노출시키는 좋은 방법이다.

(2) 가맹점 홍보 및 지원

가맹점 지역 상권에 맞게 매장 단위별로 브랜드 홍보 활동을 한다. LSM, 즉 지역 점포 마케팅을 통해 지역 특성에 부합한 차별화된 마케팅으로 매출 증대를 이룰 수 있는 전략이 필요하다. 대도시 및 광역시에 위치한 가맹점과 중소도시에서 운영 중인 가맹점 간 지역 특색은 상이한 점이 많다.

고객층의 생활수준과 음식 선호도가 다르고 그 지역만의 무언가 특징이 있으므로 이를 파악해서 적합한 마케팅 전략을 세우도록 본사에서 지원하고 관리해주어야 한다. 지역 여건상 불리한 환경에 있는 가맹점의 마케팅 방법으로 기대보다 효과가 크게 나타나고 있기에 장려할 만한 사항이다.

✎ 교육 프로그램 강화

(1) 오픈 가맹점

마스터 운영 관리가 가능하도록 이론 교육과 현장 실습 교육을 병행할 수 있는 교육 프로그램이 필요하다. 기초 교육 과정을 실질적이고 현실적으로 수립해 현장에 접목하여 매장 초기 운영 시 어려움이 없도록 하며 학습 효과를 위해 육군사관학교 교육 이상으로 교육 과정 원칙에 의해 실시하는 것이 중요하다. 교육만큼은 물러나거나 교육생 사정을 봐주지 않고 양보 없이 실시하는 것이 매장을 오픈한 후에 도움이 된다.

매장 운영 프로세스부터 고객 관리 요령 등 오픈 전에 반복적으로 이론과 실습 교육을 시켜서 매장 운영에 대한 두려움을 없애고 조리 매뉴얼이 숙달되도록 교육을 해주는 것이 중요하다. 교육 기간 및 교육 장소, 교육 대상 등 본사에서 교육의 중요성을 강조한다는 인식을 초기에 인식시켜줄 수 있도록 교육 시스템을 정립해둘 필요성이 있다.

(2) 기존 가맹점

매장 운영에 필요한 실무 중심의 교육 프로그램을 실행한다.

고객 서비스 교육을 비롯해 기본 세무 회계 방법과 인터넷 활용법 등 이미 알고 있는 지식을 상기시켜주고 숙달되도록 해준다. 매장 운영을 하면서 일정 시일이 지나면 나태해지고 매너리즘에 빠질 수 있으며 자신도 모르게 초심을 잃고 행동하게 되는데 이를 미연에 차단하고 방지시키는 것이 가맹점 교육의 주목적이다.

본사 교육을 다녀가면 무언가 배워서 시간이 헛되지 않았다는 인식을 심어주어 타 가맹점에게 파급되도록 교육 프로그램을 철저히 수립하여 실시하도록 해야 한다.

기존 가맹점 교육은 많은 가맹점이 교육에 참여할 수 있도록 제도적 장치를 마련하여 놓는 것을 우선시해야 교육의 효과를 거둘 수 있다. 여러 핑계를 이유로 불참하는 가맹점이 많기 때문이다.

히트 상품 개발

(1) 현장의 소리

고객의 니즈와 트렌드에 부합한 상품을 출시하기 위해 가맹점과 일반 고객층을 대상으로 신메뉴를 공모하는 방법으로 현장의 의견을 청취하는 것도 좋다. 어느 분야에서나 대표성이 있는 제품 또는 메뉴가 존재하듯이 브랜드를 상징하는 히트 메뉴 개발과 존재는 필수적이다.

가맹점과 고객의 취향과 기호, 현장 흐름에 걸맞은 메뉴 개발을 위해 여러 의견을 듣고 실행하는 것이 히트 메뉴를 개발하는데 효과적이다. 현장에서 새로운 것을 발견하고 함께 동참하여 실천한다는 것을 주지시켜서 작품을 만드는 것이 생산적이다. 꾸준하게 물이 고이지 않도록 브랜드를 대표하는 메뉴 개발에 박차를 가하는 것은 본사의 숙명이다.

(2) 빅 데이터

브랜드 트렌드에 적합한 다양한 메뉴 선발 테스트를 통해 경쟁력이 있는 상품을 개발하여 출시한다.

참신하고 시대 변화에 부응하는 메뉴 정보를 제공해주는 여러 메뉴 선발 대회를 실시하여 시상하는 시책을 전개하면 참여도를 높여 획기적인 메뉴군이 형성될 수 있다. 현장에서 모든 것이 이루어지고 현장에서 해법을 찾아야 하기에 본사는 모방할 것은 하면서 다양한 환경을 접하고 있는 현장의 소리를 반영하여 메뉴를 개발할 수 있는 여유와 슬기를 지니는 것이 중요하다. 음식의 기호는 주관적일 수 있지만 대중이 선호하고 시대 흐름을 쫓는 메뉴는 반드시 존재하기 마련이므로 본사의 일방통행을 지양하고 함께하는 메뉴 개발을 권장하고 싶다. 일부 본사는 신메뉴 개발 시 CEO의 의중에 따라 크게 좌우되는 경향을 보이고 있는데 이는 좋은 방법이 되지 못하는 편이다.

✒ 성공 사례집

(1) 우수 가맹점 노하우

성공적인 매장 운영 가이드북을 제작한다. 운영 노하우를 상호 공유하고 실천하여 매출 증대에 기여하도록 현장에서 실천하여 성과를 거둔 사례들을 모아서 책자로 발간하는 것이다. 성공 사례집을 가맹점에 배포하는 것은 웬만한 판촉 행사보다도 실효성이 큰 방법이므로 적극적으로 권하고 싶은 정책이다.

가맹점에서 적극적으로 참여하도록 해야 취지를 살릴 수 있는데 평소 슈퍼바이저 제도를 얼마만큼 잘 구축해서 실행하고 있는지 여부에 따라 가맹점 참여도가 나타나게 되어있다. 본사 차원에서 훌륭한 가맹점 성공 사례라고 판명될 때 시상하면 그 효과는 배가 된다.

(2) 성공 사례 분석

가맹점 성공 사례 조사와 분석에 따른 운영 전략과 고객 관리 방법에 대한 기법 요약서를 발간한다. 어떤 방법으로 현장에서 실천하였기에 성공을 거두었는지를 심층 분석해서 지역별 또는 여건에 적합한 공통적인 성공 사례집을 만든다. 핵심 사항만 집약시켜 왜 성공할 수밖에 없는지 원인과 과정 및 결과를 요약 정리해서 배포하면 현장 반응이 좋다.

성공 사례집은 배포에서 끝나지 말고 반복적인 교육을 통해 주지시켜야 실천하게 되는 속성을 지니고 있다. 그러므로 간결하게 한눈에 볼 수 있는 과정 관리를 담은 요약서를 편집하여 배포하는 것이 가맹점 입장에서 활용성이 높게 나타난다. 분석을 통해 결과를 만들어낸 근본적인 이유를 찾아 가맹점을 이해시키고 설득해서 실행할 수 있도록 하는 것은 순전히 본사의 몫이고 경쟁력이다.

✎ 우수 가맹점 시책

(1) 절대 매출 및 신장 매출

본사에서 가맹점에 거는 시책은 사기 진작과 도전 의식을 유발시켜 가맹점 사장의 몸과 마음을 움직이게 만들고, 평소 행동을 변신시켜 긍정 에너지를 뿜게 하여 결국은 매장 매출 증대를 통한 수익 창출까지 이어지도록 하는 것이다. 그렇게 되면 본사를 보는 시야도 달라질 수 있다.

시책은 여러 가맹점이 도전할 수 있도록 합리적이고 객관적인 기준을 세워서 실시해야 한다. 같은 평수를 지닌 가맹점 간 경쟁 시책을 전개하고 절대 매출 부분과 신장 매출을 구분해서 펼치는 것이 도전 의욕을 심어주어 시책을 전개하는 기본 취지에 부합할 수 있다. 3개월에서 6개월을 합산하여 평균 수치를 기준으로 시상 기준을 만들고, 해당 가맹점에 대한 시상은 여러 가맹점이 모일 기회가 있을 때 시상하는 것이 유익하다.

⑵ QCS 우수 가맹점

본사에서 매장 운영의 기본인 QCS를 강조하고 있다는 부분을 간접적으로 가맹점에게 부각시키고 인지시키는 것이 필요하다. 양질의 품질을 청결한 환경 속에서 지속적인 고객 만족 서비스로 실천하는 가맹점이 많아야 본사가 발전한다는 것은 프랜차이즈업의 지상 과제이고 숙명이기에 QCS 우수 가맹점 시상은 절대적으로 필요한 부분이라고 강조하고 싶다.

계속해서 실행하기 힘든 것이 가장 기본적인 임무인 것처럼 현장에서 놓치기 쉬운 부분이 QCS 분야이다. 매장 오픈 초기는 누구나 배운 대로, 알고 있는 방법으로 운영하려고 노력하고 실시하지만 시일이 지날수록 점점 관심 밖이 될 수 있기에 채찍과 당근을 함께 주어야 한다. QCS 우수 가맹점 시상은 많이 줄수록 본사는 득이 더 크다.

✎ 사회 공헌 활동

⑴ 소외 계층

사회 저소득 계층에 대한 관심과 배려를 통해서 기업 이미지를 부각시키고 임직원의 봉사 정신 함양을 통해 나보다는 우리라는 가치관을 갖게 하는 일거양득의 효과를 거둘 수 있다. 유관 단체에 기부 및 기탁을 하고 소외 계층에 대한 지원을 아끼지 않는 본사로서 기업의 사회적 책임을 다한다. 우량 기업으로서 가맹점에게 전파시켜 본사에 대한 우호도를 긍정적으로 갖게 만드는 데 기여하는 기능도 지닌다.

외식 시장 특성상 사회봉사 활동이 활성화되어 있지는 않기에 사회봉사를 활발히 추진하는 본사는 상대적으로 언론 매체를 통해 대중에게 알려져 인지도를 높이는 계기로 만들 수 있는 장점이 있다. 정기적인 봉사 활동과 불우한 환경에 있는 분들에게 은혜를 베푸는 것은 그 이상으로 언젠가 되돌아오는 것이 진리이다.

(2) 협력사

협력사와 협업을 통해 상생 공동체 의식을 강화하고 잉여 가치를 실현시킬 수 있는 환경 조성이 요구된다. 좋은 재료와 집기를 공급해주고, 좋은 재질로 공사하여 훌륭한 작품을 완성시켜 가맹점을 만족시키는 협력 업체가 다수 포진되어야 본사의 경쟁력을 강화시킬 수 있다. 본사의 경영 정책과 기업 문화를 이해한 후 한식구라는 관념을 가슴속 깊이 새기고 본사를 지원 사격해주는 협력 업체를 만들기 위해서는 상호 이해관계를 잘 설정해서 서로의 이익을 만들 수 있도록 구조적인 장치를 마련해두는 것이 필수적인 사항이다. 본사와 가맹점은 물론이고 협력사까지도 함께 상생한다는 사고를 갖는 것이 가맹점을 확산시키기 위한 최상의 방책이다.

✏ 가맹점 소통 창구

(1) 본사 정책

본사와 가맹점의 소통과 화합 차원에서 본사 정책을 사전에 대표 가맹점들과 협의를 통하여 조율해서 본사 정책에 대해 일사불란하게 실행하여 원하는 성과를 거둘 수 있도록 한다.

본사에서 실시하는 정책에 대해 미리 가맹점과 공유를 통해 불필요한 잡음을 없앨 수 있도록 하여 서로 실행력을 높이도록 하는 것이 필요하다. 본사의 일방적인 각종 정책 전개에 따른 가맹점의 신뢰도 추락으로 브랜드 이미지가 실추되어 공연히 전력을 소모하는 일을 미연에 방지하기 위해 100호점이 넘는 본사에서 활용하고 있는 방법이기도 하다. 사전 공지와 협의 없이 추진하는 제반 사항에 대해 본사와 가맹점 간의 여건이 크게 변했기에 더욱 협의에 의한 정책 시행이 요구된다고 할 수 있다.

(2) 가맹점 소리

슈퍼바이저를 통해서 가맹점 현안 과제와 고충을 듣고 해결해주는 것도 필요하나 지역 대표성을 갖춘 가맹점과 허심탄회하게 현안 문제와 향후 추진할 정책에 대해 토의하여 실천에 옮기도록 하는 작업도 중요하게 대두되고 있다. 여러 채널을 사용해서 본사에서는 현장의 소리를 듣고 다방면의 견해를 수렴하여 수용할 것은 수용하고 이해시킬 사항은 이해시키는 액션이 있어야 신뢰와 우호도가 좋아져 상생의 길로 갈 수 있다.

가맹점이 참여했다는 사실만으로 본사의 일방적 행동이 아니라는 인식을 줄 수 있어서 가맹점의 견해를 사전에 수렴할 때 좋은 효과를 기대할 수 있기 때문에 적극적으로 활용할 필요가 있다. 가맹점과 만나서 동참 의식을 불러일으키는 것이 공동체 의식을 심어주어 강한 추진력을 유발시키는데 유리하게 작용한다는 점을 염두에 두는 것이 필요하다.

✎ 전국 브랜드화

(1) 전사적 자원관리(ERP)

계속기업으로 남기 위해서는 즉흥적인 관리 체계에서 탈피하여 인터넷을 활용하여 한눈에 어디서나 실시간으로 작업하고 결제하며 실행할 수 있도록 전산화 시켜놓는 것이 중요하다. 특히 가맹점 관리와 점포 개발 부분의 자원 관리는 효율적으로 운영할 수 있는 특장점을 갖기에 메이저급으로 진입하기 위해 ERP는 필수적으로 구축해야 할 시스템이다.

ERP 구축에 과다한 비용이 소요될 수 있으나 최근에는 최소 비용으로 프랜차이즈 사업에 최적화된 전사자원관리 프로그램이 개발되어 공급되고 있어 활용할 수 있는 방법이 다양하기에 여건에 적합한 프로그램을 선택해서 사용하면 된다. ERP는 임직원에게 활용 습관화를 시키는 것이 우선시되어야 정착하기가 쉽고 효과를 볼 수 있다.

(2) 지역 조직 구축

본사를 둔 특정 지역에서 벗어나 전국에 골고루 브랜드를 파급시켜 매장을 오픈시키기 위해서는 광역시별로 지역을 책임지고 관리할 운영 체계를 두는 것이 빠르게 가맹점을 확산시킬 수 있고, 지역에 있는 가맹점을 효율적으로 관리할 수 있는 방책이다. 잘못 시행하면 득보다 독이 되어 부메랑이 될 수도 있으나 전국적인 브랜드로 가기 위해서는 넘어야 할 산이고 극복해야 할 과제이다. 한곳에서 전국을 통솔하고 관리한다는 것이 말처럼 용이하지 않다. 지역에 거주하는 예비 창업자와 고객은 실시간으로 본인이 지닌 현안 과제를 풀려고 하고 궁금증을 해소하려고 하는 마음이 강해서이다.

사업부 체제 운영은 CEO의 경영관이 확실하게 정립되고 초기 투자 및 인력 활용이 가능해야 성공적으로 완수할 수 있다. 본사 환경과 여건 및 역량에 적합한 사업부 체제를 운영하도록 해야 소기의 성과를 거둘 수 있다.

Chapter 2

경영 실적 제대로 보고받고 있는가

프랜차이즈 본사마다 다소 차이는 있겠지만, 중견기업 대부분은 한 해를 보내며 신년을 맞이하기 전에 본사 각 부서는 1년의 실적과 다음 연도의 추진 계획을 경영자에게 보고하는 것이 기본이다. 업무 체계가 잡힌 본사는 매년 12월 안에 보고하도록 전략기획팀에서 경영 실적 보고 일정을 수립해서 실시하고 있다. 본사의 틀이 잡혀있는 기업만 경영 실적 보고를 하는데, 대체로 경영자에 따라 보고를 안 받는 기업도 많은 것이 현실이다.

사업 계획은 구성원 내부에 보고하는 경우와 외부 사람에게 보고하는 형태가 있는데, 미션과 비전이 포함되어야 하며 경영 계획과 방향이 상이하다고 보는 것이 올바른 해석이다. 현대는 사전에 계획한 내용보다 추진 과정에서 환경과 여건이 변하기에 계획안과 차질을 빚는 사례가 많은 편이다.

매년 초에 수립한 본사 경영 목표를 과다하게 설정해서 추진하다 보면 상반기에 목표치에 너무 미달해서 목표 달성이 어렵다고 판단해 경영자가 하반기 목표를 수정 보고받는 사례도 간혹 있다. 목표 설정 수치가 참으로 아이러니한 부분이 없지 않다. 의지가 커서 의욕만 앞세운 목표는 현실성이 없고, 그렇다고 도전 가능한 수치를 목표로 설정하면 소극적인 경영 목표라고 경영자에게 훈계를 듣고 목표 재수립을 요구받기 때문이다. 그래서 경영 목표를 설정할 때는 고도의 지혜가 필요하다.

운영 본부와 영업 본부의 경영 실적 보고 내용에 대해 사례를 들어 표현했으니 일선에서 참조하길 바란다. 참고로 연도 표기를 올해와 이듬해란 명칭으로 대신하였다.

운영 본부

(1) 올해 운영 실적
① 오픈 점포 수
② 월평균 오픈 수
③ 운영 매장 수
④ 총 매출
⑤ 월 평균 매출
⑥ 점포당 평균 매출
⑦ 양도양수 매장 수
⑧ 폐점 수
⑨ 오픈 및 매출 신장률

⑩ 로열티 매출

(2) 올해 운영 현황

① 물류 현황

② 물류 매출

③ 물류 수익

④ 1개점 월평균 물류 수익

⑤ 광고비

⑥ 재계약 현황

⑦ 직영점

(3) 올해 중점 추진 실적

① 슈퍼바이저 육성

② 간담회 실시

③ 신메뉴 출시

④ 보수 교육 실시

⑤ QCS 점검

⑥ 클레임 처리

⑦ 가맹점 소통

⑧ 매뉴얼 수립

⑨ 성공 사례집 배포

⑩ 점주협의회 구성

⑷ 올해 종합 평가

① 긍정적 효과

② 부정적 효과

③ 개선 방안

⑸ 이듬해 운영 계획

① 슬로건 표기

② 단기 및 중장기 전략 수립

③ 세부 추진 계획

⑹ 이듬해 외부 환경

① 이듬해 TREND

· 뉴트로 감성, 비대면 서비스, 최저임금 상승, 편도족 확산, 독서실 · 카페족 증가, 오너리스크 등

② 이듬해 외식 동향

· 외식 빈도, 홀로 식사 경험, 외식 형태별 및 주이용 식당, 지출 비용

⑺ 이듬해 미션 및 과제

① 운영 목표

· 매출 목표, 가맹점 우호도, 우수 매장 육성, 핵심 인재 육성

② 해결 과제

· 상품 다양화, 충성고객 창출, 클레임 처리 개선, 가맹점 보호 제도, 가맹점 지원 제도, 우수 가맹점 관리, 하위 30% 가맹점 활성화, 슈

퍼바이저 역량 강화, 보상 시스템 구축, 구매 원가율, 전용 상품 비율, 히트 메뉴 개발, 가맹점 만족도 향상

(8) KPI 지표 관리

① 매장 평균 매출

② 로열티

③ 재계약

④ 물류 수수료

⑤ 광고비

⑥ 직영점

⑦ 양도양수 및 폐점

(9) SWOT 분석

강점, 약점, 기회, 위협

(10) 다음년도 세부 추진 사항

① 가맹점 원활한 소통 매뉴얼화

② 부진점 매출 활성화 대책 마련 및 지도

③ 사입 제품 제로화

④ 슈퍼바이저 표준 활동 생활화

⑤ 직영점 매출 활성화

⑥ QCS 관리 감독 집중화

⑦ 본사 정책 실행력 강화

⑧ 전략적 양도양수 추진

⑨ 운영 매뉴얼 준수 지도 및 교육

⑩ 신속한 클레임 처리 및 피드백

영업부

(1) 올해 개설 실적

① 총 모객(예비 창업자) 수

② 계약 건수

③ 모객 대비 계약률

④ 지역별 개설 현황

⑤ 월평균 계약 건수

⑥ 개설 목표 달성률

⑦ 신규 매장 월평균 매출

⑧ 창업 희망자 문의 채널 유형

⑨ 개설 평균 평수

⑩ 영업 담당별 개설 실적

(2) 목표 미달성 원인

① 계약 클로징 미흡

② 가성 창업자 과다

③ 점포 개발 시일 소요

④ 모객 발굴 소극적

⑤ 상권 중복 다수 발생

⑥ 창업비 부족

⑦ 매장 환경에 따른 공사 기간 연장

⑧ 사전 점포 확보 부족

⑨ 상담 매뉴얼 미정립

⑩ 영업 스킬 부족

(3) 이듬해 개설 계획

① 개설 목표

② 월별 및 분기, 반기 개설 목표

③ 영업 담당별 개설 목표

④ 지역별 개설 목표

⑤ 오픈 매장 평균 매출 목표

(4) 이듬해 세부 추진 계획

① 공격적인 모객 발굴

② 상담 매뉴얼 준수

③ 입점 가능 지역 사전 점포 확보

④ 지역 거점 매장 공략

⑤ 사업 설명회 정기적 실시

⑥ 전략적 창업 박람회 참가

⑦ 취약 지역 현장 개척 영업

⑧ 영업 브로슈어 보완

⑨ 가맹점 추천 제도 활성화

⑩ 우수 사원 보상 제도 실시

Chapter 3

시스템 진단을 해야 하는 이유

프랜차이즈 사업을 개시해서 100호점 이상 가맹점이 오픈하고 필요 인원의 조직이 구성되었을 시기에, 구축된 프랜차이즈 시스템을 재정립해야 생산적이고 효율적인 경영이 이루어지며 진정한 프랜차이즈 본사로 거듭나 메이저급으로 진입할 수 있다. 사업 초기에는 정신없이 어떻게 제반 부분이 추진되었나 할 정도로 두서없이 실행되어 왔기에 현안 과제를 잘 모르고 그때그때 상황에 맞게 임시방편으로 문제를 해결하고 처리하는 일이 많다. CEO 입장에서도 어찌 보면 독단적인 의사결정을 하면서 사업을 이끌어가는 경우가 대다수였음을 부인할 수 없을 것이다.

이러한 비체계적인 방법으로는 대형 프랜차이즈로 가기는 한계가 있고 곳곳에서 빈틈과 허점이 보이게 되므로 프랜차이즈 시스템에 대한 재정립이 필요하게 되는데, 실질적으로 현장에서 일어나고 있는 문제에 대해 짚어보면서 새롭게 시스템을 정비하는 것을 간과해서는 안 된다.

시스템을 재정비해야 할 부분은 다음에 열거하는 내용이 주류를 이루고 있다.

✎ 가맹점 만족도

프랜차이즈 관계는 가맹 본부와 가맹점 사장이 서로 파트너 관계라는 연대감을 가지고 노력해야 한다. 본부는 가맹점 사장을 가맹비와 로열티를 지불해야 하는 채무자가 아니라 우리 브랜드의 상품과 서비스를 판매하는 가장 중요한 사람이라는 인식을 가지고 있어야 한다. 가맹점 사장이 자기 자본을 투자하고 독립적으로 가맹점을 운영하지만, 그들이 기대하는 목표를 달성할 수 있도록 적극적인 지원과 관리를 통해 우호적인 관계가 지속되도록 노력해야 한다.

예비 창업자가 프랜차이즈 사업을 하려고 하는 목적은, 사업 운영에 대한 경험 부족으로 체계적인 시스템을 갖추고 있는 프랜차이즈 본사를 선택하여 일정의 대가를 지불하고 사업 운영의 도움을 받아 이윤을 추구하고자 하는 데 있다.

예비 창업자는 초기의 가맹 본부 선택 시 사업성 및 대중성 등을 고려하여 선택한 후 가맹 계약을 하게 된다. 이때 예비 창업자가 계약 내용에 관해 본부로부터 설명 받게 되는데 이때 일차적인 예비 창업자의 만족도가 생성된다. 이후 가맹 본부가 본부 역할을 얼마만큼 잘 수행하는가에 따라 가맹점주의 만족도가 나타나게 된다. 또한 가맹점 사장은 매출 부분에서도 기대하였던 만큼 결과가 나왔을 시 만족도가 좋아지게 된다. 일반적으로 가맹점 만족도는 계약 전 기대치와 계약 후의 기대치의 차이에 따라 결정되며 이것이 가맹 본부의 신뢰도 및 재계약을 결정하는데 중요한 영향을 미치게 된다.

가맹점 사장의 만족도 요인은 크게 두 가지로 구성된다.

첫째, 경제적 만족도이다. 기본적으로 가맹점 매출액, 수익성, 효과적인 마케팅 정책, 판매 지원 등이 해당한다.

둘째, 사회적 만족도이다. 본사에 대한 우호적 감정, 상호 존중, 경영 정책에 대한 공유 등이 해당한다. 가맹점 만족도는 가맹 본사와의 재계약, 추천 의사 등에 긍정적인 영향을 미치게 된다.

만족도는 가맹 본사와 가맹점과의 지속적인 관계 유지로 진실한 유대를 구축하여 브랜드를 강화시키는데 있다. 만약 가맹 본사가 자신의 이익만을 추구하여 가맹점과 상생하지 않는다면 가맹 본사를 향한 고객들의 반응은 좋지 않을 것이다.

프랜차이즈 본사에서 가맹점에 대한 영업 지원이 크면 클수록 가맹점 만족도는 증가하며, 프랜차이즈 본사가 가맹점에게 성과를 높일 수 있는 기회를 많이 제공하면 할수록 프랜차이즈 성과는 우수하게 나타날 수 있다.

어느 조직에서나 전체를 100으로 보았을 때 30은 항상 불만 속에서 현재의 일을 추진하고 있는 것이 보편적인 현상이다. 가맹점의 본사에 대한 우호도가 30이 초과되지 않도록 가맹 본사는 시스템을 재정립할 필요가 있다.

가맹점 비우호도를 최소화할 수 있으면 최상이나 프랜차이즈 어떤 본사를 불문하고 30은 본사에 대한 불편과 불만을 내포하면서 매장을 운영하고 있는 것이 사실이다. 전체를 본사 우군으로 삼겠다는 것은 굉장한 오판이고 그렇게 하려면 후유증이 엄청나게 따르고 생각지도 못한 본사와 가맹점 간의 분쟁으로 이어져서 큰 문제를 야기시킬 수 있다.

가맹점 중에서 99는 별 탈 없이 본사 지침대로 매장을 운영하고 있어도 1개 가맹점이 문제 제기를 하면 그것이 불씨가 되어 걷잡을 수 없는 소용돌이로 몰아가는 일이 발생하는데 이것이 가맹 사업의 특징이다. 프랜차이즈 본사는 비우호도를 지닌 30의 가맹점에 대해 항시 유연하게 대처하며 프랜차이즈 사업을 지속적으로 한다는 생각을 하고 사업을 이끌어가는 것이 중요하다.

✎ 임직원 만족도

조직 구성원이 회사에 얼마나 만족하느냐에 따라 업무의 성취감과 만족감이 달라질 수 있다. 업무에 대한 만족은 개인 수준에서는 가치 판단, 정신 및 신체적 건강 등에 영향을 미치며, 조직 수준에서는 경영 성과, 조직 분위기 형성, 이직률에 영향을 미치는 중요성을 내포하고 있다. 임직원의 만족에 영향을 미치는 요소는 급여와 승진 기회, 회사 정책과 절차, 조직 구조(규모와 직위), 동료, 업무 환경(업무 시간, 휴식 시간 등), 복리후생, 업무 범위, 업무 분장 등이 있다.

임직원의 만족을 이루기 위해서는 조직의 좋은 근무 여건 수립에 힘써야 한다. 임직원 만족을 조직의 경쟁력 차원으로 이해하여 최종 고객 만족의 실현이라는 조직의 최종 목표와 그 목적을 같이 해야 한다. 최종 고객이 자신의 욕구에 대한 높은 품질의 신속한 대응을 원하듯이 임직원도 자신의 욕구에 대한 신속하고 좋은 품질의 지원을 받기를 원한다. 물론 최종 고객의 욕구와 내부 고객(임직원)의 욕구는 그 수준에서 다르지만 결국 만족을 지원하는 조직 기반은 같은 특성을 공유한다고 할 수 있다. 즉 환경의 변화에 대한 신속한 대응력과 더불어 경쟁사와 차별화할 수 있는 독특한 품질관리 구조를 갖추어야 한다. 임직원 만족의 기반이 고객(가맹점주와 내점 고객) 만족 경영에 중요한 구성 요소라는 것을 잊어서는 안 된다.

본사에서 가맹점의 만족도를 진단하는 일도 중요하지만, 그보다 더 소중히 해야 할 일이 임직원의 만족도이다. 가맹 본사의 1차 고객은 가맹점이 아니고 임직원이다. 가맹점이 2차 고객이며 3차 고객이 소비자이다.

프랜차이즈 업종은 일반 기업과는 달리 사람이 사람을 움직이게 해서 성과를 내는 사업이기에 가맹 본사에 능력 있는 전문가로 조직이 얼마만큼 구성되어 있느냐에 따라 사업 성패가 달려있다고 할 수 있다. CEO는 조직 구성원에 대해 익명의 설문조사를 해서 회사 생활 전반에 관한 만족도를 파악해 경영에 반영하는 자세를 지녀야 성공적인 프랜차이즈 본사가 될 수 있다.

임직원의 충성심 발로는 순전히 CEO 몫이다.

주인의식을 지닌 구성원들의 수에 따라 가맹 본사의 목표 달성 여부가 달려 있기에 기업 문화 및 여건 조성이 한층 더 중시되고 있다. 잦은

이직을 보이고 있는 외식 시장에서 충성도가 높은 전문 인력 확보에 아
낌없이 투자하여 정착할 수 있도록 해야 한다. 내부 구성원의 일과 회
사에 대한 만족이 없을 때는 기업의 현상 유지는 될지언정 발전을 기대
하기는 어렵다는 점을 창업자와 경영자는 염두에 두고, 직원 사기 진작
과 업무 능률을 올릴 수 있는 환경을 조성해주고 지원을 아끼지 않아야
한다.

✎ 상품 만족도

프랜차이즈 기업이 치열한 경쟁 속에서 생존하기 위해서는 신상품에
대한 관리 능력을 길러야 한다. 상품에 대한 개발 및 생산, 판매에 이르
기까지의 전 과정을 관리하고 통제할 수 있어야 하며, 원가 절감, 고객
의 욕구 변화에 대해 주의를 기울여야 한다. 이와 같이 프랜차이즈에서
상품 개발은 기업의 필수 활동이며, 경제 성장의 원동력이다.

소비자의 다양한 니즈를 충족시키기 위해서 프랜차이즈 사업에서의
상품 개발은 매우 중요한 요소이다. 이는 곧 소비자의 욕구를 파악하여
차별성을 가진 신상품을 기획하고 출시하여 시장에서의 경쟁 우위를
확보하는 데에 그 의의가 있다.

신제품 개발은 소비자에게 궁금증을 불러일으켜 한 번쯤은 구매를 유
도할 수 있지만, 소비자의 욕구를 충족시키지 못할 경우 경영 성과와
브랜드 이미지에 부정적인 영향을 미칠 수 있다.

상품 개발의 긍정적 효과를 위해서는 개발 이후 고품질의 제품 유지, 회전율이 빠른 제품을 제공해야 한다. 상품에 대한 만족도는 곧 가맹점 만족에 영향을 미치며, 상품 품질에 대한 만족은 기업에서 제공하는 제품을 구매하는 가맹점의 의사 결정에 중요한 기준이 된다는 것을 명심해야 한다.

성공적인 상품 개발을 위해서는 경쟁 환경, 기술 숙련도, 마케팅 능력, 상품의 경쟁 우위의 요인이 뒷받침되어야 한다.

프랜차이즈 기업이 경쟁력 있는 상품을 개발하기 위해 갖추어야 할 필수적인 요인을 '트렌드 개발', '원가 절감', '메뉴 전략'으로 도출할 수 있다.

(1) 트렌드 개발

외식 트렌드 개발은 과거와 현재의 외식 트렌드를 파악해 미래의 트렌드를 예측하여 새로운 식문화를 만들거나, 또한 현재의 식문화를 변화하고 발전시키는 과정이라고 볼 수 있다.

(2) 원가 절감

상품이 정해지면 기획 의도를 고려하여 적절한 식재료를 찾고, 그에 맞는 레시피를 접목하여 새롭고 발전된 맛을 찾아내게 된다. 이렇게 개발된 상품은 메뉴 시연, 원가 계산, 상품화 과정을 거쳐 가맹점에서 구현하여 고객에게 판매될 수 있는데, 상품의 가치가 고객이 지불하는 가치와 동등하거나 그 이상인지를 따져보아야 한다. 이 단계에서는 상품의 제조 원가와 유통 마진 등 상품의 판매가에 영향을 미치는 요인들을 파악하여 원가를 절감할 수 있는 식재료 확보가 필요하다. 또한 상품의 가치를 더 높일 수 있는 상품 패키지 개발(디스플레이 및 집기류)도 포함할 수 있다.

상품 개발에서의 원가 절감은 동등한 제품과 부가 서비스를 경쟁자보다 낮은 가격으로 소비자에게 제공할 수 있는 능력이며, 이를 추구하기 위해 기업은 사업 전체에서 원가를 선도할 수 있도록 목표를 가져야 한다.

(3) 메뉴 전략

앞서 원가를 고려한 상품 개발과 더불어 최종 소비자에게 상품을 효과적으로 홍보하고 구매를 유도하여야 최종적으로 매출 발생에 기여할 수 있다. 상품화된 제품이 시장에 출시되는 단계에서는 상품의 성패가 바로 나타나기 때문이다. 이 단계에서는 상품의 기획 단계에서부터 트렌드와 상품을 연결시킬 수 있는 마케팅 전략을 찾아내어야 하며, 판매하고자 하는 상품을 다양한 매체에 노출할수록 소비자에게 효과적인 구매 욕구를 불러일으킬 수 있다.

마케팅 활동은 프랜차이즈에서 고객을 만족시키는 결정 요인이다. 프랜차이즈 사업에서의 마케팅 역량은 가맹 본부가 가맹점보다 우위에 있지만, 마케팅을 위해서는 상품을 판매할 수 있는 가맹점이 존재하여야 하기 때문에 본사와 가맹점 양 당사자가 프랜차이즈 시스템의 유지를 위해 노력하여야 한다.

위 세 가지 요인은 프랜차이즈 사업이 지속 발전하기 위해 필수적인 요소이며, 외식 프랜차이즈 기업의 경영 성과에서 중요한 요인이라 판단할 수 있다.

상품 개발을 위해서 기업은 비전과 목표 설정을 통해 시장 환경과의 관계를 관리하며 상품의 경쟁 우위를 확보하기 위하여 이를 실행하는 과정에서 기업의 목적에 부합하여야 한다.

브랜드를 대표하는 주된 상품군의 소비자 만족도는 상시적으로 실시해서 현장의 시대적인 상황을 간파하도록 하여 메뉴 품질 개선과 신메뉴 개발에 참조할 수 있도록 고객의 반응을 듣는 자세가 가맹 본사 입장에서는 중요한 실천 사항이다.

매장을 자주 방문하는 소비자 신분 입장에 있을 때 객관적인 상품 평가를 할 수 있게 되므로 고객의 선호도가 높은 상품을 더욱 특화시켜서 업그레이드할 필요성이 있고, 반면에 선호도가 낮은 품목은 메뉴에서 삭제하는 결단이 필요하다.

🖊 경쟁사 분석

프랜차이즈 사업은 수많은 경쟁에 노출되어 있다. 다른 산업에 비해 모방하기 쉬운 구조로 되어 있어 급격히 성장하는 브랜드의 경우 유사한 브랜드, 모방 브랜드 등이 끊임없이 등장하게 된다.

경쟁 분석을 하기 위해서는 우선 시장에서 자사 제품과 동일한 범주 내에서 경쟁하고 있는 제품에는 어떤 것들이 있는지 확인해야 한다. 또한 경쟁 기업과 경쟁 브랜드에는 어떤 것들이 있는지 철저하게 분석해야 한다.

경쟁 환경의 분석은 기업이 마케팅 전략을 세우는데 가장 중요한 영향을 미치는 부분이다. 기업은 경쟁 분석을 통해 자사의 브랜드가 시장에서 높은 가치를 창출하고, 경쟁 기업보다 큰 시장 점유율을 유지하기 위해 최선의 노력을 아끼지 않는다. 경쟁 분석을 할 때는 전반적인 시장 구조의 이해와 경쟁자에 대한 마케팅 전략 차원에서 분석해야 하는데, 고객, 상품, 가격, 분위기(인테리어), 운영 방식, 마케팅 활동뿐만 아니라 가맹 상품에 대한 비교(가맹 조건, 비용 등), 입지 상권 특성, 객단가, 회전율, 원가율 등 다양한 각도에서 경쟁 분석을 수행해야 한다.

경쟁사들의 시장 점유율은 어느 정도인가, 소비자에게 전달하는 메시지는 무엇인가, 브랜드 전략은 무엇인가, 표적 시장은 누구인가 등 적극적이고 다양한 정보를 분석하는 것이 중요하다.

철저한 경쟁 분석을 위해서는 경쟁의 구도를 살펴봐야 한다. 자사의 제품과 경쟁이 되는 제품들을 카테고리별로 나누어 경쟁의 양상을 분석하고, 마케팅 활동을 조사하고 정보를 입수해야 한다. 따라서 경쟁사가 소비자를 대상으로 어떻게 커뮤니케이션하고 있는지, 브랜드별로 강점과 약점은 무엇인지, 주로 사용하는 전략은 무엇인지 등을 자사의 상황과 비교 분석한다.

경쟁 분석을 통해 경쟁사의 강점과 약점은 무엇인지를 파악하고 나면 우리 브랜드가 내세울 수 있는 경쟁적 우위점이 무엇인지 파악할 수 있다. 따라서 경쟁 분석에서 찾아내야 할 가장 중요한 점은 우리 브랜드를 어떻게 차별적 이미지로 포지셔닝할 것인가이다.

가맹점 입장에서는 인근 지역에 유사 업종의 브랜드가 언젠가는 입점한다고 생각하지만 막상 오픈을 하게 되면 밤잠을 이루지 못하고 수일을 보내는 경우가 다반사이다. 실질적으로 브랜드 파워가 입증된 원조 브랜드는 매출에 타격을 별로 받지 않는 것이 사실이지만 심리적인 압박은 크다. 슈퍼바이저는 현장 활동 시 담당 가맹점 인근의 동종 브랜드 동정을 살펴서 가맹 본사 차원에서 대응책을 마련할 수 있도록 미션을 수행해야 한다.

본사 브랜드가 동종 브랜드 중에서 월등하여 시장 점유율이 감히 타 브랜드가 넘볼 수 없을 정도의 위치에 있을 경우에 경쟁사 분석은 별 의미가 없다. 1등 브랜드가 굳이 2등 브랜드를 인식할 필요는 없기 때문이다. 그러나 비슷한 레벨에 있는 브랜드끼리의 경쟁사 분석은 반드시 필요하고 본사는 철저히 동종 업종의 동태 파악을 해 대처해야 한다. 경쟁사 분석 시 창업비 등 비용 측면보다는 경쟁사의 획기적인 가맹 운영 정책이 나올 때 실시간으로 대책을 강구해서 그에 따른 자사 브랜드의 고객 이탈을 미연에 방지하는 데 주력해야 한다.

✎ 부서별 업무 프로세스

프랜차이즈 부서는 일반적으로 개발, 개점, 운영 업무를 중심으로 구매 물류, 마케팅, 경영 지원 등 세부 부서가 지원해주는 형태다. 개발 업무는 예비 창업자 모집 및 상담에서부터, 가맹 계약, 상권 분석, 점포 확정 등의 업무를 담당한다.

개발 업무는 프랜차이즈 사업에서 향후 분쟁이 발생할 수 있는 위험이 가장 높은 업무로, 개발 담당자는 가맹사업법에 따른 각종 서류 제공의 의무와 계약서 내용을 반드시 숙지하고 있어야 하며, 계약을 성사시키기 위해 허위 과장된 정보 제공의 행위를 하지 않아야 한다.

일반적으로 계약이 성사되어 예비 창업자가 되고 난 후에는 해당 예비 창업자의 불만은 계속해서 늘어난다. 계약을 진행한 예비 창업자가 신경을 써야 할 사항은 계약 전보다 계약 후에 더 많다.

제대로 된 개점 시스템을 갖춘 본부는 신뢰도가 상승하면서 충성 가맹점이 양성된다. 반면, 개점 시스템이 없는 본부는 브랜드와 본부의 신뢰도 하락과 함께 불신을 가지게 된다. 이 시점부터 믿음이 없어져 불만이 나오게 된다.

개점 담당자는 가맹 계약서상 명기된 개점에 관련된 제안 서비스를 축적된 경험과 지식을 바탕으로 가맹점주에게 제공하는 업무를 담당하며, 회사를 대표하는 입장에서 브랜드와 본부 시스템을 이해, 숙지(계약서, 운영 매뉴얼)하고 있어야 한다.

이후 개점한 가맹점을 오랫동안 잘 운영하기 위해서는 운영팀의 업무가 중요하다. 운영팀의 업무는 가맹 본부가 가맹점을 지원하는 업무로서 각 점포의 경영 전략을 수립하고 구체적인 성과가 나올 수 있도록 하는 모든 활동을 포함한다. 안정적인 가맹점 운영과 수익성 관리를 위하여 QCS 관리, 매출 및 비용 관리, 직원 관리 및 마케팅 지원 등을 지속적으로 지원하고 가맹점을 관리한다.

영업 부서에서 진행해야 할 일은 다음과 같다.

(1) 업무 영역

① 상담 과정
· 예비 창업자 상담부터 오픈 시까지 일련의 업무 진행 절차 점검
② 상담 기법
· 상담자의 상담 능력을 평가하는 기준 수립, 회사 경쟁력 정리
③ 점포 출점 지역
· 입점 가능 점포 수를 파악
④ 영업 지역 기준
· 운영 상권을 지정, 가맹점 간 출점 이격 거리 설정
⑤ 입지 및 상권 분석
· 주거 세대수를 파악, 경쟁 업종 수와 유동 및 상주인구 조사
⑥ 창업비, 인테리어, 주방 기기
· 효율적인 창업비, 브랜드에 부합하는 인테리어, 합리적인 주방 기기 및 동선

⑦ 예비 창업자에게 필수적으로 제공할 서류

· 창업자 상담 시 기본적으로 제공하는 서류

⑧ 인근 가맹점 현황

· 정보공개서 제공 시 인근 가맹점 현황 제공

⑨ 창업 상담 후 정보공개서 제공 및 보관

⑩ 가맹 계약서

· 가맹 계약서를 창업 상담 시 교부, 계약서 작성 시 계약 내용을 주지

⑪ 예상 매출

· 현실적인 매출 제공

(2) 매장 오픈 프로세스

예비 창업자가 가맹 본사를 찾아가 상담을 완료한 후 계약 체결이 되어 점포까지 확정된 후에는 매장 오픈까지의 진행 방법과 절차에 대해 통상적으로 본사 관련 직원에게 질문을 많이 하게 된다. 본사 오픈 관련 팀에서는 상세히 창업자에게 오픈 일정을 전달해주고 중요 사항을 강조해서 체크해 주어야 한다. 창업을 위해서 주변 정리부터 자금 마련 등 마음의 준비를 해야 하므로 오픈까지 진행에 대해 궁금한 부분이 많을 수밖에 없다. 특별히 창업을 처음 하는 경우는 더욱 그렇다.

계약 체결 후 오픈까지의 과정이 가맹 본사 여건에 따라 다소 차이가 날 수 있으나 대체로 다음과 같은 절차로 진행되고 있다.

① 인테리어

기본적인 공사는 공사 업체가 알아서 진행하지만, 창업자가 중간에 공사 진척 사항이 도면 협의한 대로 추진되고 있는지 점검하는 방법을 점포 개발 담당이 알려주어야 한다. 특히 전기승압이 필요한 장소인지 여부와 급배수 시설이 정상적으로 완비되고 상하수도는 제대로 흐르고 있는지 창업자가 직접 눈으로 점검 확인하도록 해야 한다.

② 직원 채용

매장 운영의 적정 인원을 파악해서 사전에 채용을 완료하고, 본사 교육 일정에 맞추어 출근 일시를 정하며, 피크 타임과 아이들 타임 때의 운영 인원도 준비해 놓는 자세가 필요하다. 매장 운영 시 직원의 중요성은 삼척동자도 다 아는 사실이기에 신중을 기해서 채용하고 예비 인원도 확보해 놓는 것이 매장 운영에 도움이 많이 된다.

③ 위생 교육

위생 교육을 받는 장소와 대상을 전해주고 교육 시기도 알려 주는 것이 창업자 입장에서 도움이 된다.

④ 현장 교육

본사 교육을 마친 후 실제로 운영되고 있는 매장을 견학하고 1일 체험하는 일정도 본사에서는 고려해볼 필요가 있다.

⑤ 간판 공사

매장의 간판은 브랜드의 특성을 한눈에 각인시킬 수 있는 좋은 방법이므로 창업자는 특별히 신경을 써야 한다. 간판 사이즈 점검과 측면 돌출 간판의 장소와 설치 여부를 판단해서 유리한 쪽으로 추진해야 한다. 자금을 고려 안 할 수는 없겠지만 가급적 간판은 버젓하게 설치하는 것이 장기적인 면에서나 창업자 측면에서 볼 때 유리한 부분이 많다.

⑥ 홍보 판촉물

오픈 후 사용할 홍보물과 판촉물은 브랜드마다 상이한 면이 많은데 이미 브랜드력을 인정받은 브랜드는 일부러 판촉물 제공과 홍보를 안 해도 매출에는 큰 영향을 보이지 않는 것이 일반적이다.

⑦ 의탁자

도면상의 탁자 수량이 정상적으로 도착했는지 점검하는 것과 미미한 부분이라도 파손되어 있는 부분이 없는지 파손 여부를 확인하는 것은 필수 사항이다.

⑧ 시설 점검

공사 마무리 단계에서 인테리어가 원하는 의도와 같게 실행되고 마감이 잘되었는지 확인해야 하며, 주방 시설과 홀 상태를 꼼꼼하게 눈여겨보아야 한다. 간판에 불이 들어오는지도 필수 점검 부분이다. 작은 부분을 그대로 방치해서 오픈 날 당황하는 경우가 흔한 편이기에 주의를 요구한다.

⑨ 물류 입고

매장에 들어올 제반 입고 품목이 전부 입고되었는지와 불량 상태의 품목은 없는지 확인을 해야 한다. 본사에서 알아서 입고했으려니 하고 그냥 지나치다가 나중에 입고 품목이 부족하고 원상태의 제품이 입고 안 된 것을 알게 되어 상호 신뢰가 깨지는 일이 없도록 사전 점검이 필요하다.

⑩ 오픈 준비

오픈을 위한 최종 리허설을 할 필요가 있으며 식재료 준비와 조리 실습 및 맛 점검을 하고 서빙 연습과 직원 교육이 잘 되어서 오픈할 준비가 다 끝났는지 확인해야 한다.

⑪ 오픈

상기 사항을 점검 완료한 후 오픈 첫날을 맞이해서 영업을 개시하는 것이 필수적이다. 오픈 초기에 직원 간에 손발이 생각보다 잘 맞지 않기에 가능한 빠르게 호흡이 척척 맞도록 하는 것이 중요하다. 인건비 절감의 한 요인이기도 하다.

🖊 물류 시스템

프랜차이즈 기업이 성장하기 위해서는 자사의 핵심 분야에 역량을 집중시키고 기업 비용 절감을 도모하고 고객에 대한 서비스의 질을 향상시키는 등의 노력을 하여야 한다. 즉 자사의 역량을 핵심 분야에 집중시키고 비용이 많이 발생하는 물류 시스템의 경우 아웃소싱을 하는 것이 합리적이다. 물류 시스템은 일반적으로 가맹점 수에 비례하여 그 구조와 방식을 결정하게 된다.

(1) 초기 단계(가맹점 수 1 ~ 100개_1PL/2PL)

초기 가맹 본부의 경우에는 가맹점 수가 적은 관계로 다수 품목의 제품을 직납으로 공급하거나 소규모 물류 업체를 활용한 방식으로 운영하고 있다. 그러나 직납의 경우에는 제품 배송을 위하여 별도 차량과 배송 인력을 채용하여야 하는 비용 증가의 문제점이 있다.

소규모 물류 업체의 경우, 대기업에 비해 정시 · 정량 공급에서 컴플레인이 자주 발생하며, 물류 수수료가 높아 가맹점에 공급하는 상품의 가격 경쟁력이 떨어질 수 있다.

가맹 본부가 가맹점에 대한 물품 공급을 직납 형식으로 운영할 경우에는 일정 수의 가맹점에 대해서는 빠르고 효과적인 물품 공급과 관리가 가능하겠으나 일정 수 이상의 가맹점이 된다면 가맹 본부에는 비용과 적시 배송이라는 큰 문제점이 발생할 수 있다. 이에 위와 같은 내용 등을 종합적으로 검토하여 가맹점주에 따른 물류 배송 정책을 적합하게 구성해야 할 것이다.

(2) 중기 단계(가맹점 수 100 ~ _3PL)

보편적으로 가맹 본부의 브랜드 영업 정책은 초창기에는 특정 지역과 특정 상권 중심으로 시작된다. 그러나 가맹점 수가 100개 정도를 초과했다면 대부분 전국 단위로 가맹점이 오픈된 경우이다. 가맹점 수가 100개를 넘었다면 거의 전국 단위 물류 공급에 대한 필요성이 확실시되기에 이 점을 해결할 수 있는 대규모 물류 공급 시스템을 마련해야 한다. 바로 이러한 상황에서 검토되는 것이 3자물류로, 본사에서 공급하는 물류 업무 중 일부나 전체를 물류 전문 업체와 1년 이상의 계약 혹은 제휴를 체결해 아웃소싱하게 된다.

대다수 3자물류 업체들은 대규모 물류 창고 시설과 하역 도크장을 가지고 있으면서 많은 지입 운수 차량을 보유하고 있기에 대부분 전국 모든 지역으로의 물품 배송이 가능하다. 이러한 전문 3자물류 업체를 통한 가맹점 물품 공급의 경우에는 직납을 통한 공급과는 다르게 고정 비용에 대한 지출 문제가 해소되기에 대다수 가맹 본부들은 일정 수의 가맹점 수가 돌파될 경우 3자물류로 전환하게 된다.

현장에서 원부재료 배송 시기와 배송 시간에 대해 불만을 표출하는 일부 가맹점이 있기 때문에 일정 시기가 지나면 배송 코스를 조율하는 것도 검토해볼 필요가 있다. 방문 코스 변화 주기는 6개월이 적당하다. 아이템별로 상이할 수 있으나 오전에 받는 곳과 오후에 받는 곳이 일정할 경우 오픈 준비에 불리한 가맹점이 볼멘소리를 할 수 있어서 일정 기간 경과 시 가맹점 방문 코스를 조절해주면 형평성에 맞기에 불만을 해소할 수 있다.

주문 방법이 효율적으로 진행되고 있고 추가 발주가 원활하게 이루어지고 있는지 본사는 수시로 체크해 보아야 한다. 대다수 프랜차이즈 본사에서 대형 물류 업체에 외주를 주어 대도시는 주 1회, 중소도시는 주 3회 배송을 원칙으로 실시하고 있는 것이 일반적인 물류 배송 횟수다.

사업 초기에 가맹 본사에서 직접 물류를 실시하는 경우도 간혹 있으나 바람직하지 않은 방법이다. 처음부터 전국 물류망을 확보하고 물류 시스템을 정립하는 것이 길게 보면 생산적인 방법이라 할 수 있다.

매장 관리 시스템

성공한 프랜차이즈 가맹 본부들의 공통적인 사항 중 하나는 효율적으로 가맹점 교육 및 운영을 지원하기 위하여 슈퍼바이저가 체계적이고 과학적으로 경영 지도를 하고 있다.

프랜차이즈 시스템에서 슈퍼바이저의 역할은 대리인으로서 가맹 본부의 정책을 가맹점에 전달 및 설득하고, 가맹점의 애로 사항을 가맹 본부에 보고하는 의사소통의 매체로서의 역할을 수행해야 한다. 일반적으로 프랜차이즈 시스템에서 슈퍼바이저가 지역의 여러 가맹점을 담당하고 있으며, 가맹 본부는 매뉴얼을 설정해두고 가맹점이 잘 수행하고 있는지 슈퍼바이저를 통해 확인한다.

경영 지도와 효율적인 점포 관리를 수행하기 위하여 슈퍼바이저들이 갖추어야 할 기본적 지식과 문제 해결 능력이 필요하다. 가맹점과 가맹 본부 사이의 의사소통 관리의 중요한 창구로 활용함으로써 순회 방문을 통한 운영상 지적 사항 및 교육을 반복적으로 실시하고 가맹 본부와 가맹점 간의 정규 미팅을 실시하여 프랜차이즈 시스템을 협력 관계로 발전시켜 경영 성과에 상당한 시너지 효과를 부여하고 있다.

슈퍼바이저는 주로 가맹점의 매출 상품, 시설 관리, 인사 관리, 마케팅 등을 담당하며, 상담, 지도 등을 통해 가맹점 사업자의 동기를 부여하고 경영 의욕을 높인다. 또한 점포의 경영 전략을 세울 수 있도록 지원하는 역할을 하며 세무, 회계, 운영상의 문제점을 발견하면 본사와 상의해 개선책을 제시하기도 한다.

또한 가맹점의 고충 처리를 원만히 해결해주는 시스템이 정립되어 실행에 옮겨지고 있는지 확인하는 일이 중요하다. 매장별 손익 분석과 QCS 점검을 상시적으로 실시해서 매장 관리를 잘하고 있는지 지도하고 감독하는 미션 수행 여부도 점검해야 한다. 가맹 본사의 매장 관리 업무 프로세스가 잘되어 있어서 실행을 제대로 했을 때와 그렇지 않을 때의 매장 운영 상태는 천지 차이를 보이므로 가맹 본사는 이러한 부분을 중시하고 점검 및 개선해야 한다.

점포 안에서 오랜 시간을 보내게 되면 사람은 시야가 좁아지고 틀에 박힌 생활을 반복적으로 하게 되어 자칫하다 보면 자신도 모르게 고정 관념에 사로잡히게 될 수 있기에 수시로 본사에서 가맹점을 방문해 현안에 대해 소통해주어야 한다.

매장 오픈 시 슈퍼바이저나 오픈바이저가 매장을 방문하여 가맹점 사장이 만족할 만한 활동을 하고 있는지 체크하고, 오픈 지원 일수는 적당한지 재검토가 필요하다. 운영 매뉴얼 배포가 되고 있고 교육받은 대로 매장 매뉴얼을 준수하고 있는지 전반적인 매장 운영 시스템에 대해 분석하고 보완하고 확인하는 작업이 필수적으로 행해지는 것이 중요하다.

수시나 정기로 실시하는 교육 프로그램을 점검하고, 교육 계획에 의거하여 원칙에 입각해 교육이 진행되는지 여부를 확인하고 피교육생의 만족도 조사도 할 필요가 있다.

프랜차이즈 사업을 시작하고 일정 기간 동안은 가맹 본사 여건에 적합한 매장 운영 매뉴얼을 확립하기가 용이하지 않다. 매장 운영 관련 전반적인 프로세스를 일정 시일이 경과할 때 재정립해야 하는 이유이다. 매장마다 환경과 제반 여건이 다르고 가맹점 사장의 성향이 천차만별이기에 가맹 본사의 일관성 있는 운영 시스템 재정립은 가맹 사업에 있어서 절대적으로 요구되는 미션이다. 매장 관리를 잘해야 가맹점 확산으로 이어진다는 것은 프랜차이즈 산업에 종사하는 사람이라면 누구나 다 아는 사실이나 실제로 현장에서는 가장 어려운 숙제이고 해결해야 할 난제이다.

✎ 매장 운영 시스템

프랜차이즈 사업은 '매뉴얼'에 의해 운영되는 사업 전개 시스템으로, 점포 간 브랜드 동일성을 유지하기 위해서는 표준화된 매장 운영 시스템을 갖추어야 한다.

매뉴얼이란 회사의 경영 이념, 경영 전략, 마케팅 전략 등을 달성하고 고객에게 최적의 상품과 서비스를 제공하기 위해 마련된 표준화된 규범이며. 한마디로 프랜차이즈 시스템의 구축을 구체적으로 표현한 것으로 프랜차이즈 운영을 위한 가이드라 할 수 있다. 효율적인 프랜차이즈 시스템의 운영을 위해서는 본사용으로 경영 전략, 상품, 점포 개발 및 설계, 가맹점 교육, 슈퍼바이징 매뉴얼이 있어야 한다. 또한 가맹점용으로도 점포 운영, 상품 관리, 고객 서비스, 판촉 매뉴얼 등이 필요하다. 이와 같이 다양한 형태의 매뉴얼은 본사가 가맹점에 제공하는 시스템과 노하우의 중요한 부분이다. 프랜차이즈 사업의 성패는 이들 매뉴얼의 완성도에 달려 있다고 해도 지나치지 않다. 따라서 프랜차이즈 본사는 체계적이고 실행 가능성이 높은 매뉴얼 작성에 많은 노력을 기울여야 하며, 다음의 원칙을 지켜야 한다.

첫째, 3S 원칙에 충실해야 한다.

3S 원칙이란 단순화(Simplification), 표준화(Standardization), 전문화(Specialization)를 의미한다. 업무의 구체적인 내용을 누구라도 이해하기 쉽게 작성해 유효하게 활용할 수 있어야 한다. 특히 전문화는 프랜차이즈 사업으로 성공하기 위한 필수 요건이다.

둘째, 업무의 우선순위를 결정해 두는 것이 중요하다.

최우선 과제를 결정해 두지 않으면 복합적인 업무가 동시에 발생할 때 혼란에 빠지게 되어 매뉴얼의 기능을 상실할 수 있다.

셋째, 누구나 쉽게 이해할 수 있는 문장을 사용하고, 그림, 일러스트, 영상 자료를 활용하는 것이 바람직하다. 요점을 파악하기 어려운 긴 문장이나 표현은 피해야 한다. 가능하면 문장의 길이는 짧게 하는 것이 좋고 긴 문장으로 작성된 것은 여러 문장으로 나누는 것이 요령이다.

넷째, 반드시 해야 할 일만 적는다.

"어떤 일을 해서는 안 된다"와 같이 행동 제한을 하게 되면 매뉴얼에 표현하지 못한 업무 분야에서는 응용 능력이 현저하게 떨어지는 경향이 있다.

다섯째, 매뉴얼은 지속적으로 바꿔나가야 한다.

사업 환경의 변화나 성장 단계에 맞춰 지속적으로 업그레이드를 해나감으로써 실용 가치가 높은 매뉴얼이 되게 해야 한다.

✎ 마케팅 시스템

프랜차이즈 사업은 지역 고객과 밀착되지 않으면 안 되는 사업이므로 프랜차이즈 가맹점은 가능한 빠르고 정확하게 시장 트렌드 및 고객의 동향을 파악하고 분석하는 시스템을 갖추고 있어야 한다. 특히 가맹점의 운영과 지원을 우선 과제로 하는 본부의 SV는 직접 가맹점을 방문하여 그 점포에서 발생하는 제반 사항을 수시로 빠르게 알아내며, 지역 사회의 경제, 문화, 사회의 변화 흐름을 조사한다.

가맹 본부는 항상 변화하는 시장 환경에 적응하여 새로운 방향 설정을 해야 하므로 다양한 정보 수집 기능을 갖추고 있어야 하며, 자신의 고객이 누구인지, 자신의 고객을 어디에서 찾을 수 있는지, 고객은 어떤 메뉴를 선호하고 매장에서 가장 가치를 느끼는 요소가 무엇인지를 지속적으로 탐색해야 하는 책무를 지고 있다.

일반 기업과 달리 프랜차이즈 기업의 마케팅 대상은 소비자(고객), 가맹점, 고객으로 구분된다. 즉 점포에 내점하는(또는 내점할 예정인) 고객에 관한 정보 파악도 중요하지만, 우리 브랜드의 가맹 상품을 선택할 예비 가맹점주의 동향과 패턴의 변화에 관한 정보도 동시에 파악해야 한다. 따라서 마케팅 전략도 온라인의 경우 고객을 대상으로 하는 브랜드 홍보 및 판촉 전략, 예비 가맹점주를 대상으로 하는 창업 광고로 구분하며, 오프라인 마케팅 전략의 경우도 본사 차원과 점포 단위로 구분하여야 한다.

온라인 마케팅의 경우 한정된 예산 안에서 브랜드의 성장 단계별로 일반 고객과 예비 창업자 고객의 비중을 변화시켜 효율적인 마케팅 전략을 세워야 한다.

일반적으로 가맹사업 초기(가맹점 30개 미만)에는 브랜드 홍보나 프로모션보다는 창업 광고에 집중하고, 성장기(가맹점 30~100개 미만)에 접어들면 브랜드 홍보와 고객을 대상으로 하는 프로모션의 비중을 높이는 것이 효율적이다.

브랜드 가치 증대와 브랜드 인지도 향상을 위한 마케팅 정책이 효율적으로 수립되어 전개되고 있는지 분석이 필요하다. 마케팅 정책은 정확한 해답이 없고 성공적인 정책을 펼쳤다고 단언하기가 꽤 애매한 부분이 많기에 마케팅 실행으로 인해 매출이 증가하는 데만 초점을 맞추지 말고 매출 현상 유지와 브랜드 파워를 증대하는 효과가 있음에 주안점을 두고 실천하는 것이 바람직하다. 브랜드 경쟁력을 한눈에 볼 수 있도록 홈페이지가 제작되어 있는지 점검하고, 온라인 마케팅 활동이 활발하게 추진되고 있으며 SNS 활동을 실용적으로 펼치고 있는지도 점검해야 한다. 인터넷상 브랜드 검색 상위 노출도 중요한 항목이고, 창업 광고도 지속적으로 실천하는 것이 브랜드 이미지를 일반 고객에게 각인시킬 수 있는 요소임을 인식하고 정책을 전개하는 것이 좋다.

✎ 협력 업체 관리 시스템

프랜차이즈는 가맹 본사와 가맹점 사업자 간의 계약 관계에 의해서 형성되고, 상호 이익 증대를 위해서 사업을 공유하는 시스템이다. 그러나 프랜차이즈 시스템은 가맹 본부와 가맹점 사업자 양 당사자 간의 관계에만 머물지 않고 고객과 협력 업체까지 포함하는 B2B2C(Business to Business to Consumer) 형태의 구조로, 상호 독립적으로 구성되어 있지만 상호 공생적 관계를 유지하며 마치 하나의 가상 기업처럼 움직이는 시스템이다.

즉 프랜차이즈 시스템은 가맹 본사와 가맹점, 가맹 본사와 협력 업체, 가맹점과 고객이 직접 거래 관계로 형성되어 있고, 간접 거래로 협력 업체와 가맹점, 협력 업체와 고객 등 여러 이해 당사자가 법적, 경제적, 그리고 운영 측면에서 복합적인 관계로 구성되어 있다. 물류, POS사, 인테리어, 설비, 집기, 광고, 홍보, 법률, 세무, 그리고부동산까지 수많은 업체들과 손을 잡아야 비로소 하나의 가맹 본부가 움직일 수 있고 가맹점을 지원할 수 있다.

이와 같이 대부분의 프랜차이즈 기업들은 독자적인 노하우를 확보하고 있음에도 불구하고 협력 업체를 통해 외부 역량을 확보하여 급변하는 외부 환경에 대응하며, 경쟁 시장에서 상대적인 경쟁 우위를 선점함으로써 효율 증대 및 비용 감소를 통해 경쟁력을 제고하고 있다.

가맹 본사와 협력 업체와의 관계는 가맹점 사장의 만족도에도 높은 영향을 미치는 요소이므로, 협력 업체 선정에서부터 계약, A/S까지 본사와의 파트너십을 통한 관리가 필요하다. 따라서 협력 업체를 선정하면서 엄격한 기준을 마련해야 하며, 인맥이나 구두 계약이 아닌 본사와의 거래약정서 또는 협약서 형태의 계약을 통해 본사뿐 아니라 가맹점과의 관계에서 발생할 수 있는 불만을 미리 예방할 필요가 있다.

가맹사업을 하다 보면 타 업종보다 협력 업체가 다수 발생하게 되는데, 협력 업체는 뒤에서 묵묵히 성공적인 사업을 위해 협조해 주고 지원해 주는 곳이기에 협력 업체 계약 및 관리 체계를 설정해놓고 비즈니스 제휴를 맺는 것이 본사와 협력 업체 간 상호 합리적인 처사이다. 협력 업체가 아는 지인이라고 해서 형식에 구애받지 않고 업무를 시작했다가는 시일이 지나면 안 좋은 관계로 남게 되는 경우가 발생하게 된다. 상호 계약 관계를 서류로 명확히 작성하고 원칙에 입각한 관계 설정을 하는 것이 좋은 관계를 오랫동안 지속시키는 지름길이다.

협력 업체의 양질의 제품 지원과 가맹점을 만족시키는 서비스 제공은 가맹 본사 임직원 못지않게 중요한 부분이기에 간과하고 지나치면 안 된다. 또한 협력 업체는 제2의 브랜드 홍보 대사가 되기에 함께 상생할 수 있는 시스템 정비가 필요하다.

✎ 사업 계획 수립

프랜차이즈 본사의 사업 비전, 사업 목표 수립을 통해 개발, 개점 운영 등의 매출, 손익 목표를 설정하는 단계로 진행된다. 사업계획서는 사업 규모와 용도, 기간에 따라 구분하여 작성할 수 있으며, 구체적으로 단기/중장기, 종합/부서별 계획으로 구분할 수 있다.

단기 계획은 일반적으로 1개 사업 연도 이하의 계획을 말하며, 중장기 계획은 단기 이외의 기간(3년, 5년, 10년) 계획을 말한다. 종합 계획은 전사적인 사업 전략 및 이익에 대한 계획이며, 부서별로 세부 계획을 종합하여 작성할 수 있다.

사업계획서는 계획의 목적, 사업 현황의 파악과 시장 분석, 분기별 목표 설정, 중점 해결 과제 설정, 실행 아이디어 도출 및 구체화 순으로 작성한다. 연말이 지나가기 전에 부서별 사업 계획을 토대로 본부 사업 계획을 세워 연초부터 사업 계획에 입각해서 업무 추진을 해야 한다. 현실성이 결여된 계획이 수립되었을 때 CEO는 수정을 요구해서 재계획을 수립하도록 하는 것이 효율적이다. 의욕만 앞세운 나머지 실현 가능성이 적어 사업 계획 자체가 무의미한 경우가 많기에 실현 가능한 목표를 세우는 것이 중요하다.

사업 계획의 세부 수립 항목은 다음과 같다.

① 계획의 목적 : 성취하려는 최종 목적이 무엇인가?

② 사업 현황 파악 : 직전 연도 실적 파악 및 목적 달성을 위해 미치는 요인 분석

③ 분기별 목표 설정

④ 중점 해결 과제 설정 : 경제성, 신속성, 용이성에 문제가 없는가, 실행의 시기는 적절한가?

⑤ 실행 아이디어 도출 및 구체화 : 회사의 경영 이념, 비전과 일치하는가?

✎ 부서별 사업 계획

영업부와 운영팀의 사업 계획 예시

(1) 영업부

① 우량 점포 개발 미션과 그에 따른 실행 계획 수립

② 부진 가맹점의 기준을 설정하고 우수 가맹점 개발을 위한 대책 강구

③ 계약 목표 달성 계획을 세우고 오픈 목표와 개설 수익 목표 산정

④ 초기 상담 능력 배양 및 생산적인 점포 개발 계획안 수립

⑤ 기간별 개설 목표 산정, 지역별 공략법 기획 및 실행안 수립

(2) 운영팀

① 구체적이고 실행 가능한 추진안 마련

② 가맹점 관리를 통한 우수 점포 육성안 수립

③ 슈퍼바이저 역량 강화 대책 강구

④ 가맹점 지원책

⑤ 가맹점 클레임 처리 방안 수립

⑥ 폐점 방지 대책

⑦ 운영 관리 시스템 구축

⑧ 로열티 및 물류 매출 산정

⑨ 우수 가맹점 육성 실행안 수립

⑩ 가맹점 등급별 관리 체계 수립

⑪ 슈퍼바이저 보상 제도

경영 이념

경영 이념이란 기업의 의사 결정의 기준이 되며, 경영 활동의 체계성과 일관성을 유지하게 하고, 기업의 내적 통합 및 외적 적응을 위한 가치를 제시하는 기업의 핵심적 가치 체계이다. 따라서 이러한 전략적 경영의 방향을 결정하게 하는 근본적 기준으로서 경영 이념의 수립이 선행되어야 한다. 경영 이념은 내적으로는 조직 구성원에게 조직의 방향성을 제시하여 동기를 부여하고, 직무 만족 및 조직 몰입을 향상시키며 내부 통합에 긍정적 역할을 한다.

프랜차이즈 기업은 가맹점과 합의를 통하여 공동의 목표와 가치를 설정하고, 이를 경영 전반에 적용할 경우, 경영 효율성과 경쟁력을 향상시키고, 기업의 생존율까지 높일 수 있다.

고객이 추구하는 가치를 정립하고, 경영 이념을 토대로 사업 전략을 수립하고 목표 달성을 위한 경영 이념을 정하는 것이 중요하다. 회사 존재 이유와 사명 및 역할과 목적이 한눈에 표출되도록 정하는 것이 좋고, 회사의 미래 방향성을 제시할 수 있도록 수립한다.

경영 이념은 기업의 경영 철학과 목표 달성을 위한 표상과 관념이 함축적으로 내포될 수 있는 문구가 효율적이다. 기업의 여건과 환경 및 인프라에 적합한 경영 이념이 필요하다. 경영 이념은 의례적으로 기업에서 정해 놓은 형식에 그친다는 인식을 버리는 것을 우선으로 실천해야 한다. 여기에는 경영자의 기업 가치관과 미래의 전략이 숨겨져 있어서 전 임직원에게 전파하고 실행하여 직무에 반영할 수 있어야 한다.

✎ 미션 및 비전

미션은 조직의 방향성이나 의사 결정의 기준이며, 조직의 구성원에게 동기를 부여할 수 있는 전략적 경영의 중요한 도구이다. 미션은 기업의 가장 근본적 정체성을 설명하는 요소이기 때문에 장기적 관점에서 기술되고, 큰 변화가 없는 것이 특징이다.

미션에 포함되어야 할 주요 개념으로는 고객, 상품, 기술, 시장, 그리고 경쟁자에 대한 정의와 재무적 목표, 가치, 철학, 대외적 이미지 등이 있다.

한편, 비전은 회사의 정신적 체계로서 경영 이념이나 미션과 맥을 같이 하지만 비전은 거시적 의미인 경영 이념이나 근본적 존재 가치에 의미를 둔 미션보다 좀 더 현실적인 목표 제시에 초점을 맞춘다. 비전은 전략적 방향을 정의하여 현 상태의 기업이 미래의 기업으로 나아가는 방향을 제시하는 개념의 지도이며, 위로는 미션, 아래로는 전략과의 관계를 이어주는 역할을 한다.

훌륭한 비전이 되기 위해서는
첫째, 모든 사람이 기억할 수 있게 짧고, 영감을 줄 수 있어야 한다.
둘째, 비교적 단시간 안에 성취할 수 있는 것이어야 한다.
셋째, 현실적이어야 한다.
넷째, 평가할 수 있어야 한다.
다섯째, 목표를 달성하기 위해 구체적으로 실행할 수 있는 이정표가 있어야 한다.
여섯째, 조직 내 모든 사람이 공유할 수 있어야 한다.

✎ 전산 시스템

전산 시스템은 본사의 PC와 매장의 POS를 통합한 시스템으로 실시간 매장에서 발생하는 판매 시점의 모든 데이터를 종합적으로 수집·처리하여 각 부문별 원하는 정보를 분석·평가할 수 있도록 도와주는 판매 관리 시스템을 의미한다. 즉 판매 시점에서 발생하는 자료를 이용하여 판매 수요 예측 등의 분석과 더 나아가 판매 증진의 수단으로 발전될 수 있다.

프랜차이즈 본사는 인터넷을 기반으로 언제 어디서나 사용할 수 있는 진보된 시스템을 통해 실시간으로 매장의 운영 상황을 확인 및 관리할 수 있으며, 데이터를 분석하여 효율적인 서비스를 제공할 수 있다.

프랜차이즈 본사는 통합 전산시스템 구축을 통해 직영점뿐 아니라 가맹점 등 모든 매장의 매출 관리, 재고 관리, 자재 관리, 회계 관리, 고객 관리까지 필수 솔루션을 갖추어야 매장 관리를 효율적으로 할 수 있으며, 객관적인 데이터를 바탕으로 매장 이익의 극대화, 경영 효율의 극대화를 만들어낼 수 있다.

✎ ERP 활용

프랜차이즈가 가맹사업법에 의해서 제공해야 하는 정보공개서와 가맹 계약서 사전 제공 및 관련 계약을 위한 내용을 시스템으로 체계화하게 되면, 향후 가맹점과의 분쟁위험을 줄일 수 있다. 사람과 서류에 의한 관리는 본사의 자산으로 관리하기 어렵고, 자칫 서류 누락이나 실수가 발생할 경우 본사에서 감당해야 할 피해는 수백만 원에서 수억 원이 될 수 있다.

따라서 가맹점 개발 단계에서 예비 창업자 관리와 가맹 상담, 예비 창업자 평가, 사업 설명회 및 개점 단계의 교육 훈련, 시설 공사 일정 관리, 개점 일정 계획뿐 아니라 가맹점 운영 관리 차원에서는 가맹점 기본 정보부터 계약, 양도양수 관리, 부진점 관리, 손익 분석, 상품 관리, 재고 관리, 매입매출과 거래 현황, 기초 매출 분석 등을 통합적으로 관리하는 솔루션을 갖추고 있어야 한다.

특히, 가맹사업법에 대한 보호는 가맹점의 개발과 개점에 해당하는 분야가 많지만, 실제 운영에 대한 관리도 중요하다. 운영 분야에서 부당한 영업 지역 침해 금지, 부당한 영업시간 구속 금지, 광고 판촉 관련 집행 내역 통보, 가맹 계약 해지의 제약, 절차에 따른 가맹 계약 갱신 등은 시스템에 따른 관리가 필요하다.

운영 시스템에서는 슈퍼바이저의 가맹점 방문 기록 및 상담 기록 관리, 가맹점 운영 상태의 QCS 체크, 매출 분석을 통한 매출 상승 전략, 가맹점 원가 분석을 통한 로스율 관리, BEP 분석을 통한 매출 부진점 선별이 가능해야 진정한 의미의 슈퍼바이징 활동을 할 수 있으며, 가맹점주로부터 로열티를 받는 근거가 될 수 있다.

PART 05

인재 양성과 효율적인
조직 체계

Chapter 1

기업에 인재가 필요한 이유

✎ 기업 문화

기업에서 인재를 양성하기 위해서는 기업 문화가 차지하는 비중이 크다. CEO가 신속한 의사 결정을 하면서 인력 자원과 자본을 적절하게 배치 및 사용하고, 일의 우선순위를 정해 전략적으로 일을 추진해야 한다. 또한 구성원이 맡은 바 임무를 잘 수행할 수 있도록 윤활유를 줌과 동시에 회사 내의 규제를 완화하고 가시밭길을 고속도로로 만들어주어 장애 요소를 최소화시켜 줌으로써 주어진 직무에 전념하도록 업무 환경을 조성해줄 때 회사 목표 달성이 용이해진다.

프랜차이즈 본사는 가맹점과 함께 성장해야 하는 업무 특성을 지니고 있다. 동반성장을 위해서 역동적인 사내 분위기를 조성시키는 것이 업무 성과 면에서 효과적임을 증명해주고 있는 실정이다.

가맹 본사는 성장 환경과 사고방식이 상이한 가맹점을 이해시키고 설득하고 실행시켜야 하기에 어쩔 수 없이 경직되고 강한 회사 이미지를 지닐 수밖에 없는 구조적인 특징을 지닌다.

상사의 눈치를 안 보고 자기 일을 즐겁게 수행해서 주어진 업무를 잘 해내도록 기업 문화를 바꾸는 것은 전적으로 CEO 역량이라고 보는 것이 정확하다. 기업은 CEO에 의해 움직이고 변화되기에 어떤 기업을 연상하면 CEO가 우선 떠오르면서 브랜드 평판을 하게 된다. 여기서 말하는 CEO는 창업자 CEO를 지칭한다고 보면 된다. 타 기업과 비교하면 외식업의 CEO는 군대식의 절도 있는 기업 문화를 원하고 있어 실제로도 일사불란한 조직 체계를 형성하고 있는 곳이 많은 편인데 프랜차이즈 사업이 갖는 속성도 이런 환경을 만드는데 영향을 미친다고 할 수 있다.

가맹사업이 잘될수록 CEO는 절대 권력을 가진 것처럼 행세하는 경우가 많고, 의도적으로 교주처럼 보이게 하려는 경향도 없다고 말할 수는 없는 실정이다. 외식업에서나 자주 접할 수 있는 실상이다.

어느 회사나 기업 문화는 창업자 CEO의 성향에 따라 형성되고 고착화되기에 구성원 개개인이 자신의 능력을 최대한 발휘하여 성과를 낼 수 있도록 분위기를 만들어주기 위해서는 CEO의 노력이 절대적으로 필요하며 요구되고 있다.

취업 준비생이 기업을 선택할 때 기업 문화를 먼저 떠올리고 지원할지를 판단하는 것이 일반적인데 그만큼 그 기업의 문화가 일반 대중에게 평판도의 기준이 된다고 볼 수 있다. 그렇기 때문에 평소 기업의 이미지 제고에 노력해야 한다. 기업 문화는 곧 기업 CEO의 전부와 같다고 보면 된다.

✎ 충성도

조직의 목표 달성을 할 수 있는 구성원이 첫 번째로 지녀야 할 덕목은 열정이다. 열정이 강한 사람한테는 이길 자가 없다. 어떤 일에 큰 애정을 가지고 열중하면 반드시 해법이 보이고, 에너지가 타인에게 전달되어 조직에 긍정적인 에너지를 발산하여 시너지를 창출, 목표 달성을 이루는데 큰 도움을 주게 된다.

임원은 충성심보다는 업무에 대한 전문성과 능력을 겸비하면서 경영정책을 입안하고 수행할 수 있어야 한다.

사원은 능력도 중요하지만 그보다 애사심과 충성심을 더 갖추고 있을 때 성과가 잘 나오게 되어있다. 충성도가 약하고 개인의 아집과 독선 및 오만이 강한 경력 사원을 유능하다고 하여 많은 연봉을 주고 영입했을 때 의외로 조직이 와해되는 경우가 생길 수 있다.

조직에서 충성심은 목표를 달성하는데 능력을 추월한다고 할 수 있다. 회사에 대한 충성심 없이 순간의 실적만으로는 인정받기 힘든 것이 조직의 생리이다. CEO에 대한 충성심이 큰 구성원은 시일이 걸릴지언정 결국은 성과를 내게 되어 있다.

충성도에서 더욱 중시해야 할 대목은 오랫동안 지속해서 진행된다는 점이다. 충성심은 단타성이 아닌 영원함으로 귀결되기 때문이다. 한번 상사는 영원한 상사라는 말과 일치되는 대목이다. 특히 가맹사업을 전개하는 창업자 CEO가 충성도가 큰 구성원을 곁에 두고 있다는 것은 큰 복이다. 단 충성도가 있는 구성원은 저절로 생기는 것이 아니라 CEO

가 어떻게 대우를 해주고 비전을 심어주느냐에 달려 있다. 결국 충성심 있는 심복은 CEO가 만든다는 말과 같다고 할 수 있다.

실제로 현실에서는 능력과 충성도를 함께 겸비한 자원이 그리 많지 않으며, 능력이 출중한 사람은 개인의 비전 달성에 큰 비중을 두고 살아가는 경우가 많으므로 이 점을 상사가 충족해줄 때 충성심이 함께 발로된다는 점을 중시할 필요가 있다.

어느 조직에서든지 충성도가 좋은 사람을 곁에 두고 있다는 것은 CEO의 크나큰 축복이므로 구성원의 충성심이 나타나도록 환경을 조성하는 일에 유념하면서 경영할 필요가 있다.

임직원 자질

사람을 보고 일하는 사원은 조직에서 필요하지 않다. 소신을 갖고 당당하게 주어진 일을 쳐낼 수 있어야 유능한 조직원이 된다. 프랜차이즈 업종에서 임직원이 지녀야 자질인 다음의 항목을 갖출수록 성과 창출이 용이하다.

① 순발력이 있어야 한다.
· 순간순간 기지를 발휘할 줄 알아야 한다.
② 문제 해결 능력이 필요하다.
· 현장에서는 무수히 많은 문제가 발생하는데 이를 해결할 수 있는 대안을 제시하거나 해결 능력을 지니고 있어야 한다.

③ 위기 대처 능력을 요구한다.
· 위험한 일에 봉착했을 시 대처할 수 있는 능력이 필요하다.
④ 의사소통 능력이 좋아야 한다.
· 대화를 통한 원활한 소통을 할 줄 알아야 한다.
⑤ 실행력이 강해야 한다.
· 정책을 일선에서 실천할 수 있어야 한다.

프랜차이즈 업계는 인력 이동이 타 산업보다도 심한 편이다. 한군데 오래 다니는 직원의 특성을 보면 어중간한 위치에 있을 때가 많다. 특출나게 잘났다고 생각하는 사람은 본인이 싫어서 그만두고, 일의 능력이 부족하면 회사에서 정리하기 때문이다. CEO의 성향에 따라 자의반 타의반 나가게 되는 일도 자주 생긴다. 특히 메이저급 프랜차이즈 경력의 소유자와 마이너급 프랜차이즈 경력자의 업무 추진 능력은 크게 차이가 난다. 마이너급 본부장 출신은 메이저급의 과장 수준의 경력을 지녔다고 보아도 될 정도로 본사 그레이드에 따라 실력 차이가 확연히 나고 있는 것이 사실이다. 시스템과 경쟁력을 갖춘 곳에서 CEO와 상사에게 배우고 실천한 결과로 나타나는 현상이다.

직장생활에 있어서 능력 있는 상사를 만나는 것이 첫 번째 직장의 복이고, 그 능력 있는 상사한테 인정을 받는 것이 두 번째 직장의 복이다. 생각보다 인재를 영입하기가 쉽지가 않고, 유능한 인재가 왔어도 정착한다는 것이 그리 쉬운 일이 아니다. 프랜차이즈 업계에서는 인재라고 생각하고 높은 연봉을 주고 스카웃해도 회사 문화 및 CEO의 경영관과 맞지 않아 중간에 도태되는 경우도 많고, 일을 시켜보니 업무 능력이 부족해서 정리되는 일도 너무나 많다.

본사에서는 부하 육성과 인재 양성에 대한 교육 프로그램을 강화하고 활성화해 지속적으로 능력 있는 인재를 배출하도록 노력을 아끼지 말아야 한다. 가맹사업은 사람에 의해 모든 것이 추진되고 있어서이다.

✎ 업무 처리 능력

스펙이 좋은 경력 사원일수록 상사의 하드웨어를 건드리다가 낭패를 보는 일이 종종 있는데, 경력 사원은 회사를 이해하기 전까지 되도록 상사의 정책에 소프트웨어만 제언하는 것이 현명한 근무 요령이다. 빠른 시일에 주어진 미션을 잘 수행해서 성과를 보이려는 마음이 강하다 보면 오버하는 일이 많아 역풍을 맞는 일이 발생한다. 경력 사원은 항상 온고지신을 머릿속에 새기고 업무에 임하는 자세를 지녀야 그 분야에서 인정받고 정착하기가 쉽다.

사람 사업이라고 해도 지나치지 않은 프랜차이즈 본사는 최우선으로 중시해야 할 일이 인재 육성이다. 현대의 인사 정책은 사람을 가르쳐서 키우는 것이 아니라 능력을 갖춘 인재를 찾아서 적재적소에 배치하여 지니고 있는 능력을 현업에서 최대한 발휘할 수 있도록 하는 것이 최상의 인력 정책이고 나가야 할 인사 방향이라고 주장한다. 하지만 아무리 능력 있어도 업무 처리하는 과정이 잘못되었을 때는 부작용을 초래하는 일이 많게 되므로 주의를 요구한다. 중요한 일과 급한 일에 대해 구분을 하여 어떻게 하는 것이 효율적으로 시테크를 하여 성과를 낼 수 있는지를 파악하고 숙지해서 주어진 과제를 처리할 줄 아는 인력이 많아야 생산성을 높일 수가 있다.

오늘 마무리할 수 있는 일들을 내일 하고, 이번 달 끝낼 수 있는 일을 다음 달로 미루는 등 시간 관리를 못하고, 업무 지시에 대한 이해가 부족하여 엉뚱한 방향으로 일을 추진해 무의미한 시간을 보내는 일이 없도록, 일의 처리 과정과 숙련도를 육성시키고 지도해주는 기업 풍토 조성이 절실히 요구된다. 능력이 있고 없고는 주어진 일에 대한 업무 처리 과정에서 판가름난다고 보는 것이 정확한 표현이다. 그래서 첫 직장에서 어떤 상사한테 일을 배웠느냐가 평생 따라다닌다고 보면 된다. 그만큼 중요한 것이 업무 처리 능력이다.

✎ 부서장 역량

어느 조직에서나 각 부서의 팀장 및 본부장의 능력과 역량에 따라 조직의 성과 달성에 지대한 영향을 미치고 있다. 특히 타인을 움직여 실천하도록 해야 주어진 목표를 달성할 수 있는 프랜차이즈 산업에서는 더욱 그렇다.

외부에서 영입한 본부장급이나 팀장급 즉 부서장이 어떤 역량을 갖추고 있고, 무슨 유형의 리더십을 함양하고 있느냐가 그 조직 구성원 전체 업무 분위기를 좋은 방향이든지 아니면 안 좋은 방향으로 변화를 이끌게 되므로 가맹 본사는 간부급 외부 인력 도입은 신중을 기해야 한다. 한 명의 본부장 능력 때문에 기업의 목표 달성이 왔다 갔다 하므로 기업의 CEO는 부서장 배치에 심사숙고해서 결정해야 한다.

프랜차이즈 본사는 일의 속성상 역동적이고 추진력이 있으며 실행력을 지닌 조직 구성원을 요구한다. 미션을 수행하기 위해 절대적으로 임직원이 지녀야 할 역량이다. 이런 실력을 배양하기 위해 부서장의 역할은 조직에서 매우 크다. 강력한 실천력을 보일 수 있도록 부하 직원을 교육하고 육성시킬 수 있는 본부장 및 팀장급 영입과 부서 배치가 우선 선행되어야만 가맹 본사에서 수립한 정책이 현장에서 수월하게 펼쳐질 수 있다.

부서장급 한 명의 잘못된 영입으로 부서 전체가 한순간에 분위기가 침체되고 조직이 와해되어가는 경우를 가맹 본사에서 쉽게 볼 수 있는데, 그만큼 부서장의 비중이 조직에서 크고 막중하다는 것을 보여주는 방증이라고 할 수 있다. 본사와 가맹점의 오해 소지를 없애고 원활한 소통을 이루어 함께 성장하도록 사업을 영위해 가기 위해 유능한 부서장을 보유하는 것은 본사에서 반드시 행해야 할 필수 불가결의 요소이다.

신인을 도입해서 육성시키는 것도 중요하지만, 외식업은 검증된 전문 인력을 채용하여 부서 자원으로 즉시 활용해 성과를 내야 가맹 본사의 경쟁력을 강화시킬 수 있다. 가맹사업은 혼자 기획하고 실행해서 실적을 올리는 일이 아니라 상대방을 설득해서 모집하고 타인의 마음을 움직이게 하여 본사 경영 정책을 이끌어가기에 다방면의 능력을 요구한다.

✎ 인사 규정

외식업종의 직원 복지와 관련한 인사 제도가 타 업종과 비교하면 명확하게 설정되지 못한 것이 현실의 실상이다. 가맹사업 초기는 브랜드 안정화 및 정착과 가맹점 확산에만 주력하기에 직원들의 인사 규정은 손을 댈 엄두를 내지 못하고 시일이 흘러가는 것이 일반적인 상황이다. CEO의 주관적인 결정에 의존하여 직원의 채용과 연봉이 결정되고 복지 혜택을 주는 것이 일반화되어 있다. 사업이 번창해서 좋은 자원을 영입하려면 회사 인사 규정에 의한 조직 운영이 이루어져야 가능하게 된다.

주먹구구식의 인사 제도는 한계가 있어서 조직 체계가 무너지게 되는 원인을 제공할 수 있으므로 지양해야 한다. 직급 체계를 비롯해 직책 및 연봉 책정 등 직원 복지를 규정화시켜 놓고 있는 본사만이 유능한 자원이 영입되고 정착할 확률이 높다. 직원은 하나를 받으면 반드시 3이상의 결과를 만들어내어 회사에 기여한다는 것이 입증된 결과이기에 CEO는 직원 복지를 위한 투자를 아끼지 말아야 한다.

구성원의 동기 부여를 통해 업무 성과를 내기 위해서는 장기적으로 인사 규정을 의무적으로 정립하고 실천해야 한다.

(1) **인사 제도**

① 승진

· 동일한 직급에서 오랫동안 머무르는 불만을 해소해주고 직급 상승으로 인해 사기를 진작시켜 업무 능률을 향상시킨다.

② 복지

· 급여 외적인 부분에 혜택을 주어 애사심을 함양하고 충성심을 유발시켜 회사 발전에 기여할 수 있는 환경을 조성시켜 준다.

③ 보상

· 직무에 따른 결과치의 성과에 따라서 합리적이고 객관적인 포상 제도를 확립해 실천한다.

④ 평가

· 목표 설정에서 평가까지 당사자의 견해를 반영하여 회사와 개인의 쌍방향 평가 제도를 마련한다.

⑤ 채용

· 직무별 및 직급별로 신인과 경력을 구분하여 본사 환경에 맞게 채용 기준을 만들고 인력을 도입한다.

⑥ 역량

· 직원이 스스로 소질과 능력을 배양할 수 있도록 자신에게 투자할 시간과 물질을 지원해주는 제도를 만들어 추진한다.

(2) **직급 체계**

① 직급

· 사원 – 주임 – 대리 – 과장 – 차장 – 부장 순으로 만든다.

· 과장에서 차장을 건너뛰어 부장으로 직접 승진시키기도 한다.

② 직급 승진 평가 기간

· 사원에서 주임은 2년으로 한다.

· 주임에서 대리는 2년으로 한다.

· 대리에서 과장은 3년으로 한다.

· 과장에서 차장은 3년으로 한다.

· 차장에서 부장은 3년으로 한다.

· 과장에서 부장은 4년으로 한다.

③ 직책

· 팀의 책임자를 팀장으로 호칭한다.

· 실의 책임자를 실장으로 호칭한다.

· 팀장과 실장은 직급을 떠나 그 부서의 상위 직급자로 한다.

· 직책을 부여하면 부여받은 당사자는 책임감을 느껴 업무 생산성이 높아지고 권한과 책임감을 동시에 갖게 되므로 팀장 직책을 최대한 활용해서 조직 체계를 만드는 것이 업무 효율성을 높이고 창출하는데 유리하다.

(3) 인사 기준

① 직급 체계 및 승진 제도

· 기업에 적합한 승진 기준과 승진 연한을 설정하여 사원들의 도전 정신을 고취시킨다.

② 임금 체계

· 호봉에 따른 임금 규정 및 직급별 호봉제를 실시한다.

③ 근무 시간 및 휴가

· 근무하는 시간과 휴무 규정을 규정화해서 공유한다.

· 근무 시간과 출퇴근 시간, 조퇴 규정도 정한다.

· 공휴일 근무와 여름휴가 및 연차 규정을 정한다.

· 공가와 병가, 경조사 휴가 규정을 정한다.

④ 상벌

· 업무 성과를 낸 사원과 맡은 직무로 인해 회사에 손실을 초래한 사원에게 상과 벌을 내린다.

· 표창 기준과 포상 종류를 정한다.

· 징계 기준과 해임 및 감봉 사유를 정한다.

⑤ 인사 평가 및 보상

· 능력과 실적에 따른 성과급을 지급한다.

· 팀 평가와 개인 평가를 하여 시너지를 창출시킨다.

(4) 복리후생

① 생활 편의 제공

· 유니폼 제공, 휴식 공간 마련, 명절 선물, 경조사비 지원, 식사 제공

② 가정 봉사

· 출산장려금 지급, 출산 선물 지급, 교복 지원, 가정의 날 선물 지급, 효도장려금 지원

③ 문화 및 여가

· 취미 생활 지원, 하계 및 동계 휴가, 체육 대회, 워크숍 활동

④ 자기 계발

· 외국어 학원 지원, 서비스 교육 지원, 도서구입비 지원. 외부 위탁
  교육 지원

⑤ 건강

· 건강검진 실시, 직장인 단체 보험 가입, 금연 성공 사원 지원

(5) 인사 고과

① 정의

　종업원의 직무 행동을 측정하고 평가하는 행위로서 구성하는 원인 변
수와 매개 변수 및 결과 변수를 모두 참조하여 실행하는데, 원인 변수
는 능력 고과를 말하고 매개 변수는 태도 고과를 말하며 결과 변수는
업적 고과를 말한다.

② 구성

　첫 번째로 자기가 직접 신고하는 방식이다.

　평소의 업무량과 질 등을 작성한다. 직무 만족도와 팀 및 부서원 간
의 의사소통을 작성한다. 인사이동 희망 사항과 회사에 건의 사항도 작
성한다.

　둘째로는 능력 고과 방식이다.

　이해력, 판단력, 결단력, 창조력, 개발력의 사고 능력과 표현력, 절충
력, 섭외력, 지도력, 관리력, 통솔력 같은 대인 능력을 평가한다.

　세 번째로 태도 고과 방식이다.

　태도는 업무 수행 과정에서 발생하는 의식, 자제, 행동 등의 모습을
말한다. 근무 태도는 의욕을 지니고 업무에 임했는가를 나타내는 척도

로서 적극성, 협조성, 책임감으로 평가한다.

③ 평가 항목

근무 자세 – 책임감, 규율성

품성 – 인성, 성품

업무 실적 – 업적

업무 수행 능력 – 업무 지식, 협조 능력

④ 고과 단계

S – 탁월 – 탁월하게 완벽한 업무 수행

A – 우수 – 우수한 실적을 낸다는 기대를 주는 업무 능력

B – 보통 – 보통의 수준으로 업무를 무난히 하는 능력

C – 미흡 – 지도를 받아야 업무를 할 수 있는 능력

D – 부족 – 직무에 지장을 주는 업무 처리 능력

⑤ 총괄 평가

총괄 평가는 100점 만점으로 태도 고과 및 능력 고과를 70점으로 하고, 교육 평가를 20점으로, 근태를 10점으로 하여 합산한 점수로 산정한다. 교육 평가는 사내 및 사외 교육 참여 여부와 내부 교육 평가를 반영한다. 근태 평가는 1년 기준의 지각 및 조퇴를 평가한다.

Chapter 2

일반 기업과 프랜차이즈 조직의 차이

본사 조직은 라인 조직과 스탭 조직으로 구분할 수 있다. 일선에서 실행에 옮기는 부서는 모두 라인 조직이라 할 수 있다. 라인 조직이 현장에서 실천하도록 정책을 수립하고 지원하는 부서를 스탭 부서라 한다.

라인과 스탭은 업무적으로 타협해서는 시너지가 나올 수 없다. 상호 활발한 업무 논쟁을 통해야만 효율적이고 시장에 부합한 정책과 실천을 할 수 있음을 인식하고 직무수행을 해야 한다.

프랜차이즈 조직은 살아 꿈틀거린다는 표현이 맞을 정도의 역동적인 조직이어야만 현장을 움직일 수 있는 특성을 지니고 있다. 프랜차이즈 사업은 활기찬 기업 문화를 지니고 구성원이 생동감 넘치고 본사 부서가 활력이 넘쳐야 생산성 향상을 기할 수 있다.

✏ 운영팀

본사 규모에 따라 운영1팀, 운영2팀, 운영3팀으로 구분되어 조직도를 편성하나 규모가 작은 본사는 운영팀으로 통칭해서 사용하고 있다. 운영팀장과 슈퍼바이저로 구성되는 것이 일반적인 운영팀 조직 현상이다.

운영팀의 주요 업무는 가맹점 운영 관리이다. 가맹점에서 발생되고 있는 전반적인 사항을 본사를 대신해서 소통하고 전달하고 해결해주는 미션을 수행하는 업무를 하는 조직이다. 여기서 운영팀장의 역할이 매우 중요하다. 팀장 역량에 따라 슈퍼바이저 활동이 달라지고, 본사와 교량적 역할을 원활하게 수행해 메이저 프랜차이즈로 가는 지름길을 만들어줄 수 있다.

운영팀 호칭은 다양하게 불리고 있다. 슈퍼바이저, 바이저, 운영 과장 등 본사 상황에 맞게 사용하면 되나 될 수 있으면 운영 과장 직책을 주어 소사장 개념으로 격상시켜 가맹점을 관리하는 것이 업무 효율성 면에서 유리하다.

오픈팀은 별도로 두어도 되고 굳이 조직도에 편성하지 않아도 된다. 운영팀에서 겸업하는 것이 일반적인 조직 구성이다. 매장이 오픈했을 시 오픈 활동을 지원해주고 교육받은 대로 운영하도록 매장 직원 교육을 비롯해 전반적인 운영상의 업무를 도와주는 일을 하는 것을 골자로 한다.

운영팀에서 오픈 업무를 병행해서 진행하는 경우가 많다. 오픈 업무는 오픈 시 매장 일을 해주는 것보다 매장 직원들의 교육과 운영 상황을 점검하고 지도해주는 기능이 주된 업무이다. 대체적으로 슈퍼바이저가 오픈바이저를 병행하기에 현재의 본사 조직도에서 편제가 안 되는 경우가 많으며 활용도가 적은 편이다.

✎ 영업부

예비 창업자 창업 관련 상담을 비롯해서 점포 물색 및 상권 분석을 해주는 업무를 주로 한다. 점포개발팀으로 명칭을 사용해도 무방하다. 조직 구도는 팀장과 영업 담당을 두면 된다. 조직이 방대해지면 영업 본부장을 둘 수 있다. 가맹사업 초기에는 점포개발팀으로 편성하고 가맹점 확산이 된 후는 영업부 내지 영업 본부로 승격시켜 운영하는 것이 효율적이다.

전국 영업이 활성화되었을 시 지역별 사업부를 두었을 때 각 지역 사업부에서 사업부장이 영업을 겸직하는 것이 좋다. 영업 부서는 팀보다는 부로 조직을 편성시키는 것이 업무 추진과 실적을 거두는데 생산적이다.

타 팀과 비교하면 이직률이 많은 것이 영업부 특색이다. 영업부 사원은 개인 실적 차가 확연히 숫자로 표시되어서 직원 간의 능력 차이가 현저하게 구분되어 자의반 타의반 변화가 많을 수밖에 없다. 더불어 실적급에 따른 보수의 격차가 큰 부서이다.

✎ 공사팀

인테리어 업무를 주로 실행하는 부서이다. 점포 확정 후 도면 협의 및 인테리어 착공부터 완성까지 인테리어 협력 업체 관리를 하며, 창업자와 소통하고 공사 진척 상황을 관리하며 공사 관련 A/S 업무도 병행

처리한다. 공사팀장과 팀원으로 구성하는 것이 일반적이며 최소의 전문 인원으로 편성하는 것이 프랜차이즈 업계의 현실이다. 감리 업무도 겸직할 수 있는 인력으로 채용해서 조직 편성을 시키는 것이 좋으며 협력 업체와 원활한 소통을 이룰 수 있는 오픈 마인드 소유자를 둘 수 있으면 금상첨화이다.

공사팀 근무자는 업무 능력이 어느 정도 있을 때는 한 회사에 오래 정착하는 경우가 의외로 많은 편이다. 업무 특성이 소수의 전문성을 요구하는 분야이기에 특별한 사유가 없으면 보직 변경이 자유롭지 않아 한군데 오래 근무하는 특성을 갖고 있는 부서이다. 협력 업체 및 신규 창업자와 원활한 소통 능력을 필요로 하는 직무이고, 본사의 신뢰도를 처음으로 심어줄 수 있는 임무를 수행하기에 프랜차이즈 시스템 교육을 통한 이해를 심어주고 현업에 종사하도록 하는 본사의 사전 준비 과정이 필요하다.

✎ 교육팀

예비 창업자 교육과 직원 교육을 병행해서 시킬 수 있는 자원으로 인원 세팅을 해 놓는 것이 이상적이다. 교육 개발팀과 연수팀으로 나누어 조직을 만드는 본사도 있다. 교육 부서 근무자는 교육 스킬 외에 매장 운영의 기본적 상황을 이해하고 숙지한 자원들로 구성하는 것이 업무 추진상 바람직한 결과를 낳을 수 있다.

어느 회사나 교육팀 소속의 교육 강사의 교육 능력과 자세를 보면 그 회사의 제반 부분의 이미지를 판단할 수 있으므로 교육팀 인력은 반듯한 태도를 지니고 있으며 명확한 의사 전달 능력과 자신감, 당당함을 갖춘 자원을 채용 및 영입해서 팀을 꾸려야 성과를 이룰 수 있다. 프랜차이즈 사업은 특히 교육팀의 교육 능력에 따라 가맹사업 번창에 큰 영향을 미치므로 이러한 점을 고려하여 조직 구성을 해야 한다.

✎ 상품기획팀

신메뉴를 개발할 수 있는 능력과 히트 메뉴가 나오도록 기획하고, 조리 매뉴얼을 수립하는 역량을 겸비한 인력으로 구성한다. 상품연구소 또는 메뉴개발팀으로 조직도를 만드는 본사도 있다. 아이템에 따라 메뉴기획 전문가의 영향력은 크기에 유능한 인재 도입이 절실한 부서이다.

메뉴는 매우 주관적인 성향이 큰 편이라 객관적인 사고를 갖고 시장조사를 통한 신메뉴를 개발한다는 열린 사고를 지닌 인력을 도입해서 일을 맡기는 것이 필요하다. 일정 시점이 경과되면 새로운 메뉴를 개발하여 매장 활성화를 시키는 것이 본사의 책무인데 고객의 기호에 맞추어서 메뉴 구성을 하고 시장에서 평가받는다는 사명감을 지닌 메뉴 전문가로 구성해서 팀을 편성해야 한다. 그러나 현장에서 본사가 원하는 전문가를 영입하기가 현실적으로 만만치 않은 것이 현실이다.

✎ 물류팀

자체 물류 시스템을 갖춘 본사에만 해당된다. 원부자재를 가맹점에 원활하게 공급하도록 지원해주는 부서이다. 본사에서 직접 물류를 시행하는 경우가 극히 드물고, 3자 물류 시스템을 도입하는 가맹 본사가 대다수이기에 비즈니스 파트너와 소통을 잘하는 인력 배치가 필요하다.

구매와 물류를 합병해서 운영하는 본사도 많다. 출근 시간이 빠르고 근무 시간이 타 부서와 다르게 일정치 않은 면이 있어서 관심과 배려가 요구되는 부서이다.

물류팀은 팀장의 역할이 중요하고 구성원과 혼연일체가 될 수 있도록 여건을 조성시켜주는 것이 선행되어야 제 기능을 발휘할 수 있다. 전산을 자유자재로 다룰 줄 알고 부지런하고 성실한 자원을 도입할 수 있도록 인원 채용에 중점을 두는 것이 좋다.

✎ 구매팀

어느 회사든지 구매 부서의 인력의 자질에 따라 원가율이 상이하게 나타나므로 구매 전문가가 포진되어야 하는 부서이다. 원가를 절감시키고 상승시키는데 담당의 역할이 크기에 구매팀의 자원은 심사숙고해서 도입해야 한다.

금전적으로 본사에 직접적으로 영향을 주는 부서이기에 수리에 밝고 융통성이 있으며 탄력성을 갖춘 자원이 요구되는 부서이다. 구매 인력의 업무 과정이나 결과 도출에 대한 지도 감독 기능을 본사는 별도로 편제해두는 것이 효과적이다.

상대적으로 타 부서와 비교하면 구매팀은 경력자를 필요로 한다. 구매팀은 요직이기도 하고 때론 교체가 빈번한 부서이다. 실시간으로 변화무쌍하게 움직이게끔 시대적인 환경으로 인해서 조성시키는 부서이기 때문에 실력을 겸비한 인력 도입이 절실하다. 본사의 손익과 가맹점의 수익 창출에 직접 영향을 초래하는 부서가 구매팀이므로 인원 구성에 심혈을 기울여야 한다.

✏ 영업지원팀

가맹점의 영업 활성화를 위해 지원하고 관리해주는 부서이다. 현장 경험이 풍부한 자원으로 구성해야 효과적이다. 라인 조직의 경력이 있으면 현장을 이해하고 업무를 펼칠 수 있고, 현실과 결여된 뜬구름식의 업무 수립을 지양할 수 있다. 반면에 현장 경험이 너무 많으면 지레 현장 상황을 예견하여 강력한 정책을 수립하는데 부정적인 요인으로 작용할 수도 있으니 이 점을 참조할 필요가 있다.

또한 이 부서는 스탭 부서로서 라인 조직을 역동적으로 움직이게 지원하고 도와주는 기능을 하는 부서이다. 라인 조직의 실행이 결국 가맹점을 지원해주는 일이기에 영업지원 부서의 역할은 프랜차이즈 본사의 중심적인 핵심 부서라 할 수 있다. 본사의 여건에 따라 여러 흡사한 명칭으로 사용하고 조직을 구성하고 있는데 역할은 유사하다고 보면 된다.

✎ 마케팅팀

마케팅 인력을 소수로 편성하여 운영하는 것이 대체적인 본사의 실태이다. 때론 마케팅을 외주로 주고 활용하기도 한다. 조직이 큰 본사는 다수의 마케팅 전문가를 두고 운영한다. 경력자 도입을 원칙으로 하나 사업 초기에는 신인을 도입하여 역발상적인 생각을 활용하는 본사도 있다. 특히 이직률이 높은 부서가 마케팅팀이다.

마케팅 정책을 수립하여 실천하면 그에 대한 결과가 즉시 나오기에 마케팅 담당은 큰 부담을 갖게 된다. 성과가 안 나왔을 시 자책감에 빠지는 경우가 있고, 자신감이 없어지게 되어있다. 마케팅을 전개하면 반드시 비용이 지출되는데 그에 상응하는 반대급부가 와야 하는 부서라서 그렇다. 꾸준히 브랜드 노출을 시켜야 하기에 전문 능력을 갖춘 인력으로 구성해야 성과 창출이 가능하다.

✎ 홍보팀

일정한 조직을 갖춘 본사에만 해당하는 부서이다. 홍보 분야 업무를 해본 경력자를 영입하여 조직을 구성하는 것이 효율적이며 생산적이다. 브랜드 홍보를 전담하는 업무를 추진하기에 신인보다는 경력자를 선호하고 있는 것이 일반적인 상황이다.

규모가 큰 본사는 언론인 출신으로 자리를 채우는 사례가 많다. 긍정적인 브랜드 노출은 활성화시켜야 하고 부정적인 브랜드 노출은 방어

해야 하기에 인적 네트워크가 좋고 대인관계가 원만한 인력으로 구성하는 것이 도움이 된다.

대형 본사의 홍보팀 파워는 막강한 편이다. CEO가 큰 힘을 실어주고 활동상 지출되는 비용에도 관대한 편이다. 브랜드 홍보가 곧 수익이고 부정적인 브랜드 노출을 막는 것 역시 본사 수익이라는 관념이 크기 때문이다.

✎ 경영지원팀

경리, 회계, 인사, 총무 업무를 관장하는 부서인데 본사 크기에 따라 세분화하기도 하고 총괄로 병합해서 업무를 처리하기도 한다. 각각 특수한 업무이기에 분야별로 업무 능력을 겸비한 인원으로 편성시키면 된다.

경력을 선호하는 부서이다. 일반적인 사무 및 직원의 복리 증진 업무를 도맡아 진행한다. 자금을 관장하고 실무를 해야 하므로 세심하고 꼼꼼한 성격의 소유자가 적성에 맞는 부서이다. 경리 회계를 담당하는 자원은 장기 근무를 하는 경우가 많다.

업무 속성상 자금 흐름을 세세히 알기에 쉽게 교체가 어려운 편이고, 순환 근무가 물리적으로 힘든 부서이다. 물론 업무를 잘할 때 해당되는 말이다. 집안 살림을 하는 부서이므로 중소기업의 본사는 CEO의 가족 및 친족으로 구성하는 사례가 흔한 편이다.

✎ 전략기획팀

기업의 단기 및 중장기 목표와 비전을 수립하고 부서의 미션을 정해서 조직 구성원에게 부여하는 임무를 띠고 있다. 실질적인 본사의 향후 경영 목표를 수립하고 손익을 분석하며 각 부서의 실적 보고를 취합하고 결과를 분석한다. 본사의 대외적인 대관 업무를 수행하고, CEO의 직속 기관으로 CEO를 근거리에서 보필하고 보좌하는 역할을 수행하는 부서이다.

스펙이 좋은 브레인으로 구성하는 것이 보편적이며 업무량이 타 부서에 비해 많은 편이나 승진하는데 가점이 주어지는 핵심 부서이다. 업무량이 많지만 본인의 경력 관리에 좋으며 회사 전반적인 추진 전략에 대해 상세히 알 수 있어 경력 관리에 도움이 되는 부서라고 할 수 있다. 여성보다는 남성 위주로 배치시키는 것이 일반적인 현상이다.

✎ 디자인팀

규모가 작은 본사는 본사에서 직접 채용하여 운영하는 경우도 있고 아웃소싱을 주어 디자인 업무를 수행하게 하는 곳도 있다. 사업 규모가 커질수록 직속으로 본사에 디자인팀을 두고 업무를 추진하는 것이 효율적인 면에서 좋다. 업무 속성상 실시간으로 보고받고 수정하는 것이 생산적이기 때문이다.

디자인 자원의 개인차가 워낙 크기에 한곳에 오랫동안 정착이 쉽지 않은 특성이 있는 부서이다. 현대 사업에서 디자인이 미치는 영향은 엄청나게 크기에 실력 있는 전문가를 영입하는 것이 과제이다. 사업이 안정화된 기업은 디자인에서 사업의 성패가 좌우된다고 해도 무방하기에 더욱 그렇다. 가능한 한 사무실에서 함께 업무를 진행하며 실시간으로 보고받고 피드백을 해주는 것이 길게 보면 아웃소싱을 주는 것보다 경제성이나 효율성에서 유리하다.

PART 06

절세 전략

가맹점 세무 상식

가맹점에서 각종 세무와 관련하여 절세하는 방법과 기본적인 세무 상식을 요약 정리하였다. (가현택스 참고)

🖊 세무 이슈

단계	절차	내용
1	프랜차이즈 계약	계약금 입금 및 자금 출처 문제
2	점포 계약	권리금의 비용 처리 문제
3	인테리어 설비	부가세 주고 세금계산서 받아야 하나?
4	영업 신고	영업 신고 전 사업자 등록
5	사업자 등록	사업자 등록 3거래일
6	카드 설치	카드 설치 기간 2~3일
7	사업용 계좌	통장의 사용 시 유의 사항 / 카드 사용 시의 유의 사항

🖊 과세 유형

매장을 오픈하면서 간이 과세 및 일반 과세 중 고민을 하게 되는데 아래 사항을 참조하면 도움이 된다.

간이 과세자는 과세 기간이 개인 과세자와는 달리 1년(1.1~12.31)이다. 따라서 1년간의 사업 실적을 다음 해 1월 25일까지 연 1회 신고한다. 간이 과세자의 경우에도 자금 부담의 완화를 위해 1.1~6.30일까지의 기간에 전년도에 낸 금액의 1/2에 해당하는 금액을 7월 25일까지 내도록 예정 고지로 납부하게 된다.(간이 과세자와 일반 과세자의 차이는 부가가치세 측면에서만 차이가 있으며 종합소득세 측면에서는 동일하다.)

구분	일반 과세자	간이 과세자
	1년간 매출액 4,800만 원 이상이거나 간이과세 배제되는 업종·지역인 경우*	1년간 매출액 4,800만 원 미만이고 간이과세 배제되는 업종·지역에 해당하지 않는 경우
매출세액	공급가액×10%	공급대가×업종별부가가치율×10%
세금계산서 발급	발급의무 있음	발급할 수 없음
매입세액 공제	전액공제	매입세액×업종별부가가치율
의제매입세액 공제	모든 업종에 적용	음식점업

구분	간이 과세자	일반 과세자
매출 기준	연 4,800만 원 미만	간이 이외의 과세 사업자
과세 기간	1.1~12.31	1.1~6.30/ 7.1~12.30
계산 구조	매출×10×부가가치율 – 매입 세액×부가가치율	매출×10% – 매입 세액
매입 세액이 큰 경우 환급 여부	환급 안 됨	환급 가능
세금계산서 발행	발급 불가 영수증만 발급 가능	세금계산서 발급

업종별 부가가치율 : 소매 음식점 등 10% / 운수통신 20%/ 부동산 임대 등 기타 서비스 30%

✎ 개인 소득세 과표

(적용 시기 – 2018년 이후 소득)

소득세 최고세율 조정(소득법 §55①)

현행		개정안	
ㅁ 종합소득세 과세표준 · 세율		ㅁ 최고세율 적용 과표구간 확대	
과세표준	세율	과세표준	세율
1,200만 원 이하	6%	1,200만 원 이하	(좌 동)
1,200~4,600만 원	15%	1,200~4,600만 원	
4,600~8,800만 원	24%	4,600~8,800만 원	
8,800만 원~1억5천만 원	35%	8,800만 원~1억5천만 원	
1억5천만 원~5억 원	38%	1억5천만 원~3억 원	
5억 원 초과	40%	3억 원~5억 원	40%
		5억 원 초과	42%

✎ 권리금 및 임차료

권리금 및 임차료 지급 시 다음 사항을 유념하고 처리해야 한다.

① 권리금 수령자의 기타 소득세 신고 22%

② 권리금 신고를 하지 않는 경우의 문제

③ 임차료를 다운 계약하는 경우의 비용 처리 불가

④ 추후 비용으로 입증할 수 있는 방법은?

⑤ 간이 과세자 인테리어 공사 시 부가세 추가 청구?

⑥ 부가세 주고 세금계산서 끊는 게 유리할까?

(1) 권리금 세무 처리

영업권 또는 권리금은 임차인 간에 거래되는 영업권 성격의 금액이다. 비교적 수천만 원 이상의 큰 금액이 들어간다. 그럼에도 불구하고 권리금은 공개되지 않는 것이 일반적이었다. 최근 상가 임대차보호법 개정으로 권리금의 보장이 법제화되면서 이에 대한 노출이 점점 많아질 수밖에 없는 환경이 되었다. 상가 권리금은 받았다고 신고하면 손해를 보게 될까?

권리금 1억 지급	구임차인	신임차인
권리금의 처리	기타 소득 경비 인정 (80% 비용 처리 가능) 2천만 원 과세 소득	1억에 대해 5년간 감가상각 매년 2천만 원 감가상각비 비용 처리
세금 부담	한계세율 15%- 300만 원 한계세율 24%- 480만 원 한계세율 35%- 700만 원 한계세율 38%- 760만 원 약 300~760만 원 부담	한계세율 15%- 1500만 원 한계세율 24%- 2400만 원 한계세율 35%- 3500만 원 한계세율 38%- 3800만 원 약 1500~3800만 원 절세 효과

(2) 인테리어 설비

몇몇 프랜차이즈의 경우 가맹점을 간이 과세자로 사업장을 내도록 하면서 부가가치세 절세를 이유로 설비 비용에 대해 세금계산서를 끊지 않는 경우가 있다. 단기적으로는 부가가치세를 내지 않아 이익처럼 보일 수 있으나 장기적으로 설비 비용에 대해 비용 처리를 하지 못해 손해를 볼 수 있으므로 유의하여야 한다.

절세 TIP 개업 전 들어간 비품은 공제를 받을 수 없나?

개업 전에 들어간 비용에 대해서도 사업을 위해 지출한 비용이므로 공제를 받을 수 있다. 다만 사업자 등록번호가 나오지 않은 경우에는 주민번호를 기재하여 세금계산서를 받는다면 공제가 가능하다.

4대 보험 및 퇴직금

구분	급여 신고	일용직 신고	프리랜서 (사업, 기타)
4대 보험	근로자 및 회사가 분담	고용, 산재 회사 부담	개인부담 (지역 가입자)
부담률	직원 : 약8.4% 회사 : 약9.5%	직원 : 없음 회사 : 약 1%	전액 부담
퇴직금 대상	1년 이상	1년 이상	1년 이상 근로자성有

(1) 인건비 세무 조사 시 유의 사항

① 가공 급료에 대한 문제

· 사실상 근무하지 않은 대주주, 임원의 특수 관계인의 급료 손금 부인하고 상여로 처분

· 비상근 임원의 급료 등 비상근 사실만으로 손금 부인할 수 없는 것이나 전혀 법인의 업무와 관련 없는 비상근 임원의 급료 또는 임원의 급료가 부당 행위 계산 부인의 경우 손금 부인하고 상여, 배당으로 처분한다.

② 최저임금

· 최저임금에는 주휴 수당, 야근 수당이 포함되어 있지 않다.

· 주휴 수당은 주 3일 이상 15시간 이상 근무 시 1일 유급 휴가

③ 4대 보험

· 4대 보험은 사업주와 근로자가 같이 부담한다.

· 국민연금, 건강보험, 고용보험, 산재보험 약 8.5% 이상

④ 퇴직금 준비

· 1년 이상 근무한 직원에게 퇴직금을 지급한다.

· 지급 기준 [(1일 평균 임금 × 30일) × 총 계속근로기간] ÷ 365

⑤ 5인 미만 사업장 4대 보험 지원

· 최저임금의 120% 이하를 받고 주당 15시간 이상 일하는 근로자는 정부로부터 고용보험과 국민연금 보험료의 3분의 1을 지원받게 된다. 통상 고용보험과 국민연금 보험료는 근로자와 사업주가 절반씩 부담하나 저소득 근로자에 대해서는 노사정이 3분의 1씩 부담하게 된다.

⑥ 청년 및 상시 근로자 고용 증대에 따른 사회보험료 세액 공제

· 2015년까지 청년 및 상시 근로자의 고용 증가 인원에 대하여 사용자가 부담하는 사회보험료 상당액(5대 보험)을 세액 공제 받을 수 있다.

청년 근로자 고용 증가 인원 × 100%

청년 외 상시 근로자 증가 인원 × 50%

청년 근로자는 15세 이상 29세 이하(군복무 기간 차감)이며 특수 관계

자 및 일용직 대상자는 청년 근로자에서 제외한다.

✎ 개인 사업자 법인 전환 시기

(1) 성실 신고 확인 제도 대상자

해당 연도의 사업자 소득 규모가 해당 연도에 다음 금액 이상인 경우에 해당된다.

① 농업, 임업 및 어업, 광업, 도매 및 소매업, 「소득세법 시행령」제122조 제1항에 따른 부동산 매매업, 그 밖에 제2호 및 제3호에 해당되지 아니하는 사업: 20억 원

② 제조업, 숙박 및 음식점업, 전기 · 가스 · 증기 및 수도 사업, 하수 · 폐기물 처리, 원료 재생 및 환경 복원업, 건설업(비주거용 건물 건설업은 제외하고, 주거용 건물 개발 및 공급업을 포함), 운수업, 출판 · 영상 · 방송통신 및 정보서비스업, 금융 및 보험업 : 10억 원

③ 부동산 임대업, 전문 · 과학 및 기술 서비스업, 사업시설 관리 및 사업지원 서비스업, 교육 서비스업, 보건업 및 사회복지 서비스업, 예술 · 스포츠 및 여가 관련 서비스업, 협회 및 단체, 수리 및 기타 개인 서비스업, 가구 내 고용 활동 : 5억 원

성실 신고 사업자의 혜택	성실 신고 사업자의 불이익
성실 신고 확인 비용 필요경비 공제 (비용의 100%)	확인 신고 의무 위반 시 가산세(5%) 부과됨
성실 신고 확인 비용 세액 공제 (비용의 60%, 한도100)	확인 신고 의무 위반 시 세무 조사 우선 대상자로 선정됨
의료비 및 교육비 소득 공제 (2013.12.31일까지)	부실 신고 시 좌측의 세액 공제 3년간 적용 안 됨 의료비, 교육비, 소득 공제도 적용되지 않음
종소세 확정 신고 기간의 연장 (6월 말까지)	2월 10일까지 확인 의무자 사전 신청해야 함

(2) 성실 신고 확인 제도 대상자 범위 확대 예정

현행	개정안
▫ 성실 신고 확인 제도 적용 대상 • 농업, 도 · 소매업 등: 해당 연도 수입금액 20억 원 이상 • 제조업, 숙박 및 음식업 등 : 10억 원 이상 • 부동산 임대업, 서비스업 등 : 5억 원 이상	▫ 적용 대상 단계적 확대 • ('18~'19년) 15억 원 이상 ('20년 이후) 10억 원 이상 • ('18~'19년) 7.5억 원 이상 ('20년 이후) 5억 원 이상 • ('18~'19년) 5억 원 이상 ('20년 이후) 3.5억 원 이상

✎ 신용카드

(1) 사업용 신용카드 등록 제도

신용카드 등의 사용 금액에 대하여 일일이 전표를 모으거나 신고 시 입력하는 일은 어려운 일이다. 사업용 신용카드 등록 제도는 개인 사업자의 신용카드 매입을 쉽게 지원해주는 제도이다. 개인 사업자가 사업용 물품을 구입하는데 사용하는 신용카드를 국세청 현금영수증 홈페이지에 등록만 하면 된다. 등록한 개인 사업자는 부가가치세 신고 시 매입 세액 공제를 받기 위하여 '명세서'에 거래처별 합계 자료가 아닌 등록한 신용카드로 매입한 합계 금액만 기재하면 매입 세액 공제를 받을 수 있는 제도이다.

법인 명의로 카드를 발급받은 법인 사업자는 별도의 등록 절차 없이 거래처별 합계표를 기재하지 않아도 매입 세액 공제를 받을 수 있다. 단, 법인 임직원 명의의 개인 카드로 사업용 물품을 구입하는 경우에는 거래처별 합계를 제출하여야 매입 세액 공제가 가능하다.

사례 1　법인의 임원, 종업원 명의로 신용카드 사용 시 매입 세액 공제 가능

부가가치세 과세 사업을 영위하는 사업자가 자기의 사업과 관련하여 일반 과세자로부터 재화 등을 제공받고 법인 또는 임직원 명의의 신용카드로 결제하여 부가가치세가 별도 구분된 신용카드 매출전표를 수취한 경우에는 매입 세액 공제가 가능하다.

사례 2　개인 사업자가 가족 명의 신용카드를 사용했을 경우 매입 세액 공제 가능

일반 과세자로부터 부가가치세가 과세되는 재화 또는 용역을 공급받고 부가가치세액이 별도로 구분 가능한 신용카드 매출

전표 등을 교부받은 때에는 부가가치세 신고 시 매입 세액을 공제할 수 있는 것으로, 이때 사업자의 신용카드뿐만 아니라 사업자의 가족 카드 및 종업원 명의의 신용카드로 그 대금을 결제하고 부가가치세액이 별도로 구분 가능한 신용카드 매출 전표를 교부받은 때에 매입 세액 공제 가능함.

사례 3　항공권 구입 시 신용카드로 결제한 경우 매입 세액 공제받지 못함.

🖊 비용 처리

복리후생비는 임원 또는 종업원의 복지 후생을 위해 지급하는 금액이다. 경조사비나 식대의 경우 신용카드 등을 사용하면 증빙의 구성에 따라 부가가치세 공제 또는 소득(법인세)비용 처리가 가능하다.

증빙 방법	부가가치세 공제	소득세 공제
신용카드 등 사용	가능	
간이영수증 사용	안 됨	

복리후생비 중 금융과 관련된 내용은 부가세 공제가 되지 않는다. 4대 보험료 중 회사 부담액, 종업원 업무상 재해 보장 보험료 등은 부가가치세 공제가 되지 않으나 법인(소득)세 비용에서는 인정된다.

(1) 차량 유지비

회사의 업무용 차량 등을 유지하기 위한 비용으로서 차량의 가격, 유지를 위한 유류비 또는 수리비에 대해 차량의 종류별(개별 소비세 과세 여부로 판단)로 부가가치세 공제를 받을 수도 있다. 사업과 관련한 차량 유지비는 소득(법인)세에서 비용 처리 가능하다.

개별소비세 과세	부가가치세 공제	소득(법인)세 공제
과세 대상 아님	가능	가능
과세 대상임	안 됨	가능

영업 사원이 업무에 사용한다거나 매입 매출과 관련해 운반 차량으로 쓴다고 부가가치세 공제가 되는 것은 아니다. 2016년부터 업무용 승용차 관련 비용은 임직원 전용 자동차 보험에 가입해야만 인정된다.

운행 기록 작성 없이도 1천만 원까지는 비용으로 인정되지만, 관련 비용이 1천만 원을 초과할 경우 1천만 원보다 비용 공제를 더 받기 위해서는 운행 기록 작성이 필요하다.

감가상각비 등은 연간 800만 원까지만 인정되나 경비 처리 기간에 제한이 없어 장기간에 걸쳐 전액 경비 인정이 가능하다.

	(법인)
비용 인정 기준	임직원 전용 자동차 보험 가입 시 – 운행 기록을 통해 입증된 업무 사용 비율만큼 비용 인정 – 운행 기록을 작성하지 않은 경우 관련 비용은 대당 1천만 원까지 인정
감가상각비 등 한도	– 업무 사용 금액 중 감가상각비는 연 800만 원까지만 인정(초과액 이월) (리스, 렌트 차량의 경우 임차료 중 감가상각비 상당액에 대해 적용) – 처분 손실도 매년 800만 원까지만 인정(초과액 이월) – 감가상각 의무화(16년 이후 취득 분부터)

① 개별 소비세 부과 대상 승용차
· 운수업, 자동차 판매업, 자동차 임대업, 운전학원업 등에서 영업용 (업무용 X)으로 사용하는 승용차는 제외
② 감가상각비, 임차료, 유류비, 보험료, 수리비, 자동차세 등 승용차 취득 · 유지 비용
③ 업무용 사용 금액 계산 방법
· 운행 기록을 작성한 경우 : 업무용 승용차 관련 비용 × 업무 사용 비율

　운행 기록 양식 등 구체적 사항은 국세청장이 정함. 승용차별 운행 기록상 업무용 주행거리 ÷ 총 주행거리
· 운행 기록을 작성하지 않은 경우 : 업무용 승용차 관련 비용 1천만 원

※ 법인의 경우 임직원 전용 자동차 보험에 미가입 시 전액 비용 불
　　인정

④ 리스·렌탈 감가상각비 상당액 계산 방법

· 임차료에서 보험료, 자동차세 등을 제외한 금액(시행규칙에서 규정).
　금액 한도 800만 원

⑤ 차량 매각 손실 손금 인정 방법

· 차량 매각 손실은 매년 800만 원까지 손금 인정(처분 후 10년 경과
　시 잔액은 전액 손금 산입)

⑥ 소득 처분

· 사적으로 사용한 승용차 관련 비용은 사용자에게 소득세 과세. 법
　인세뿐만 아니라 사적 사용 비용 귀속자에 따라 소득세도 과세됨
　에 유의

⑦ 감가상각 방법

· 5년 정액법으로 의무화 − 5년 800만 원 = 4천만 원짜리 차량

⑧ 적용 시기

· '16.1.1. 이후 지출하는 분부터 적용. 감가상각 의무화는 '16.1.1.
　이후 취득하는 승용차부터 적용

　※ 개인의 경우 성실 신고 확인 대상자는 '16년부터 적용, 복식 부
　　기 의무자는 '17년부터 적용

(2) 광고 선전비

광고 선전비란 제품의 판매, 촉진을 위해서 TV, 라디오 등 매체를 통
하여 불특정 다수인을 상대로 홍보에 들어가는 비용이다. 다만, 특정

인을 상대로 지출하는 비용은 접대비에 해당하며 접대비는 부가가치세 공제가 되지 않는다.

특정인 여부	부가가치세 공제	소득(법인)세 공제
불특정인 – 광고 선전비	가능	가능
특정인 – 접대비 해당	안 됨	가능

광고 선전비 중 유형의 가치가 있는 광고탑, 간판 등의 경우에는 자산으로 계산하여 감가상각 처리할 수 있다. 광고 선전비와 관련하여 세금계산서를 받은 부분에 대해 신용카드로 결제하면 중복 매입이 되므로 유의하여야 한다.

(3) 접대비

접대비는 사업과 관련한 이해관계자를 대상으로 식사, 선물, 경조 등 향응을 제공한 경우 접대비로 분류하며 이는 부가가치세 공제 대상이 아니다. 접대비는 부가가치세 공제도 안 되지만 소득세나 법인세에서 비용으로도 전액 인정되는 것이 아니라 일정금액을 한도로 인정한다.

접대비 한도	부가가치세 공제	소득(법인)세 공제
기본 금액 한도	안 됨	1,200만 원(중소 240만 원)
수입 금액 한도	안 됨	100억 이하 : 20/10,000 100억~500억 : 10/10,000 500억 초과 : 3/10,000

일반 접대비는 1만 원 초과분에 대해서 반드시 법정 증빙을 구비해야 한다. 다만 경조사의 경우에는 20만 원까지 인정된다.

소득세

이자 소득, 배당 소득, 사업 소득, 근로 소득, 연금 소득, 기타 소득

종합 소득 금액계 : 사업자는 당기 순이익으로부터 출발한다.

소득 공제 : 종합 한도: 2,500만 원(장애인 및 기부금 제외)

2017 과세표준	세율	누진 공제
1,200만 원 이하	6	–
1,200만 원 초과 4,600만 원 이하	15	1,080,000원
4,600만 원 초과 8,800만 원 이하	24	5,220,000원
8,800만 원 초과	35	14,900,000원
1억5천만 원 초과	38	19,400,000원
5억 원 초과	40	2017 신설

과세 표준

($\times$세율 6%~40%)

산출 세액

($-$) 세액 공제, 감면 세액

결정 세액

($-$) 이미 납부한 세액

납부할 세액

✎ 개인 사업자 소득 공제

노란 우산 공제	소기업 소상공인 기존 300만 원까지 공제 가능 (2017 개정)
	사업 4천만 원 이하 : 500만 원 / 4천~1억 : 300만 원 / 1억 : 200만 원

구 분		내 용
인적 공제	기본 공제	1인당 150만 원
	추가 공제	장애인 공제, 경로 우대자 공제, 부녀자 공제 한부모 공제
연금보험료 공제		한도 없이 전액 공제 가능
자녀 세액 공제	1명	연 15만 원
	2명	연 30만 원
	3명 이상	연 30만 원 + 2명을 초과하는 1명당 연 20만 원
성실사업자의 특별 세액 공제		표준세액공제 12만 원 또는 의료비, 교육비, 월세 세액공제 가능
기부금 세액 공제		사업소득뿐만 아니라 다른 종합소득이 있는 경우 세액공제 가능 (사업소득만 있는 자의 기부금은 필요경비에만 산입 가능)
연금 계좌 세액 공제		최대 연 84만 원 한도 내에서 세액공제 가능

의료비 세액 공제나 교육비 세액 공제, 신용카드 소득 공제는 일반적으로 사업자는 공제를 받을 수 없다.

PART 07

CEO가
갖추어야 할 수칙

바람직한 프랜차이즈 CEO는?

프랜차이즈 산업은 CEO의 역량과 능력 및 역할에 따라 흥망성쇠의 판가름을 결정하는 비중이 타 산업에 비해 훨씬 높다. 외식 사업 전 부문에 CEO 영향력이 미치는 범주가 큰 이유이다. 프랜차이즈 사업을 하겠다고 결심한 예비 CEO와 현재 프랜차이즈 사업을 영위하고 있는 CEO에게 작게나마 도움이 되었으면 하는 바람으로 CEO 수칙을 정리하였다. 여기서 언급하는 CEO는 창업자 CEO를 지칭한다.

✎ 계기

젊은 나이에 직장생활을 할 수 있는 여건이 조성되지 않아서 무언가 마땅한 직업을 찾지 못하고 있다가 장사를 하겠다고 결정하고 나서 매장을 오픈했는데, 의외로 고객이 문전성시를 이루게 되면 주변으로부터 가맹점을 내주지 않느냐는 말을 듣는 일이 생긴다. 자주 듣게 되면 프랜차이즈 사업을 한번 해볼까 고민하다가 가맹사업을 시작하는 경우가 흔한 편이다. 장사가 잘되니 본인 스스로 외식 사업을 해야겠다고 마음을 정하기도 하고, 지인의 권유로 결심하여 자천타천 프랜차이즈 CEO가 되는 경우가 일반적이다. 외식 업계가 타 업계보다 유독 젊은 CEO가 많은 이유이다.

처음부터 외식 사업을 하겠다고 사전에 치밀하게 사업 계획서를 수립하여 체계적인 시장 조사를 통해 아이템을 선정하고, 안테나 매장을 오픈해서 일정 기간 검증을 한 후 가맹사업을 전개하여 CEO가 되는 사례도 있지만, 드문 케이스다. 외식업과 무관한 업종의 사업을 하다가 서비스 업종에 관심을 갖고 사업 다각화 차원에서 프랜차이즈 업계 경력 자원을 영입하여 추진하는 CEO도 간혹 있는 편이다.

이런저런 여건이 안 돼서 학업을 끝까지 할 수 없을 때, 장사만큼 짧은 시간에 금전적인 이득을 얻는 업종이 드물다. 그러나 장사해서 돈을 많이 버는 사람은 선천적으로 타고난 DNA가 있을 때 가능하다. 주변에서 섣불리 음식 서비스업에 발을 디뎠다가 낭패를 보고 물러나는 일을 심심치 않게 볼 수 있다.

프랜차이즈 속성상 사람에 의해 시스템을 움직여서 사람과 함께 사업 목적을 공유하고 달성해야 하기에 경험이 있는 유능한 전문인과 함께 사업을 전개해야 성공 확률이 높다. 결국 누가, 어떤 사람과, 무슨 업종을, 어느 장소에다, 매장 확산을 손쉽게 많이 할 수 있도록 환경과 시스템을 만드느냐에 가맹사업의 성패가 달려 있어서 이런 기반을 조성시킬 수 있는 역량을 갖춘 전문가를 영입하고 보유하는 것이 창업자인

CEO가 염두에 두어야 할 선행 과제이다. 정상적인 직장생활을 경험해 보지 못하고 외식 사업을 시작하는 경우가 대다수이고, 사업에 대한 조력자가 특히 필요한 곳이 프랜차이즈 사업이기 때문이다.

외식업은 어릴 적부터 장사에 잔뼈가 굵어서 오픈과 마감까지 한 사이클을 지나봐야 비로소 매장 운영을 알게 되고 장사에 눈을 뜰 수 있다. 현장 장사 경험 없이 이론적으로 해박한 지식을 지닌 사람이 외식 사업 CEO가 되는 것보다, 지식은 부족해도 현장 경험이 풍부한 사람이 외식업의 CEO가 되었을 때 성공 확률이 높다. 현장 경험은 직접 해보지 않고는 얻을 수 없지만 지식은 지식인을 영입하면 해결되기 때문이다. 또한 지식만 있고 현장을 모르는 CEO는 금전적인 보상을 주어도 학습이 쉽지 않기 때문이다. 이론적인 지식으로 중무장했다고 원하는 바를 이루기 쉽지 않은 것이 이런 이유이다. 현장 경험이 풍부한 심복이 가까이 있어서 조력자 역할을 해줄 때 소기의 목적을 달성한다는 점을 CEO는 염두에 두어야 한다.

✎ 태도

외식 시장은 갑작스로운 외부 환경의 변화로 인해 열정을 바쳐 노력하여도 뜻한 바대로 목적을 이룰 수 없는 상황이 연출되는 경우가 존재한다. 자신의 의지와 상관없이 선택과 집중을 하기가 힘들 때가 있다는 것이다. 국내외의 변화무쌍한 환경 변화에 민감한 반응을 보이는 곳이 외식업종이기에 더욱 그렇다.

프랜차이즈 CEO는 사업에 대한 불안과 염려, 미래에 대한 희망이 함께 교차하는 시간들이 머리를 가득 메우고 있다. 장래의 가능성도 보이지만 사업 성공에 대한 불투명함과 불안감에 하루를 보내기 일쑤다.

가맹사업에 대한 희비의 쌍곡선이 반복되는 경우가 사업 초기에 발생할 수밖에 없는데, 이때 CEO가 어떤 입장이나 자세를 취하느냐에 따라 사업의 방향과 비전달성 가부가 판가름나게 된다. CEO 자신도 처음 접하는 일이고 제반 시스템을 구축하지 못한 상태에서 소수 인력으로 사업을 추진하기에 대두되는 현상인데, 시일이 지남에 따라 점차 안정되어 어느 순간 가맹사업에 대한 확신이 생기고 미래를 구상하는 여유를 갖게 된다. 이 시기 CEO의 가치관과 태도 및 경영 수완은 미래 사업의 청사진을 펼치게 하여 훗날 성공의 초석을 이룰 수 있다.

프랜차이즈 사업을 시작해 가맹점을 어느 정도 오픈하여도 대다수 경영자는 예전의 장사꾼 이미지를 탈피하지 못한다. 같은 환경의 CEO들과 공식 및 비공식 모임을 자주 가지며 상호 높여주고 칭찬하여 자부심과 긍지를 갖게 된다. 이때 천하를 얻은 것 같은 착각 속에 초심을 잃기 쉽다. 예전과 180도 바뀐 경제적 위치와 갑작스러운 신분 상승에 따른 타인들의 시선 속에서 중심을 잃거나, 바뀐 라이프 사이클로 본인도 어리둥절해하며 하루를 보내는 것이 보편적인 현상이다.

교만하지 않고 자신의 언행을 절제할 줄 알며, 불필요한 주변 CEO들과의 음주가무 자리를 자제하는 것이 필요하다. 사업이 어느 정도 안정되었다고 판단된 CEO는 이 모임 저 모임에 합류해봐야 사업에 도움될 것이 없다는 것을 깨닫게 되어 스스로 절제하며 모임을 하게 된다. 시일이 지날수록 자신과 맞는 몇몇 소수 CEO와 만남을 지속하며 서로의 상황을 공유하고 조언을 들으려는 경향이 저절로 생기게 된다. CEO라면 대부분 겪는 과정이다.

심지어는 공연히 남의 뒷담화를 늘어놓고 시기하고 질투하는 경우가 생기기도 한다. 이 시기에 사업의 해법은 내부에 있고 구성원들에게 있다는 것을 인지하고 외부 활동보다는 내실을 기하는 CEO가 결국 메이저 프랜차이즈 CEO로 가는 기반을 만들게 된다.

외부 활동은 메이저급으로 사업 성장을 이루고 나면 본인의 의지와 무관하게 이루어진다. 낭중지추(囊中之錐)라는 고사성어가 이 대목에 적합한 말이다. 이 방 저 방 돌아다녀 봐도 내 서방이 최고라는 말처럼 여기저기 CEO의 말을 들어봐도 내 사업에 별 도움이 안 되고, 내 식구 즉 임직원과 논의해서 해법을 찾아 비전을 제시하고 공유하여 미래의 목표를 달성하는 것이 최선책이다. 외부보다는 내부에서 문제점을 찾고 해결 방안을 모색해 함께 실행해가는 경영 철학을 지니는 것이 중요한 CEO의 태도이다. 각자 처한 환경과 조건이 상이하기 때문이다.

✎ 덕목

CEO가 갖추고 있어야 할 능력 중 영업력이 차지하는 비중은 타 분야보다 크다고 말할 수 있다. 프랜차이즈 사업은 구조적으로 영업력이 있는 CEO가 사업을 정착시키는데 유리하게 만들어져 있기 때문이다. 인적 네트워크를 형성할 수 있는 친화력을 갖추고 있고, 상황 판단 능력이 있으며, 비즈니스에 능한 자질을 겸비하고 있을 때 사업을 성공적으로 이끌 수 있다. 사업 초기는 영업력이 크게 영향을 미치지 않을 수도 있지만, 어느 정도 궤도에 오르면 CEO의 영업력과 대인관계 및 처세술은 엄청나게 중요한 요인으로 대두된다.

경영은 의사 결정이란 말이 있다. 결정 장애가 있고, 결정한 것을 후회하고, 자주 번복하는 CEO는 큰 대업을 이루기 힘들며, 구성원이 일을 추진하는데 어려움이 따르고 성과를 내기 쉽지 않다.

CEO가 결정한 사항이 손실을 초래하더라도 중도에 번복하는 것은 좋지 못하다. 실행 단계에서 일단 결정한 것은 취소하지 말고 앞으로 가야 한다. 그래야 구성원에게 영이 서서 현장 추진력과 실행력을 높이게 되고, 신뢰를 줄 수 있다. 그러므로 결정은 신중을 기하는 자세가 필요하다. 시행착오를 최대한 줄일 수 있도록 평소 많은 연구와 노력이 요구되며, 합리적이고 생산적인 의사 결정을 하도록 해야 한다.

경영자는 명확하고 구체적인 비전을 제시해야 한다. 회사의 비전은 곧 구성원의 사기 진작 및 애사심과 직결되기 때문에 반드시 CEO는 비전을 정해서 공표하고 직원들과 공유할 줄 알아야 한다. 개인과 회사의 비전이 있어야 도전 의욕이 생기고, 나보다는 우리로 단합하여 시너지를 내기 때문에 목표 달성이 용이해진다.

비전은 직원이 만든다고 말하는 CEO가 있지만, 그 말은 임직원과 소통이 잘되고 합리적인 기업 문화가 조성되었을 때 통용되는 말이기에 결국 CEO의 역할에 따라 달라지는 것이다. 큰 그림의 회사 비전은 CEO가 수립해서 발표하고, 임직원과 함께 공유하며 달성할 수 있도록 가시밭길을 비단길로 변화시켜 주도록 해야 한다.

경영자의 말과 행동은 일치해야 하고, 실제로 현장에서 이루어질 수 있도록 해야 한다. 이것은 자칫 무심코 넘어가기 쉬운 부분이다. 말한 것에 대해 약속을 지키지 않고 이유와 핑계를 대는 행위가 자주 있으면 구성원으로부터 신뢰감을 잃어 충성심이 저하되며 회사 발전에 악영향을 끼치게 된다. 그러니 말을 할 때는 심사숙고해서 표현하고 사려 깊게 행동해야 한다. CEO의 말은 반드시 지켜진다는 인식을 갖게 하는 것이 선행되어야 말에 무게감이 실려 받아들이는 입장에서도 꼭 실천해야겠다는 마음이 생기기 때문이다.

CEO는 인재와 시스템을 중하게 여길 줄 알아야 한다. 분야별 시스템을 확립해서 효율적이고 생산적으로 실행할 수 있도록 환경을 조성시켜놓고 그 시스템을 활용해서 성과를 올릴 수 있는 유능한 인재를 도입하고 양성해야 한다. 시스템을 만드는 일도, 실행도 사람이 하므로 시스템과 인재는 같이 움직인다고 할 수 있다. 시대 변화에 합당한 시스템을 정립하고 인재를 영입할 줄 아는 CEO가 요즘 시대에 절실하게 요구되고 있다.

✎ 경영 철학

성공적인 가맹 사업가가 되기 위한 첫 번째 조건은, 장기적인 가맹점 수익이다. 경영자가 지속해서 가맹점 사장을 만족시킬 수 있는 정책을 수립 실천하여 본사에 대한 우호도가 좋은 가맹점을 다수 확보하고 있을 때 브랜드 가치가 증대되어 가맹점 확산도 수월해지게 된다. 기존 가맹점이 브랜드 홍보 대사 역할을 스스로 해줄 수 있도록 가맹점 만족도를 극대화시켜주는 것이 필요하다.

CEO는 목표와 비전 달성을 위한 미션과 역할을 정립하고, 전 구성원이 강력한 실행력을 바탕으로 원하는 바를 달성하여 가맹점과 동반 상승할 수 있도록 기업 문화를 조성하겠다는 인식으로 경영에 임해야 한다.

한 가정을 4인으로 볼 때 CEO는 가맹점의 생계를 책임지는 막중한 자리이다. CEO의 경영 가치관과 철학이 일선의 가맹점에게도 미치기에 정도 경영과 투명 경영으로 본사와 가맹점이 함께 행복을 추구할 수 있도록 해야 한다. 대부분의 가맹 본사는 '가맹점이 살아야 본사가 산다'는 구호를 외치며 가맹사업을 하고 있지만 구호에 그치는 경우가 많다.

가맹점 수익이 나려면 본사에서는 꾸준히 히트 메뉴를 개발해 매장 수익이 창출되도록 지원을 아끼지 않아야 하고, 브랜드 마케팅 및 홍보 활동에 주력해야 한다. 불필요하게 추가 브랜드를 론칭하지 말고 내실 경영으로 본사와 가맹점이 상호 윈윈하겠다는 의지를 강하게 표명하며 실천에 옮겨야 가능하다. 가맹점과 함께하겠다는 CEO의 강한 신념과 의지는 향후 엄청나게 다른 결과를 초래한다. 조직 생활을 안 해본 CEO는 특히 중요시해야 할 부분이다.

프랜차이즈 산업의 특징상 사람한테 투자를 아끼지 않는 경영을 하는 것이 중요하다. 사람이 사람을 설득하고 이해시키며 상대의 마음을 움직여서 실천하도록 해야 하기에 사람의 역량과 능력에 따라 사업의 존폐가 달려 있다고 해도 지나치지 않다. 인재 영입과 육성에 사활을 걸 줄 아는 CEO가 되어야 하고, 임직원에 과감한 투자를 할 줄 알아야 중견기업으로 성장이 가능해진다.

장래의 비전을 제시해 두 발을 담그고 주어진 일을 할 수 있도록 회사 분위기를 만들어 주는 것 또한 CEO의 몫이다. 외식업종은 특히 CEO가 차지하는 비중이 크기에 임직원 모두가 공감할 수 있는 경영을 위해 올바른 가치관을 갖도록 해야 한다.

✎ 호칭

대표 명함을 지니고 있다가 사업 번창을 계기로 본인의 의도와 무관하게 대표에서 회장으로 신분이 상승하는 경우, 자칫 초심을 잃어 사업이 안정기에서 정체기로 나아가 쇠퇴기로 접어들게 하는 일이 있다. 가맹점 확산과 가맹점에서 만족하는 수익이 안정되게 보장되고 유지될 때 업계에서 명실상부한 회장으로서 대우 받을 수 있다. 그러나 인위적인 직책 상승은 득보다 실이 많다.

사람은 회장님 소리를 들을 때는 크게 성공한 것 같아 자신도 모르게 우쭐대거나 교만해지고 마치 최고의 반열에 오른 양 착각하여 가식적인 말과 행동을 하게 되는데, 그때부터 긍정보다는 부정적인 일들이 도래되는 경우가 많다. 준비와 여건이 미흡한 상황에서 갑작스럽게 신분 변화가 왔을 때는 더욱 그렇다.

회장은 대표 때와는 달리 본사와 가맹점 수익이 동반 상승해야 신분에 걸맞은 품위 유지와 언행을 할 수 있고, 모양새가 나게 되어 있으며, 주위로부터 칭송을 들을 수 있다. 직책은 회장인데 하는 말과 행동이 그에 걸맞지 않을 경우 가맹점은 고사하고 내부 임직원한테도 호응과 인정을 받지 못해 꼴불견이라는 인상을 줄 수 있으므로 유의해야 한다.

안정적으로 시스템이 정립되지 못하고 제반 부분이 객관적으로 정상 반열에 오르지 못한 상태에서 회장 소리를 듣게 되면 '회장'이라는 호칭이 오히려 사업 성장의 장애요인으로 대두되는 일이 발생하기도 하는데, 회장 직책에 맞는 행동과 씀씀이를 보여야 한다는 인식이 사회적으로 강하게 각인되어 있기 때문이다. 회장이란 호칭은 현재의 분수를 넘어서는 말과 행동을 유발시킬 수 있으므로 CEO는 객관적인 판단하에 적절한 시기를 택해서 신중하게 신분상승을 하도록 해야 한다.

언론에 자주 등장하는 회장의 갑질 논란도 호칭과 무관치 않다고 볼 수 있다. 오너의 직책이 사장이냐 회장이냐에 따라 마음가짐과 언행은 천지 차이를 보이는데 이것은 환경의 영향도 크다고 볼 수 있다.

높은 인격과 소양을 갖춘 가운데 배려의 삶을 살아오며 사업을 안정적 궤도에 올려놓았을 때 회장 호칭이 어울리게 되어 있다. 이를 무시한 갑작스러운 신분상승은 안 맞는 옷을 입은 것처럼 모든 면에서 부작용이 나타날 수 있다. 몸에 맞는 옷을 입어야 옷맵시가 나는 것과 같은 이치이다.

직책이 높을수록 모든 면에서 언행을 조심해야 하는데 현실은 그러지 않을 경우가 많다. 회장 명함을 가지고 있을 때 사회의 관심과 스포트라이트를 받게 되지만 작은 실수에도 지탄의 대상이 된다는 것을 알아야 한다. 권한을 누리고 대우를 받지만 그만큼 책임도 따르기 때문에 일거수일투족에 주의를 요구하는 것이다.

프랜차이즈 업종의 CEO들이 타 업종보다 회장 명함을 많이 갖고 다니는 편이다. 일반 기업에서 회장이 되려면 능력이 탁월하고 인품이 출중하며 여러 면에서 검증을 통과해야 하기에 결코 쉽지 않다. 전반적으로 타 업종보다 인프라가 미흡하고 경제력이 약하며 시스템적으로 부족한 상황의 프랜차이즈 분야에서 회장 직책을 가질 때는 더욱 사명감을 가져야 한다. 언론에 부정적으로 노출되는 회장의 모습을 볼 때를 상기해보면 이해가 될 것이다.

✎ 동업

공동 CEO 체제는 상대를 존중하고, 서로 동격이라는 마음이 먼저 선행되고 지속될 때 성공을 바라볼 수 있는, 녹록치 않은 체제이다. 결국 이해관계에 얽혀 언젠가는 안 좋게 헤어지게 되는데, 개인의 문제보다는 인생의 한 단면으로 나타나는 현상이다.

공동대표제는 사업을 성장시키는 데 한계에 봉착하는 일이 생각보다 많은 편이다. 시작할 때는 합심하여 성공 의지가 강하지만 시간이 지날수록 상대의 약점이 나타나게 되고, 의견 대립이 생기게 되어 문제점이 도출되는 만만치 않은 경영 시스템이라 할 수 있다. 단기적으로 볼 때 힘의 분산을 통해 사업을 안정화시키는데 시일을 앞당길 수 있지만 중장기적으로는 불협화음이 생겨 득보다는 실이 더 많아지게 된다. 서로 상대의 의사와 결정을 존중해주려고 노력은 하지만 형식에 치우칠 때가 많은 것이 사실이다.

실제 무수히 많은 고민과 후회를 하며 부득이하게 경영을 함께하는 경우가 많지만 결국 후회하는 일이 많다. 어쩔 수 없는 공동 대표 체제의 현실이고 난제이다. 성장 과정과 인생관 및 가치 기준이 서로 다르기에 구조적으로 그렇게 될 수밖에 없는 요소가 존재하기 때문이다.

자금과 희생을 최소화하기 위해 서로 부족한 면을 채우자는 순수한 마음으로 시작하지만 이견이 점점 많아져서 중요한 의사 결정에서 애를 먹게 되고, 사업 확장에 도움이 되지 못하는 일이 물리적으로 발생하게 되는 것이 동업 형태가 갖는 특성이다.

본사에 공동 CEO가 존재할 시 임직원들도 두 CEO의 눈치를 보느라 의사 결정 과정과 일의 추진에 있어서 혼선을 초래하는 일이 생기고, 실행력이 약화되어 능률이 오르지 않는 일이 발생할 수 있음을 유념할 필요가 있다.

사업이 번창하여 금전이 쌓일수록 이해관계가 얽혀 사업이 정체기를 맞게 되는 일이 발생하기도 한다. 당사자보다는 가족 및 지인들의 훈수와 입김이 더 혼란스럽게 만드는 경우도 있다. 특히 둘의 의견 차이로 인해 과감한 투자를 하기가 쉽지 않다.

공동 사업은 끝이 안 좋게 마무리되는 경우가 많아 바람직한 사업 체제 형태는 아니다. 동업은 가급적 피해야 하고, 초기 사업 자금이 부족할 경우 투자자를 찾아 일정한 지분을 주고 경영은 독단으로 하는 것이 효율적인 경영 방식이라고 할 수 있다.

어쩔 수 없이 동업해야 하는 경우는 사업 초기에 경영 체제를 명확히 정립하고 서류화하여 공증을 받아야 한다. 사업 시작 후 경영 과정에서 나타나는 제반 이해관계에 따른 탈을 미연에 방지하는 조치를 할 필요가 있다. 공동 대표의 미션을 정확하게 구분해서 맡은 분야에 집중할 수 있어야 시너지 창출을 기대할 수 있게 되고 공동 사업 체제가 롱런할 수 있다.

✎ 가족 경영

가족 또는 형제가 함께 사업하는 회사에 근무하게 되면 구성원들이 회사에서 운신의 폭이 좁아지는 환경이 조성될 수밖에 없다. 회사 내에서 발생하는 작은 일도 CEO 귀에 들어가게 되어 본인의 의도와 다른 해석으로 인해 잘못된 평가와 불필요한 오해를 받게 되는 일이 생기게 될 수 있다. 또한 임직원의 활동 반경이 좁아지고 직원 간의 회사생활의 재미인 뒷담화를 하기가 어렵게 되어 직원끼리 상호 소통하는 데 불편함이 생길 수 있다.

가족 또는 친지가 곁에 늘 함께 있다는 생각에 믿는 마음이 들어 안정적인 대외 활동을 할 수 있는 장점도 있으나 조직 구성원 입장에서는 직장생활에 불편함을 느낄 수 있다. CEO 가족은 아무래도 직원 입장보다는 회사 측면에서 생각하고 판단할 수밖에 없는 위치이라고 보기 때문이다.

중소기업이 대세인 외식업에서는 가족 및 친척 경영을 하는 경우가 많은 편이다. 의사 결정에 있어서 객관성이 결여될 수 있고, 주관적인 경향이 두드러질 수 있는 환경적인 요인을 지니고 있다.

경영에 있어서 가족 입김의 비중이 클 때 임직원보다는 가족 중심적인 의사 결정을 하게 되는 경우가 많은데, 대다수 CEO는 공사 구분하여 가족관계는 개의치 말고 규정대로 일을 처리하라고 하지만 실상은 정반대의 행동과 결정을 하는 경우가 많은 것이 현실이다. CEO 입장에서는 임직원 의견보다는 가족의 견해를 수렴하게 될 수밖에 없는 처지라 어쩔 수 없다.

가족 및 형제가 사업에 중추적인 위치에 있을수록 CEO는, 우군이 있다는 생각에 가족에게 믿고 맡기는 경영을 펼치며 자신은 대외 활동에 치중하는 경우가 많다. 가족 중심의 경영은 합리적이고 미래 지향적인 사업 전개를 펼치는데 장애 요인이 될 수 있다는 점을 유의해야 한다. 가족 및 형제의 직책이 높은 위치에 있을 때 이런 현상은 더욱 심화될 수 있으니 염두에 두고 경영을 해야 한다. 공사 구별이 확실한 CEO도 있으나 현실의 세계에서 그리 많지 않은 것이 사실이다.

어쩔 수 없이 가족 또는 친지가 동참하여 일하게 될 때는 업무 체계를 확실하게 잡아놓고 편견 없이 임직원과 같은 대우를 하고 관리를 해야 한다. 이러한 명제가 정립되어야 사내에서 잡음 없이 성과를 낼 수 있는 근무 분위기가 조성된다는 것을 잊어서는 안 된다. 특히 가족 경영이 많을 수밖에 없는 환경적인 요인을 갖고 있는 외식업종에서는 가족 경영이 플러스 요인으로 작용하도록 만드는 리더십이 필요하다.

✎ 경영 컨설팅

컨설팅은 컨설팅일 뿐 그 이상 그 이하도 아니라는 말이 있다. 컨설팅 업체는 회사의 내부적인 상황과 환경을 깊이 알지 못한 상태에서 일반적인 이론 위주나, 보편적이고 일반적인 사실들을 전파하고 알려주기 때문이다. 회사마다 지닌 특성과 조직 문화를 비롯해 상이한 환경적 요소가 많은데도 불구하고 일률적이며 기본적인 사항들을 학문적인 용어를 사용하여 컨설팅을 해주기에 컨설팅을 받는 회사 측면에서는 여건상 받아들이기 어려운 것이 많다. 자금과 시스템 및 일정상 현실적으로 받아들이기 어려워 컨설팅을 받을 때만 그럴싸해 보일 뿐 시일이 지나면 흐지부지되는 경우가 많다. 학교에서 공부한 지식이 사회생활에 크게 도움되지 않는 이치와 같다.

무엇보다 속속들이 상대 회사의 실상을 모른 채 정형화된 이론과 시스템적인 내용으로 포장해서 말해주기 때문에 실제로 기업에서 적용하려면 여건과 인적 능력 등에서 현실성이 결여되는 경우가 많다. 그러므로 컨설팅이 실효성을 거두지 못하는 사례가 발생하게 되는데 컨설팅 주체는 이 점을 주의 깊게 파악하고 맞춤형 컨설팅을 진행하는 지혜와 슬기가 있어야 한다.

사업을 시작하고 일정 시일이 경과되면 외부기관 및 동종 업종 선배로부터 사업에 관한 컨설팅을 받는 경우가 생기거나 본인이 원해서 자문하는 경우가 있다. 어느 분야든지 컨설팅은 컨설팅 그 자체에서 벗어나기 힘든 것이 사실이다. 이 부분이 컨설팅의 한계이다.

컨설팅을 받으면 CEO 본인이 사업 전반적인 흐름과 메커니즘을 이해하는 데 도움을 받고 어떻게 하면 안정적으로 시스템을 구축할 수 있는지 깨우치는 계기가 되지만 그것을 실행할 마음 자세와 인프라 구축이 어려워 실천을 못하는 경우가 많은 편이다.

또한 컨설팅이 성공을 이루려면 우선 컨설팅을 받는 기업 CEO의 경영관과 경영 철학 및 리더십 유형을 이해하는 것이 중요한데, CEO의 성향을 파악한다는 것 자체가 현실적으로 어려워 실효를 거두지 못하는 경우가 많다.

기업마다 각기 다른 환경인데 틀에 박힌 내용을 중심으로 모든 회사에 적용시키는 컨설팅은 지양해야 한다. 현실성을 무시한 오류를 범하게 될 수 있기 때문이다. 회사를 깊숙이 들여다보면 도저히 컨설팅 내용대로 실행하기 어려운 실정들이 드러나지 않은 채 많이 있다는 점도 컨설팅의 효과를 못 보는 주요 원인이 된다.

컨설팅은 자사 환경에 맞게 현실적으로 적용할 수 있는 사항들만 접목시켜 실행에 옮기는 것이 현명하고, 컨설팅 기관에 좀 더 현실적이고 구체적이며 당사의 여건에 맞는 실질적인 내용으로 진행해 달라고 요청하는 것이 현명한 방법이다.

컨설팅 기관은 상대 회사의 실상을 파악하는 데 주력하는 것이 선행되어야 한다는 점을 유념해야 한다. 옛것을 알고 새로운 것을 시도해야 좋은 성과를 거둘 수 있다는 옛말과 같은 논리이다. 단 CEO가 프랜차이즈 사업에 대한 지식을 함양하고 마음을 새롭게 하여 재도약하기 위한 경영 진단의 성격이 있는 컨설팅은 많은 도움이 된다.

이론과 실제는 너무 다르고, 회사 사정도 판이하다는 사실을 쌍방이 새기고 컨설팅하는 지혜가 필요하다. 효율적인 컨설팅이 되기 위해서는 상대를 아는 것이 우선이다.

✎ 경영자 과정

프랜차이즈 사업을 시작하고 브랜드 가치가 어느 정도 있다고 판단되면 본인 의사 또는 주위의 권유로 대학 및 각종 단체에서 실시하는 CEO 경영자 과정을 수강하는 일이 흔하다. 최종 프로필에 근사하게 ○○ 프랜차이즈 CEO 과정 수료라고 기재하는데, CEO 측에서 볼 때는 최종 학력처럼 착각하게 하고 나름대로 자부심을 갖게 하는 효과가 있을 수 있다. 경력 관리 차원에서 한두 군데가 아닌 여러 곳을 수료하는 일이 다반사다. 많은 경영자 과정 수료가 마치 자신의 역량과 비례한다고 오판하는 CEO도 있으며 사무실에 경영자 과정을 수료한 명패를 즐비하게 놓고 자랑하는 일도 많다. 외식업에서 유별나게 많이 볼 수 있는 광경이다.

프랜차이즈 종사자를 대상으로 하는 경영자 과정은 사업 경영에 도움이 되는 경우도 있겠지만, 친분을 쌓는 사교적 성격이 강하다. 동등한 위치에 있는 부류의 리더끼리 느끼는 자기만족일 수 있다. 수료 후에도 동기생 또는 전체 수료생 모임을 자주 갖게 되고 친분을 두텁게 가지려고 열중하며 동기 모임을 왕성하게 한다. 동기생 중 유난히 어울리기를 좋아하고 모임을 주선하는 것을 좋아하는 사람이 있으면 그 기수는 활발히 활동을 갖는다. 초기에는 열의를 갖고 골프도 치고 해외여행도 가지만 시일이 지날수록 흐지부지되는 것이 일반적이고, 프로필 한 줄 올라가는 것이 전부가 되는 것이 보편적이다. 프랜차이즈 CEO에게 가장 많이 일어나는 현상이다.

외식업종의 CEO들은 다른 사무실을 방문하다가 경영자 과정 수료 명패를 보고 참가 동기를 갖거나 동료 및 선배 CEO의 권유로 참가하는 일이 많은 편이다. 학업에 매진하다가 외식 시장에 뛰어든 경우가 드물기에 최종 학력에 유명 대학 경영자 과정 수료라는 간판을 얻고 싶어서 그럴 수 있고, 배움을 갈망하여 참여하게 되는 경우도 있다. 이때 여러 경영자 과정을 들으려고 하는 것보다 자신과 맞는 교육 과정을 선별해서 본사의 경쟁력에 도움이 되는 과정을 수강할 것을 권유하고 싶다. 교육 비용은 별문제가 되지 않으나 시간이 많이 소요되고, 경영을 소홀히 하게 될 수 있다. 또한 불필요한 정보와 시간 낭비로 인해 초심을 잃을 수 있다. 멋모르고 참가했다가 시일이 지나면 이 점을 깨닫게 되어 있다.

경영 과정을 들으려고 하면 회사 실적과 CEO 경륜이 어느 정도 쌓였을 때 동참하는 것이 효율적이다. 세상사가 다 때가 있듯이 그때를 지켜야 성과가 배가될 수 있다.

오너 리스크

CEO의 부적절한 언행으로 가맹사업에 악영향을 미치게 되어 가맹점 매출 하락에 직접적인 요인이 발생하게 되면 본사에서 손해 배상을 할 의무가 있다는 내용을 가맹 계약서에 등재하도록 되어 있다. CEO의 일거수일투족이 프랜차이즈 사업에서 매우 중요한 덕목으로 부각되고 있는 것이다.

가맹점 사장에 의한 리스크도 가맹점에 책임을 전가할 수 있지만, 지엽적인 문제이기에 현실적으로 어려운 것이 사실이다. 더욱이 프랜차이즈 가맹점은 본사를 믿고 전 재산을 투자해 매장을 운영하는 경우가 대부분이기에 CEO는 자신의 말과 행동에 주의를 기울여 남의 모범이 되어야 한다. 경쟁사에서 의도적으로 불이익을 주기 위해 함정과 수렁에 빠트릴 수도 있다는 생각마저 할 정도로 일상생활에 조심할 필요가 있다.

CEO의 바르지 못한 행동거지로 인해 그동안 이루어 놓은 업적과 명성이 하루아침에 무너져 버리는 일이 다반사이다. 가맹점 수익이 본사 수익과 직결되는 프랜차이즈 사업에서 CEO의 도덕성에 대한 비중은 날로 증대되어가고 있다. 순간의 일탈로 인해 전체 가맹점의 생계가 왔다 갔다 함을 명심해야 한다. 직책이 높을수록 외로워지기에 남모르게 은밀하게 안 좋은 행동을 하는 일이 있는데 그러다 큰코다치게 된다. 잘못된 언행으로 도덕성이 땅에 떨어져 언론에 이름이 거론되는 사회의 유명 인사들을 반면교사 삼아야 한다. 순간의 쾌락을 억제하지 못해 한순간에 명성이 송두리째 무너져 재기 불능 상태가 되는 경우가 있으니 CEO는 각별히 유념하고 말과 행동을 조심해야 한다.

프랜차이즈 업계 CEO의 부적절한 언행은 동반 사업자인 가맹점 수익에 직격타가 되고 매출과 브랜드 가치 하락에 걷잡을 수 없는 소용돌이를 일으키게 되므로 항상 유의하고 생활하면서 경영해야 한다. 사업의 안정화를 이룬 프랜차이즈 CEO에게 오너 리스크가 큰 부담을 주는 것은 사실이지만 그에 상응하는 대우와 권한을 갖고 있기에 극복해야 할 과제이고 숙명이다.

✎ 메이저급 본사

프랜차이즈 사업은 일단 가맹점이 많아야 성공했다고 할 수 있다. 어머니가 자녀를 다산하면 효자도 있고 불효자가 있듯이 가맹점도 우호도가 좋은 곳과 안 좋은 경우가 발생하는데, 그래도 어쨌든 점포 확산은 전국적으로 많이 이루어져야 진정한 가맹 본사라고 할 수 있다. 100개 미만 CEO와 300개 나아가 500개 1,000개 이상 가맹점을 운영하는 CEO의 위상은 크게 차이가 나고, 대우 자체가 확연히 다르다. 가맹점 수에 따라 업무 역량을 비롯해 주위 환경이 변하게 되어 진정한 리더의 위치에 와 있다는 것을 실감하게 된다.

프랜차이즈 CEO의 평가는 이유 불문하고 가맹점 수와 비례한다. 양보다 질이라고 합리화시키는 CEO들도 있지만 그건 본인의 부족한 부분을 정당화시키는 말에 불과하다. 프랜차이즈 사업의 본질은 가맹점 확산이 최우선시되기 때문이다.

500개 이상 가맹점을 보유하면 메이저급 CEO라 할 수 있다. 프랜차이즈 사업의 접근방법과 경영 방식, 목표, CEO의 행실이 가맹점 수가 적은 CEO와는 판이하게 다를 수밖에 없다.

메이저 CEO가 되려면 심지가 굳고, 주변의 상황에 동요하지 않고, 목표 설정이 명확하고, 외부의 불필요한 활동을 자제하고, 내실 있는 경영에 주안점을 두고 임직원과의 소통을 우선으로 해야 한다. 또한 사업 초기부터 뚜렷한 목표 의식을 지니고 사업가로서 갖추어야 할 제반 자질을 함양하고, 미래의 비전을 제시하여 구성원과 공유하면서 가맹점 수익 창출을 최우선으로 하는 경영 정책을 펼쳐야 한다. 가맹점에 대해서는 사업 동반자로 생각하고 정도 경영과 투명 경영을 할 줄 알아야 한다.

가맹 본사의 1차 고객은 사내 구성원이며 2차 고객은 가맹점, 3차 고객이 소비자이다. 1차 고객인 구성원에게 잘해서 2차 고객에게 파급되고 2차 고객에서 3차 고객으로 이전되도록 해야 한다. 임직원에게 애사심과 충성심을 유발시켜 목표를 달성하도록 환경과 분위기를 만들어주며 복지를 증진시켜 줄 때 비로소 메이저 프랜차이즈로 입문하는 계기를 마련하게 되는 것이다. 유능하고 충성도가 좋은 임직원이 얼마만큼 있느냐가 첫 번째 메이저급으로 가기 위한 당면 과제이고 해결해야 할 미션이다.

메이저급 CEO에게는 사업 초기부터 반드시 지근거리에서 보좌하는 책사가 있는데 제반 부문에서 아이디어를 주고 어려움을 함께하며 슬기롭게 난관을 극복할 수 있도록 조언해주는 임무를 수행해주는 역할을 한다. 사업의 성공은 리더가 아무리 우수한 능력을 지녔다고 해도 혼자서는 이룰 수 없다. 책사의 충언을 잘 듣고 함께하려는 사고를 마음속에 새기면서 경영할 때와 본인의 주장을 고집하거나 주변인들의 의견만 귀담아들으려고 할 때의 향후 결과는 극명할 정도로 달라진다.
책사는 배신할 확률이 극히 낮고 자신의 회사인 양 매사 CEO 입장에서 충언하는 것이 일반적이다. 그래서 책사와는 함께 오랫동안 동고동

락을 해야 하고 모든 것을 함께한다는 생각을 지녀야 한다.

CEO는 외부보다는 내부에서 조언을 구해야 사업에 득이 된다. 책사가 등을 돌리면 한방에 사업이 무너질 수 있다는 점을 유념하고 책사와 좋은 관계를 장기간 유지토록 힘써야 한다.

CEO의 역량과 경영 능력에 따라 마이너와 메이저급 CEO로 갈리게된다. 마이너급 CEO의 공통점은 근시안적인 경영을 펼치고 있다는 것이다. 어떤 일을 스스로 결정하고 해결하려는 성향이 강한 것 또한 유사점이라고 볼 수 있다.

시대와 딱 맞는 아이템, 운과 실력이 합쳐져서 가맹점 확산이 잘되고 브랜드가 성공적으로 안착할 때, CEO는 예기치 못한 신분의 격상으로 인생의 그레이드가 달라진 것을 느끼고 벅찬 나날을 지내기 쉽다. 그러나 업그레드 버전의 동종 업종 출현 시 큰 타격을 입을 수 있으므로 사업이 잘 나갈 때 CEO의 태도와 경영 가치관은 매우 중요하다. 본사가 강력하고 안정된 시스템을 구축해서 시스템적으로 움직이게 만들어 놓아 CEO가 경영에 소홀히 하더라도 데미지를 입지 않게 장치를 해 놓는 것이 필요하다.

가맹점 관리 소홀은 가맹점의 수익이 저하되고 사업 제품이 난무하며 매뉴얼 미준수로 이어져 본사와 마찰을 유발시키고 상호 불신을 낳게하여 가맹점 폐점이나 매각으로 이어지게 한다. CEO는 이 점을 염두에 두고 계속적인 노력을 해야 한다. 특히 CEO의 욕심으로 시기가 아닌데도 신규 브랜드를 론칭해서 자금난에 허덕이게 하거나 본사의 인력 및 전력이 분산되어 사업의 근간이 흔들리는 경우도 있으니 새로운 브랜드 추진은 신중해야 한다. 이러한 현상은 전형적으로 가맹점 수가 200여 개 안쪽에 머무를 때 나타난다.

메이저급 CEO가 되느냐 마느냐는 운도 따라야 하겠지만, 그보다 중요한 것은 올바른 경영 이념과 경영 철학이 있어야 한다. 사업가로서 확고한 경영 가치관과 비전이 정립되지 않은 CEO는 거의 마이너급 CEO로 머무르게 될 수밖에 없다. 사업 아이템이 좋아 가맹점 확산이 초기에 잘되어 승승장구할 것 같은 착각에 약간의 방심과 나태함이 존재하게 되면 사업이 정체되는 현상이 이어지게 되며, 현재에 안주하게 되어 가맹점의 수익에도 영향을 미치게 될 수밖에 없다.

프랜차이즈 사업에 손을 대고 난 후 한두 번쯤은 인생을 자포자기하고 싶을 정도로 힘들어하는 CEO가 의외로 많다. 난관을 이겨내고 재기에 성공하여 사업이 안정기에 접어드느냐 마느냐의 문제는 CEO의 올바른 의사 결정과 언행에 달려있다. 평소 이 점을 명심하고 경영해야 한다.

프랜차이즈 사업을 추진하고 있는 모든 CEO의 성공을 기원한다.

가맹사업은 본사와 가맹점이 톱니바퀴처럼 함께 움직이도록 시스템화해야 한다

짧지 않은 삶을 살아오면서 세상사에서 이론과 현실은 너무나 다르다는 것을 무수히 많이 체험하였다. 작으나마 이런 모순된 현상과 괴리감을 많은 분들이 극복했으면 하는 심정으로 프랜차이즈 본사와 가맹점의 현장에서 일어나고 있는 일들에 대해 몸소 경험한 사실을 글로 요약 정리하여 내놓게 되었다.

브랜드 경쟁력은 좋은데 일방통행의 본사 정책과 미흡한 가맹점 관리로 원활한 소통이 이루어지지 못해 한순간에 브랜드 가치가 무너져 가맹사업이 어렵게 되고, 가맹점 확산이 수월하지 못해 현상 유지에 급급한 본사로 전락하는 것을 주위에서 자주 보아왔다. 날마다 많은 프랜차이즈 본사와 가맹점이 생기고 없어지는 일들이 반복되고 있는 현실 속에서 현장의 생생한 사례들을 숙지하고 현업에 접목시켜 시행착오를 최소화하기 바라는 마음이다.

프랜차이즈 사업에 성공하기 위해서는 무엇보다도 가맹점 수익이 발생하여 가맹점으로부터 입소문이 나게 해야 한다. 이런 부분이 전제되지 않으면 아무리 좋은 본사 정책도 무의미할 수밖에 없다. 가맹점에서 수익이 발생하지 않는 브랜드는 사업 자체의 근간이 흔들릴 수 있기에 그 이후의 정책과 실천은 무용지물이 된다.

예비 창업자가 매장을 오픈해 한 사이클, 즉 사계절을 운영하여 초기 투자비를 회수할 수 있다고 판단될 때 프랜차이즈 사업을 시작해야 브랜드 경쟁력이 생겨 가맹점 확산이 잘되게 되어 있다.

프랜차이즈 사업을 시작해 메이저 프랜차이즈로 진입하는 것이 생각처럼 결코 용이하지 않다. 반짝하다가 없어지든지 현재의 위치에서 머무르다가 퇴보하기 십상이다. 훌륭한 아이템을 선정해 강력한 슈퍼바이저 체제를 구축하고, 중장기 전략을 세우고 실행력을 높여 목표와 비전을 달성해 나가야 한다.

본사와 가맹점이 일심동체가 되어 서로 맞물려 돌아가야 공동의 이익을 창출할 수 있는데 이를 위해서는 각자의 위치에서 책무를 이행해야 가능하다. 같이 움직여서 함께 가야만 상호 목적을 이룰 수 있다.

프랜차이즈 본사 구성원으로 종사하면서 맡은 직무를 수행하다가 부족한 일처리로 불필요한 시간과 자금을 낭비하여 후회와 아쉬움을 금치 못하는 경우를 심심찮게 보아왔다. 이 책에 수록한 내용을 숙지하여 현업에 적용해 효율적인 업무 처리로 생산성을 극대화하는 계기가 되었으면 한다.

창업자 CEO는 더 넓은 안목을 지녀서 획기적인 경영 정책을 수립해야 한다. 조직원이 잠재능력을 발휘할 수 있도록 환경을 조성하는 전기를 마련하여 구성원 모두가 강력한 실행력으로 경영 목표를 달성할 수 있도록 해야 하는데, 이 책이 미력하나마 힘이 되었으면 하는 바람이다. 또한 현장에서는 예상치 못한 일들이 시시각각으로 많이 발생하는데 이를 최소화하는데 도움이 되었으면 한다.

이 책이 가맹사업에 새로운 전기를 마련하고 구성원의 업무 능력 향상에 바이블 같은 역할을 해주리라 믿는다. 사실적인 내용으로 명료하게 정리하였으니 한 줄 한 줄 읽어가며 자신의 것으로 만들기를 기대한다. 책을 읽은 독자는 프랜차이즈 사업에 대해 반전문가가 될 것이라고 확신한다.

현장 경험을 쌓아 프랜차이즈 관련 전문 서적을 출간할 역량을 갖출 수 있도록 이 업종에 발을 디디게 해주시고 지도해주신 분들께 진심으로 감사드린다.

프랜차이즈
현장의 모든 것

초판 1쇄 발행 2019년 05월 29일
초판 4쇄 발행 2022년 11월 04일
지은이 김진석

펴낸이 김양수
편집·디자인 이정은
교정교열 박순옥

펴낸곳 휴앤스토리
출판등록 제2016-000014
주소 경기도 고양시 일산서구 중앙로 1456(주엽동) 서현프라자 604호
전화 031) 906-5006
팩스 031) 906-5079
홈페이지 www.booksam.kr
블로그 http://blog.naver.com/okbook1234
이메일 okbook1234@naver.com

ISBN 979-11-89254-23-0 (03320)